ACCESO GRATIS *a la Lectura en la Nube*

Para visualizar el libro electrónico en la nube de lectura envíe junto a su nombre y apellidos una fotografía del código de barras situado en la contraportada del libro y otra del ticket de compra a la dirección:

ebooktirant@tirant.com

En un máximo de 72 horas laborales le enviaremos el código de acceso con sus instrucciones.

La visualización del libro en **NUBE DE LECTURA** excluye los usos bibliotecarios y públicos que puedan poner el archivo electrónico a disposición de una comunidad de lectores. Se permite tan solo un uso individual y privado

INTRODUCCIÓN AL ESTUDIO DE LA CIENCIA JURÍDICA

Procedimiento de selección de originales, ver página web:
www.tirant.net/index.php/editorial/procedimiento-de-seleccion-de-originales

INTRODUCCIÓN AL ESTUDIO DE LA CIENCIA JURÍDICA

Germán Alfonso López Daza

tirant lo blanch
Bogotá, D.C., 2025

En caso de erratas y actualizaciones, la Editorial Tirant lo Blanch publicará la pertinente corrección en la página web www.tirant.com.

López Daza, Germán Alfonso, autor.
Introducción al estudio de la ciencia jurídica / Germán Alfonso López Daza. – Primera edición. – Bogotá : Tirant lo Blanch, 2025.
371 páginas : gráficas.
Incluye frases y palabras latinas de uso común: páginas 349-361.
Incluye referencias bibliográficas: páginas 363-369.
Incluye información sobre el autor.
ISBN: 978-84-1095-208-9

1. Derecho. 2. Derecho natural. 3. Derecho positivo. 4. Derecho – Fuentes. 5. Derecho y ética. I. Título.
LC: K212
CDD: 340 ed. 23

Catalogación en publicación de la Biblioteca Carlos Gaviria Díaz

---

EDITA: TIRANT LO BLANCH
Calle 11 #2-16 (Bogotá, D.C.)
TELF.: 4660171
Email: tlb@tirant.com
www.tirant.com
Librería virtual: www.tirant.com/co/
ISBN: 978-84-1095-208-9

Sobre el autor

Doctorado en Derecho constitucional de la Universidad de París II Panthéon-Assas (Francia). Posdoctorado del Instituto Louis Favoreu de la Universidad Aix-Marseille (Francia). Master en Instituciones y Políticas Públicas de la Universidad de París I Panthéon-Sorbonne (Francia). Especialista en Derecho Constitucional de la Universidad de París II Panthéon-Assas (Francia). Especialista en Derecho público de la Universidad Nacional de Colombia. Abogado de la Universidad Santo Tomás de Bogotá. Profesor titular de la Universidad Surcolombiana (Neiva). Director del Centro de Investigaciones Jurídico-Políticas -CINFADE- de la Universidad Surcolombiana. Director de las Maestrías en Derecho Público y Derecho Constitucional y Administrativo y del Doctorado en Derecho Constitucional de la Universidad Surcolombiana. Director del Grupo de Investigación Nuevas Visiones del Derecho (Categoría A Minciencias) de la Universidad Surcolombiana. Editor de la Revista Jurídica Piélagus. Investigador y par evaluador del Ministerio de Ciencia, Tecnología e Innovación y del Ministerio de Educación Nacional. Miembro de la *Association Française de Droit Constitutionnel*, de la Asociación Argentina de Derecho Constitucional, de la *International Association of Constitutional Law* (IACL), de la Asociación Mundial de Justicia Constitucional, de la Asociación Colombiana de Derecho Procesal Constitucional, del Observatorio del Derecho a la Alimentación (ODA), del Centro de Investigaciones y Altos Estudios Legislativos (CAEL) del Senado de la República de Colombia y de ICON-S Colombia. Profesor y conferencista invitado en cursos de especializaciones, maestrías y doctorados en Colombia, México y Francia. Autor de libros, investigaciones y artículos publicados en revistas indexadas en el campo del derecho constitucional y del derecho comparado.

Índice

Capítulo 4

Capítulo 5

Capítulo 6

Capítulo 7

Capítulo 8

Capítulo 9

Capítulo 10

Capítulo 11

Aplicación, interpretación e integración del derecho

Índice de gráficos

Índice de tablas

Presentación de la obra

La enseñanza del derecho ha experimentado profundas transformaciones a lo largo del tiempo. En la Edad Media y en la modernidad temprana, el derecho era visto principalmente como una disciplina filosófica y teológica, donde los estudiantes aprendían la retórica y los fundamentos del derecho romano y canónico. Con la profesionalización de la abogacía y el desarrollo de los sistemas legales nacionales en los siglos XIX y XX, el enfoque de la enseñanza del derecho se volvió más técnico, orientado a formar juristas capaces de aplicar la ley a casos concretos dentro de un marco normativo nacional. Sin embargo, en el siglo XXI, este enfoque se enfrenta a nuevos desafíos, entre ellos, la globalización, la tecnología, las nuevas exigencias sociales y, principalmente la inteligencia artificial.

La historia del derecho y del ejercicio de la abogacía es tan antigua como las primeras formas de organización social. Desde el derecho consuetudinario de las sociedades primitivas, pasando por el derecho romano, hasta los complejos sistemas jurídicos modernos, la evolución del derecho refleja el desarrollo de las civilizaciones y sus necesidades cambiantes. A su vez, el rol del abogado ha ido transformándose para adaptarse a cada contexto social, político y económico, consolidándose como uno de los pilares fundamentales del Estado de derecho.

Las primeras formas de derecho surgieron de costumbres y normas no escritas que guiaban la convivencia de los pueblos primitivos. El derecho consuetudinario, basado en la tradición y la repetición de conductas, marcaba el comienzo de un proceso de estructuración de normas. Sin embargo, el gran salto en su evolución se produjo con el derecho romano, que sentó las bases de muchas de las categorías jurídicas que todavía hoy utilizamos. En Roma, la codificación del derecho y el desarrollo de conceptos como las obligaciones, los derechos reales y las acciones judiciales marcaron un hito en la historia jurídica.

A partir de la codificación del derecho romano, con el *Corpus Iuris Civilis* de Justiniano en el siglo VI, el derecho comenzó a tener una estructura más definida y unificada, lo que permitió su expansión y perdurabilidad. El derecho romano, de hecho, fue redescubierto en Europa durante la Edad Media, influyendo decisivamente en la creación de los sistemas jurídicos continentales.

Durante la Edad Media, el derecho experimentó un proceso de fragmentación. La pluralidad de fuentes del derecho -como el derecho canónico, el feudal, el mercantil, y el romano redescubierto- creaba una complejidad notable. Los juristas medievales, como los glosadores y los postglosadores, jugaron un papel fundamental en la interpretación y adaptación de los textos romanos a las realidades contemporáneas. Es en esta época cuando comienza a profesionalizarse el ejercicio de la abogacía, principalmente en las universidades, que se convierten en centros de formación de juristas y abogados.

Con el Renacimiento, el derecho comienza a ser visto como una ciencia autónoma. La aparición de figuras como Hugo Grocio en el siglo XVII, defensor del derecho natural, y de teóricos como Montesquieu en el siglo XVIII, que postuló la separación de poderes, marcaron un cambio radical en la forma en que se comprendía y se aplicaba el derecho. Esta nueva concepción influyó directamente en la codificación de los derechos nacionales durante la era moderna.

Los siglos XIX y XX estuvieron marcados por la codificación del derecho, que pretendía crear sistemas jurídicos claros y accesibles, como lo evidencian el Código Civil Napoleónico en Francia y el BGB (*Bürgerliches Gesetzbuch)* en Alemania. En esta etapa, el derecho deja de estar fragmentado y se presenta como un conjunto unificado de normas estructuradas en códigos. Esta codificación fue un intento de crear un derecho accesible y predecible, limitando así la discrecionalidad judicial y promoviendo la seguridad jurídica.

El rol del abogado también se transformó en este contexto. Durante el siglo XIX, el abogado dejó de ser solo un intérprete de normas, para convertirse en un actor clave en el proceso judicial, siendo el intermediario entre el individuo y el Estado. Con la creación de instituciones judiciales modernas, los abogados comenzaron a desempeñar un papel esencial en la defensa de los derechos de los ciudadanos.

Hoy día, el derecho contemporáneo enfrenta desafíos inéditos debido a la globalización, el desarrollo tecnológico y la transformación de los valores sociales. La tecnología, en particular, ha cambiado radicalmente la manera en que se ejerce el derecho y cómo se administra la justicia. El auge de la inteligencia artificial, la proliferación de datos digitales y la presencia de plataformas tecnológicas globales han creado nuevas áreas del derecho como el derecho digital, la protección de datos y la ciberseguridad.

En este contexto, el ejercicio de la abogacía ha debido adaptarse. El abogado ya no debe ser solo un experto en legislación y jurisprudencia. Se espera que también maneje habilidades tecnológicas, como el uso de software de análisis legal, y que esté al tanto de las implicaciones jurídicas de la inteligencia artificial y otros desarrollos tecnológicos. Además, la globalización ha incrementado la necesidad de abogados capaces de manejar casos transnacionales y de comprender diferentes sistemas legales.

La evolución del derecho ha sido una constante adaptación a las necesidades sociales, políticas y económicas de cada época. Desde sus inicios como un conjunto de normas consuetudinarias hasta convertirse en un sistema altamente especializado y tecnificado, el derecho ha demostrado su capacidad para evolucionar. El ejercicio de la abogacía, en consecuencia, ha acompañado esta evolución, transformándose para servir a una sociedad cada vez más compleja y globalizada.

En la actualidad, la abogacía enfrenta nuevos desafíos que requieren no solo conocimientos técnicos, sino también una visión ética, crítica y comprometida con la defensa de los derechos fundamentales y la adaptación a los rápidos cambios tecnológicos. El futuro del derecho y de la abogacía dependerá de su capacidad para equilibrar la tradición con la innovación, asegurando que siga siendo una herramienta efectiva de justicia y equidad en el mundo moderno.

En cuanto a la enseñanza del derecho, se ha recorrido un largo camino desde sus inicios como una disciplina teórica centrada en la memorización de textos jurídicos. En el siglo XXI, la enseñanza del derecho enfrenta nuevos retos y oportunidades: la integración de la práctica con la teoría, la internacionalización, el impacto de la tecnología, la inclusión de perspectivas de género y derechos humanos, la formación ética y el uso de métodos pedagógicos innovadores. Estos cambios no solo reflejan la evolución del derecho como disciplina, sino también las nuevas exigencias de una sociedad globalizada y en constante transformación.

Uno de los principales cambios en su enseñanza ha sido la transición de un enfoque puramente teórico a uno que busca integrar la teoría con la práctica. Mientras que en el pasado los estudiantes dedicaban la mayor parte de su tiempo a memorizar textos normativos y doctrinas, las facultades de derecho actuales han comenzado a priorizar la adquisición de competencias prácticas. Las *clínicas jurídicas*, donde los estudiantes asesoran casos reales bajo la supervisión de abogados litigantes, son un ejemplo de este cambio hacia un modelo educativo basado en la experiencia.

Este enfoque práctico responde a la necesidad de formar abogados que no solo dominen las leyes, sino que también sepan cómo aplicarlas en situaciones concretas y cómo manejar las dinámicas complejas de un tribunal. La práctica clínica permite a los estudiantes desarrollar la oralidad en habilidades en el litigio, la negociación y redacción de documentos legales en un entorno controlado, lo cual facilita su inserción en el mercado laboral.

La globalización ha introducido nuevos desafíos y oportunidades en la enseñanza del derecho. Los abogados de hoy no solo deben estar familiarizados con el derecho nacional, sino que también deben comprender el derecho internacional y los sistemas jurídicos extranjeros. El comercio internacional, los derechos humanos, los tratados y las normativas transnacionales, como las de la Unión Europea o el Sistema Interamericano exigen un enfoque de enseñanza más internacionalizado.

Esto ha dado lugar a la inclusión de cursos de derecho comparado, derecho internacional y arbitraje internacional en los planes de estudio. Además, la movilidad estudiantil ha favorecido la creación de programas de doble titulación y acuerdos entre universidades de diferentes países, lo que permite a los estudiantes obtener experiencia en múltiples sistemas jurídicos.

Uno de los mayores retos que enfrenta la enseñanza del derecho en el siglo XXI es el impacto de la tecnología. El surgimiento de la inteligencia artificial, el *blockchain*, y otras innovaciones tecnológicas ha transformado la práctica jurídica y está obligando a las facultades de derecho a actualizar sus programas.

Los abogados de hoy en día deben estar familiarizados con herramientas tecnológicas avanzadas, tanto para la gestión de sus casos como para entender los problemas legales que surgen de la innovación tecnológica. El uso de software de análisis legal o de predicción de sentencias, así como la aparición de contratos inteligentes y sistemas de resolución de conflictos en línea, son algunos de los nuevos retos que enfrenta la profesión y que las universidades deben integrar en sus currículos.

Además, el creciente debate sobre el uso de la inteligencia artificial en la justicia plantea importantes preguntas éticas que los futuros abogados deben estar preparados para abordar. La enseñanza del derecho no puede limitarse a formar expertos en tecnología, sino que debe promover una reflexión crítica sobre los límites y las implicaciones de estas nuevas herramientas.

El enfoque hacia una enseñanza del derecho con perspectiva de género y derechos humanos responde a una realidad social que exige a los abogados, jueces y legisladores una mayor sensibilidad hacia la diversidad y la igualdad. Los estudiantes ahora son educados para reconocer los sesgos estructurales en el sistema jurídico y para contribuir activamente a su transformación hacia un sistema más justo e inclusivo.

El siglo XXI también ha traído consigo una mayor conciencia sobre la importancia de la ética en la formación de los juristas. La enseñanza del derecho ya no puede limitarse a la transmisión de conocimientos normativos; es esencial que los estudiantes comprendan la responsabilidad social de su trabajo y los dilemas éticos que enfrentan en el ejercicio de su profesión.

La evolución tecnológica también ha influido en los métodos pedagógicos utilizados en la enseñanza de la ciencia jurídica. Las clases tradicionales han sido complementadas (e incluso reemplazadas en algunos casos) por la enseñanza en línea y el uso de plataformas interactivas de aprendizaje. La pandemia de COVID-19 aceleró este proceso, demostrando que la enseñanza del derecho puede llevarse a cabo de manera efectiva a través de entornos virtuales.

Con el anterior panorama, la presente obra pretende llegar a los estudiantes de primer año de derecho, organizando las temáticas más importantes que hoy día confluyen en el conocimiento necesario que debe tener cualquiera que se inicie en esta ciencia.

Al igual que en otras disciplinas, las reglas jurídicas están conectadas bajo principios generales que otorgan una estructura lógica al ordenamiento jurídico. Los sistemas normativos, como el derecho civil, penal, laboral, constitucional, etc., están organizados de tal manera que permiten la coherencia y aplicabilidad en contextos específicos, similar a la forma como las ciencias naturales organizan principios y leyes para explicar fenómenos físicos o biológicos.

Como ciencia, el derecho requiere un proceso de aprendizaje con un enfoque metódico y estructurado, donde se promueva tanto la comprensión teórica como la aplicación práctica de los principios científicos.

El primer paso para enseñar una ciencia es asegurar que los estudiantes comprendan los conceptos fundamentales y los principios teóricos. Para lograr esto, se requiere precisar unas definiciones claras, una contextualización histórica y tomar como referencia los desarrollos doctrinales de los tratadistas que han abordado esta materia.

Enseñar una ciencia no implica memorizar conceptos, sino más bien desarrollar la capacidad de analizar, criticar y evaluar la información. Se debe promover la discusión y el debate, la evaluación de teorías y fomentar la mentalidad de que en la ciencia los postulados y teorías están sujetos a ser refutados o revisados con nuevas evidencias.

En este sentido, el presente texto pretende otorgar al estudiante del derecho y a los interesados en la ciencia jurídica, unos elementos básicos teóricos, normativos y conceptuales para la comprensión de esta importante área de las ciencias sociales con una metodología analítica descriptiva.

Para llegar a tal fin, el libro desarrolla las temáticas esenciales en doce capítulos, empezando por unas generalidades que son necesarias para la comprensión del concepto "Derecho", bases necesarias para entenderlo como un fenómeno social y normativo.

En el capítulo 2, se aborda el derecho natural, explorando sus conceptos, antecedentes y desarrollos doctrinales que confirman la existencia de principios de justicia universales y atemporales derivados de la naturaleza humana y que son previos y superiores a cualquier legislación humana.

Contrapuesto al derecho natural, el concepto de derecho positivo es desarrollado en el capítulo 3, analizándolo como el conjunto de normas creadas por el legislador. Se reflexiona sobre su naturaleza dinámica y mutable, en la medida en que refleja las decisiones soberanas del Estado.

Muy ligado al anterior tema, en el capítulo cuarto se desarrollan los conceptos de norma jurídica y regla de derecho. Allí se definen y caracterizan tales definiciones, abordando sus jerarquías, cualidades, la regla de derecho y los importantes aspectos de la validez y eficacia.

El derecho y la moral son referidas en el quinto capítulo enfrentando las dos nociones que históricamente han sido motivo de debate, a través del análisis de distintas teorías presentando las fronteras que las separan y a veces entrelazan, en el ámbito jurídico y el ético.

En el sexto capítulo se aborda la importante temática de las fuentes del derecho, examinando las fuentes clásicas (la ley, la costumbre, la jurisprudencia, la doctrina) y cómo estas se entrelazan para formar el entramado normativo de un Estado.

Las ramas del derecho son desarrolladas en el capítulo siete, destacando sus características, principios, desarrollos y ramas que se desprenden de cada una de ellas.

Uno de los capítulos más innovadores del libro es sobre el derecho y la inteligencia artificial. Aquí se discute cómo la inteligencia artificial está transformando el campo jurídico, evidenciando los desafíos que el derecho enfrenta.

En el capítulo noveno, se ofrece una visión comparada sobre las familias jurídicas del derecho a través del análisis de los diferentes sistemas (romano-germánico, *common law* y los sistemas mixtos), abordando las características distintivas de cada uno, su origen y evolución.

El tema de las principales escuelas de interpretación desarrollado en el capítulo décimo es fundamental para entender las diferentes corrientes jurídicas surgidas desde el siglo XIX y que explican la aplicación de las normas jurídicas en la práctica. Se analizan las más importantes escuelas de interpretación, como el iusnaturalismo, el formalismo, el positivismo, la exégesis, el realismo jurídico, la teleología, la escuela de la libre interpretación científica y el escepticismo jurídico. Después de desarrollar las escuelas, se aborda en el siguiente capítulo la aplicación, interpretación e integración del derecho.

Finalmente, consideramos como un aporte la recopilación en forma de glosario de las expresiones latinas más utilizadas en el ámbito jurídico. Este compendio no solo es útil y novedoso, es una herramienta práctica para abogados y estudiantes de derecho, sino que también refleja la influencia histórica del derecho romano en la tradición jurídica occidental.

Este libro desarrollado como manual de clase, recoge los principales temas del derecho expuestos de forma clara, con un lenguaje sencillo, pero sin dejar la rigurosidad y el uso especializado de la terminología jurídica, apoyado en tablas y gráficos que ayudan a comprender mejor el contenido de cada tema.

El derecho, más que un conjunto de reglas, es un entramado dinámico que refleja las aspiraciones, tensiones y valores de una sociedad en constante cambio. A través de este libro, no solo conoceremos sus fundamentos y las diferentes ramas que lo componen, sino que descubriremos cómo el derecho tiene la capacidad de moldear la realidad, proteger derechos y resolver conflictos.

Esta aventura académica no es solo un viaje teórico, sino un desafío para formar mentes críticas, capaces de interpretar, aplicar e incluso transformar las normas que rigen nuestras vidas. El derecho no es un fin en sí mismo, sino el medio a través del cual se construye justicia y se da vida al ideal del respeto por la dignidad humana y la equidad

Capítulo 1

Generalidades para la comprensión del concepto "derecho"

El derecho ha sido un tema de estudio profundo y de interés central en la organización de las sociedades humanas a lo largo de la historia. Como ciencia, el derecho busca comprender, interpretar y regular el comportamiento de las personas dentro de un marco normativo, proporcionando las bases para garantizar la justicia, el orden y la convivencia social.

A lo largo de los siglos, la humanidad ha elaborado complejos sistemas jurídicos que permiten estructurar y guiar las relaciones interpersonales y con el Estado, teniendo en cuenta las diversas concepciones sobre el deber ser, la moralidad y la justicia.

Uno de los primeros desafíos en el estudio del derecho es definirlo, delimitarlo y comprender su naturaleza. El concepto de este término puede adoptar múltiples acepciones, dependiendo del contexto en que se utilice.

Asimismo, es fundamental comprender el papel de la regla de derecho, es decir, la norma jurídica que, al ser de carácter general, abstracta y coercitiva, impone obligaciones y confiere derechos a los miembros de una comunidad. La norma jurídica cumple diversas funciones, como la organización del poder político, la protección de los derechos fundamentales y la resolución de conflictos, asegurando de esta manera la estabilidad y el orden social.

Por otro lado, el derecho no se compone únicamente de normas aisladas, sino que estas forman parte de un ordenamiento jurídico, un sistema coherente e interrelacionado de reglas que permiten la interpretación y aplicación del derecho de manera integral. Este ordenamiento es la estructura normativa en la que se distribuyen jerárquicamente las normas y se asegura la coherencia del sistema legal.

El estudio de estas generalidades -la concepción del derecho como ciencia, el concepto de derecho, las acepciones de la palabra, la regla de derecho, las funciones de la norma jurídica y la estructura del ordenamiento jurídico- proporcionan los fundamentos esenciales para comprender la naturaleza del derecho y su funcionamiento en la sociedad moderna.

1.1. EL DERECHO COMO CIENCIA

El derecho es considerado una ciencia, debido a que es un área del conocimiento humano debidamente comprobado y sistematizado, que explica un fenómeno social relacionado con la producción y aplicación de normas jurídicas creadas para la libre y pacífica convivencia. Estos conocimientos, se han organizado y clasificado sobre la base de principios explicativos, realizados de forma teórica y práctica.

El derecho como ciencia ha construido una teoría a partir del análisis objetivo de la evidencia científica y de su razonamiento lógico, formulando preguntas de investigación e hipótesis, deduciendo principios y leyes, y construyendo modelos, teorías y sistemas de conocimientos por medio de un método científico.

La descripción de lo que forma el contenido de la ciencia del Derecho es otra de las dificultades que deben ser abordadas. Es así que las expresiones "ciencia del Derecho", "ciencia jurídica" y "jurisprudencia" que eventualmente son usadas como sinónimos, suelen ser empleadas en tres sentidos.

En primer lugar, según García (2011), se abordaría en un sentido amplio, comprendiendo todas las disciplinas jurídicas en las que se incluye la filosofía del derecho. Se hablaría entonces de "las" ciencias del derecho. De esta forma, las ciencias jurídicas comprenderían la historia del derecho, la sociología del derecho, la teoría general del derecho, la psicología del derecho y la ciencia del derecho comparado.

En segundo lugar, García Máynez se refiere a un sentido semirestringido, en el que incluye todas las ciencias jurídicas, excluyendo la filosofía del derecho. En sentido estricto, como sinónimo de dogmática jurídica, se entendería como el área del conocimiento que tiene como objeto la exposición ordenada y coherente de los preceptos jurídicos que se hallan en vigor en una época y un lugar determinados, y el estudio de los problemas relativos a su interpretación y aplicación (García, 2011, pág. 16).

El reconocido tratadista austríaco Hans Kelsen (1881-1973) desarrolló en su reconocida obra La Teoría pura del Derecho (*Reine Rechtslehre–1934),* el carácter autónomo del Derecho frente a la política, la sociología, la moral y la ideología. Esta "autonomización" busca otorgar al Derecho, unidad y carácter científico, consagrándolo como una disciplina positivista. La "pureza" de la ciencia jurídica fue concebida en la obra para distinguirla de la moral y de la ciencia empírica.

En la Teoría Pura del Derecho, Kelsen opone el positivismo jurídico (o iuspositivismo), con el derecho natural. Resalta la prevalencia absoluta del derecho positivo como orden normativo y la negación de aparentes dualismos como derecho natural y derecho positivo, derecho público y derecho privado o derecho y Estado, etc.

El gran aporte del citado autor austríaco fue el de reivindicar la Ciencia del Derecho, dándole una posición y un status similar al de otras ciencias tradicionales como las ciencias naturales o las ciencias exactas. El positivismo Kelseniano se refleja en el apartamiento de la ciencia del derecho de toda consideración valorativa (subjetivismo).

Es así como se considera a la Teoría Pura del Derecho, como la más grande obra de fundamentación teórica y epistemológica de la ciencia jurídica en el siglo XX. El objetivo de Kelsen en su obra fue el de construir una ciencia descriptiva cuya finalidad sería el aspecto normativo. Al ser una ciencia descriptiva cuyo objeto es el lenguaje normativo jurídico, no se relacionaría ni estudiaría la conducta efectiva de los hombres, sino el estudio de las normas jurídicas. En ese sentido, la ciencia jurídica aborda la norma como un "deber ser", diferente a la ciencia política o la sociología que serían ciencias del ser, pues describen lo que existe.

Kelsen toma un punto de partida desde el cual intenta sustentar la independencia metodológica de la Ciencia del Derecho, en la diferenciación entre juicios del ser y juicios del deber ser.

La Teoría Pura proyecta la norma jurídica como un juicio hipotético (*v.g.* aquel que mate a otro...) que expresa el vínculo específico que se establece entre un hecho condicionante y su consecuencia (...incurrirá en pena de prisión de x años de prisión...).

En términos kelsenianos, la norma sería una prescripción sintáctica con la cual se regula, prohíbe o autoriza un comportamiento. Por ello es necesario la diferenciación entre el acto de voluntad que estatuye una norma y su validez jurídica.

El derecho es una ciencia de orden normativo que está ubicada en la categoría ontológica del deber ser. Como ejemplo se puede afirmar que un contrato se cumple o no se cumple, no siendo lo mismo a sostener que los contratos deben cumplirse en virtud del Derecho.

Cuando se afirma que un contrato se cumple o no se cumple, se evidencia un juicio de hecho, mientras que en la segunda afirmación (los contratos deben cumplirse), contiene un enunciado sobre algo que debe suceder.

Para Kelsen, la ciencia del derecho no estudia la conducta o comportamientos humanos, sino solamente lo jurídicamente preceptuado. Por ello, no es una ciencia que estudie los hechos, como la sociología, o la ciencia política, sino una ciencia que estudia las normas. Su finalidad no es lo que sucede, sino el estudio de la complejidad normativa.

El derecho tiene un carácter científico que se garantizaría si se limita estrictamente a su misión, manteniéndose puro de toda mezcla de elementos ajenos a su esencia, de todo préstamo de otras ciencias o disciplinas, como la sicología o la sociología, o de dogmatismos influenciadores de naturaleza ética o religiosa.

Para mantener la pureza metodológica, la ciencia del derecho tiene que someterse de manera estricta, a una purificación de todos aquellos elementos, sociológicos, políticos, históricos, iusnaturalistas o metafísicos que son propios de otras áreas del conocimiento.

El derecho es una ciencia práctica que tiene por objeto discernir cual es la conducta adecuada para alcanzar la justicia. Es una ciencia práctica que define lo que es justo en las relaciones interhumanas, y especialmente, lo justo en casos concretos.

La ética y la política serían ciencias prácticas afines al derecho, la primera discerniendo cuál es la conducta adecuada al bien personal y la segunda cuales conductas son las más apropiadas al bien común.

Una sociedad sin reglas sería inimaginable. Para la sana y pacífica convivencia en un conglomerado humano, deben existir acuerdos sobre unas reglas de comportamiento y para la resolución de las diferencias que puedan surgir con el fin de evitar el uso de la violencia donde impere la ley del más fuerte.

El atributo particular de la teoría consiste en que los seres humanos, para vivir en sociedad, acuerdan un contrato social de carácter implícito que les reconoce ciertas prerrogativas a cambio de renunciar a la libertad de la que disponían en estado de naturaleza. De esta forma, los derechos y deberes de los individuos constituyen las cláusulas del contrato social, en tanto que el Estado es la entidad creada para hacer cumplir el contrato.

Dentro de este contexto, las reglas juegan un papel importante en una sociedad, ya que ellas colocarían un límite al ejercicio de las libertades y los derechos de los asociados. Es así como cualquier acto de un individuo estaría inmerso en una norma jurídica, así este no sea consciente o no esté enterado de la existencia de ella.

1.2. APROXIMACIÓN A UN CONCEPTO DE "DERECHO"

La abundante doctrina especializada ha precisado varias definiciones del concepto del derecho, muchas de ellas con componentes similares que llevan a inferir unos elementos comunes que ayudarían a realizar una conceptualización propia.

Para ello es importante acudir al origen de la palabra "derecho", lo que nos daría luces sobre el contenido y alcance del concepto y también rastrear su origen en el derecho romano.

Para aproximarnos al concepto de la palabra derecho, es necesario abordar el origen etimológico de dos palabras de origen latino que están estrechamente ligadas al concepto: *ius* y *directum*.

La palabra *ius* en las fuentes romanas tiene significados diversos, más allá que simplemente "derecho" (Gluck, 2018). Etimológicamente hablando es difícil precisar el origen de la palabra *ius*. El primer libro del Digesto[1] habla de *iustitia et iure* (de la justicia y del derecho).

La palabra "derecho" viene del latín *directum* que refleja la idea de dirección (del verbo *dirigire)* y de aquello que es recto (*rectus)*. Según Carnelutti (2017), esta palabra ofrece más dificultades que la palabra latina *ius*. Sin embargo, las dos reflejan una idea de "vínculo".

En este contexto se debe resaltar que en la antigua Roma -de donde proviene la palabra *directus*- no se concebía una diferencia entre las palabras para designar "derecho" y "justicia".

La palabra "*directus*" y su relación con "*dirigere*" proviene de la etimología del latín. El verbo *dirigere* significa "alinear" o "poner derecho", y de allí se deriva el participio *directus*, que es la raíz de la palabra "derecho". Este verbo está compuesto de *di-* que implica en diferentes direcciones, y *regere*, que significa 'conducir' o 'gobernar' en línea recta.

Esta información refleja la estructura latina de la palabra y su evolución hacia el concepto de derecho tal como lo conocemos hoy. Fuentes etimológicas, como las que examinan el origen de términos en el español y su relación con el latín, explican cómo estos términos se derivan de la estructura lingüística del latín clásico y vulgar, utilizado en textos medievales y jurídicos.

---

1 El "Digesto" o "Digesta" es una de las partes más importantes del "Corpus Iuris Civilis" (Cuerpo de Derecho Civil), compilado por orden del emperador bizantino Justiniano I entre los años 530 y 533 d.C. El Digesto es una vasta recopilación de fragmentos de escritos de los más importantes juristas romanos de épocas anteriores, y su objetivo era sistematizar el derecho romano para proporcionar una guía unificada que pudiera ser usada en los tribunales y en la enseñanza del derecho.

En la Roma antigua al derecho se le denominaba *ius, iuris* y a la justicia *iustitia,* de manera que justicia es una palabra derivada de Derecho, que se debe entender como la verdadera y recta justicia al aplicar el derecho.

De acuerdo a lo anterior, etimológicamente "derecho" significaría lo recto, lo que está realizado correctamente, que sigue la rectitud observando una regla o norma de cualquier tipo.

Retomando lo expresado por Correa (1990), la idea de derecho siempre existió en la mente humana, desde épocas muy remotas. Esa idea se exteriorizó a través de símbolos, dioses y palabras, cada uno de ellos con connotación diversa, propias de un momento histórico y un contexto cultural.

Otro aspecto interesante que se debe analizar es el referido a la traducción de la palabra a otros idiomas, lo cual puede evidenciar la preservación de su raíz etimológica y de su significado, pese al paso de muchos siglos y a la evolución de cada idioma, que en la mayor parte de los casos tienen la misma raíz latina. Es así que la palabra "derecho" se traduce de la siguiente forma en cada uno de los referidos idiomas, la mayoría de ellos denominados lenguas romances derivados del latín:

Directum (latín)

Droit (francés)

Derecho (español)

Diritto (italiano)

Direito (portugués)

Dreptu (rumano)

Right (inglés)

Recht (alemán)

De las palabras antes citadas, se puede constatar que las letras "D" y "r" se conservan, evidenciándose el predominio de la raíz originaria del latín.

Con las anteriores precisiones históricas y etimológicas se podría empezar a concretar una conceptualización del término, acudiendo inicialmente a la definición de la Real Academia Española de la Lengua. Ella define la palabra "Derecho" como un adjetivo que significa algo recto, igual, seguido, sin torcerse a un lado ni a otro. También lo define como lo justo, lo legítimo, fundado, cierto, razonable. Finalmente lo define como lo directo, que va de un punto a otro sin intermedios.

En el campo jurídico, derecho es definido por la RAE como "el conjunto de principios y normas, expresivos de una idea de justicia y de orden, que regulan las relaciones humanas en toda la sociedad y cuya observancia puede ser impuesta de manera coercitiva" (RAE, 2024).

De manera más específica se podría decir que derecho es una ciencia social que estudia el sistema normativo y jurisprudencial de un Estado determinado. Estas normas son generalmente inspiradas en un ideal de justicia y orden que busca la regulación de las relaciones humanas evitando así la generación de conflictos y, buscando su solución.

El derecho guarda una íntima conexión con otras áreas del conocimiento como la ciencia política, la economía o la historia entre otras. Es un sistema normativo que tiene una inspiración en el ideal de la justicia y el orden, buscando la regulación de la conducta humana y cuyo cumplimiento puede imponerse de forma coactiva por el poder público. De todas formas, hallar un consenso para una definición única de derecho generalmente aceptada no es una tarea fácil.

Al ser considerada simultáneamente como una ciencia y un arte, puede tener diferentes enfoques. El derecho es considerado ciencia porque su estudio implica la aplicación de métodos sistemáticos, ordenados y racionales para analizar y comprender sus principios, normas y estructuras. Esta visión del derecho resalta su carácter técnico y su capacidad de generar un conocimiento objetivo, basado en la interpretación de textos normativos y en el análisis de hechos. Busca entender las leyes y los principios que regulan la conducta humana en sociedad, explicando las relaciones entre normas y sus aplicaciones prácticas.

Por otro lado, el derecho también es considerado como un arte en la medida en que su práctica implica creatividad, habilidades interpretativas y la capacidad de adaptar principios generales a situaciones concretas y particulares.

Los abogados, jueces y legisladores no solo aplican la ley de manera mecánica, sino que, en muchos casos, deben hacer interpretaciones creativas y ponderar los valores éticos y morales. Además, la redacción de las leyes, la argumentación jurídica y la resolución de conflictos demandan habilidades y destrezas que pueden ser consideradas como una labor artística.

Como un "arte de lo posible", el derecho también trata de equilibrar los intereses de diferentes partes en un conflicto, atendiendo tanto a la forma como al fondo en la aplicación de la justicia.

Centrándonos más en el aspecto definitorio, son innumerables las acepciones construidas por tratadistas y doctrinantes para delimitar un concepto de derecho. Para Kelsen, el derecho es el orden coactivo y soberano de la conducta (Kelsen, 2009, pág. 55). Edgar Bodenheimer (1971) dijo que el derecho es un término medio entre la anarquía y el despotismo.

Para Javier Hervada, el derecho en su sentido más básico va encaminado hacia una obligación y necesidad social de impartir justicia (dar a cada quien lo suyo). En ese sentido, dar a cada quien lo suyo nace del deseo de darlo o de la obligación por medio del poder social de querer otorgarlo; en todo caso, el arte del derecho es el arte de hacer lo justo (Hervada, 2011).

Otra definición establece que el derecho en sentido objetivo o derecho objetivo es el conjunto de normas jurídicas, positivas e incluso, naturales, que regulan el comportamiento humano (Solano, 2018, pág. 67).

El autor francés Rémy Cabrillac (2015) define el derecho como una regla de conducta en las relaciones sociales, de carácter general, abstracta y obligatoria en la que la sanción es realizada por la autoridad pública.

Immanuel Kant (1989), ha considerado que el derecho regula las acciones externas de los hombres y hace posible su pacífica coexistencia. Define el derecho como el conjunto de las condiciones mediante las cuales el arbitrio de cada uno puede existir con el arbitrio de los demás, según una ley universal de libertad. Este autor establece que el derecho es una regulación de las acciones del individuo (Kant, 1989).

García Máynez (1979) lo define como una regulación del proceder de los hombres en la vida social, y solo discrepan en lo que atañe a la naturaleza de los preceptos jurídicos.

Por último, Péreznieto y Ledesma (1992) conceptualizan al derecho como el conjunto de normas que imponen deberes y confieren facultades que establecen las bases de la convivencia social, cuyo fin es dotar a todos los miembros de la sociedad de los mínimos de seguridad, certeza, igualdad, libertad y justicia.

Haciendo un aporte a partir de los conceptos construidos, podríamos definir el Derecho como la ciencia que estudia un determinado sistema normativo e institucional, que regula la conducta de las personas en un Estado determinado, basado en los postulados de justicia, buscando la convivencia social y la ágil y correcta resolución de los conflictos que surjan en la sociedad, bajo el respaldo coercitivo de una autoridad pública.

1.3. LA REGLA DE DERECHO

Regla se podría definir como el instrumento que sirve para trazar las líneas en el campo jurídico. La regla de derecho es el instrumento que sirve para alinear los comportamientos alrededor del modelo que ella fija (Deumier, 2015).

El derecho sería esencialmente la ciencia o el arte de la orientación de los comportamientos a través de una norma y la regla de derecho una técnica de dirección de las conductas humanas.

La regla de derecho es habitualmente definida como una norma de conducta en las relaciones sociales, de carácter general, abstracta y obligatoria, en la que la sanción es asegurada por la autoridad pública (Cabrillac, 2015).

El derecho es más pequeño que el conjunto de relaciones entre los hombres. Al igual que la costumbre, la religión o la moral, el derecho es una regla de conducta en sociedad. El dominio del derecho y de las reglas de organización social normalmente son coincidentes. Es así que derecho y moral no pueden estar completamente disociados.

Si el derecho es a veces influenciado por la moral, como lo testimonian los debates contemporáneos sobre las relaciones entre ética y derecho, numerosas reglas de derecho no tienen nada de moral o de inmoral, como por ejemplo las normas tributarias o el Código General del Proceso.

Si bien ciertas reglas morales no son consagradas por el derecho, como por ejemplo asistir a un culto religioso, creer en una deidad o ser leales y honestos, la regla de derecho puede en ocasiones inspirarse de la regla religiosa, aunque sus dominios sean diferentes.

La norma no se opone al concepto de regla, pues no es más que un instrumento del derecho puesto a su lado. El concepto de norma es mucho más amplio: engloba la regla de derecho y agrega dimensiones que la definición tradicional dejaría al margen como las normas individuales o las no obligatorias. Existe en consecuencia, dos instrumentos similares en el derecho que se evocan simultáneamente: regla que conserva una connotación más tradicional, y la norma la que refleja una ampliación.

1.4. PRINCIPALES ACEPCIONES DE LA PALABRA DERECHO

El término "Derecho" puede tener diferentes significaciones dependiendo del contexto o categorías a las que se refiera. A continuación, se definirán algunas de ellas.

1.4.1. Derecho objetivo y derecho subjetivo

Desde el punto de vista objetivo, el derecho se concibe como el conjunto de leyes, decretos y demás normas aprobadas por el legislador, con carácter permanente y obligatorio. Es el derecho considerado como un sistema de reglas que se imponen a todos por igual, sin considerar las circunstancias personales de los individuos.

Como ejemplo se podría citar la tipificación del tipo penal de hurto en el Código Penal el cual prevé que, en caso de incurrir en esta conducta, la consecuencia sería el castigo con pena de prisión o multa. Esta norma es derecho objetivo, ya que aplica a todos los ciudadanos en general. La norma establece una conducta prohibida (hurtar) y la sanción correspondiente en caso de violación, sin hacer referencia a derechos individuales específicos de una persona en concreto.

De otra parte, desde el punto de vista subjetivo, el derecho sería la facultad, poder o potestad individual de hacer, abstenerse, exigir, permitir o prohibir alguna acción o situación dirigida a los miembros de una comunidad. Un derecho subjetivo nace por una norma jurídica (que puede ser una ley) o un contrato (acuerdo de voluntades). Es el derecho que una persona puede ejercer o reclamar ante una situación específica y que, a menudo, se deriva del derecho objetivo.

Este punto de vista del derecho se puede ejemplificar tomando el mismo escenario anterior del derecho objetivo. Supongamos que una persona es víctima de un hurto. En este caso, el afectado tiene el derecho subjetivo de denunciar el hecho ante las autoridades y exigir que se investigue y se sancione al responsable conforme a la ley penal vigente. Este derecho a exigir justicia es subjetivo, pues pertenece exclusivamente a la víctima del robo y deriva de la norma general que prohíbe dicha conducta (el derecho objetivo que penaliza el hurto de cosa mueble ajena).

En conclusión, el derecho objetivo es la norma o el conjunto de normas y el derecho subjetivo es la facultad que se tiene para exigir el cumplimiento de la norma. El derecho objetivo se refiere al sistema general de normas que regulan la conducta, mientras que el derecho subjetivo es la facultad de un individuo para exigir o hacer valer esos derechos ante determinadas situaciones. Ambos enfoques son complementarios, ya que el derecho subjetivo depende de la existencia del derecho objetivo.

Asimismo, el derecho objetivo tiene dos connotaciones, una como derecho natural y otra como derecho positivo.

1.4.2. Derecho positivo y derecho natural

El derecho positivo es el derecho reglado en una norma jurídica y el derecho natural se refiere a aquellas normas que, sin ser escritas ni aprobadas por el legislador, son reconocidas por todos los seres humanos como inherentes a la raza humana.

El derecho positivo correspondería al conjunto de normas jurídicas vigentes y escritas emanadas del órgano estatal que ejerce la función legislativa. Se consideraría como derecho positivo además de la ley, los decretos, las resoluciones, los acuerdos, las ordenanzas y en general todas las reglamentaciones aprobadas por el órgano competente. También estarían incluidas en este grupo, las normas supranacionales emanadas de los organismos internacionales.

1.4.3. Derecho vigente y derecho derogado o no vigente

El derecho vigente son las normas que están en vigor y son aplicables en un determinado momento, mientras que su contrario serían las normas que han sido derogadas o que ya no tienen validez legal.

Las normas vigentes lo son en virtud del concepto espacio-tiempo, pues son aprobadas y puesta en vigencia por la autoridad política respectiva (parlamento o congreso) con obligatorio cumplimiento.

De otra parte, el derecho derogado o no vigente se refiere a aquellas normas o leyes que han sido formalmente eliminadas o sustituidas por otras nuevas a través de un proceso legislativo o judicial. En este derecho no vigente se incluyen aquellas disposiciones que no tienen fuerza o validez en un ordenamiento jurídico porque han sido derogadas. Una norma derogada no tiene efectos jurídicos, ya que ha sido reemplazada por otra o ha sido retirada del mundo jurídico.

1.4.4. Normas jurídicas primarias y normas jurídicas secundarias

Las normas jurídicas se pueden dividir en las primarias y las secundarias. Las normas primarias imponen una obligación a sus destinatarios y las secundarias son las que especifican la manera en que las normas primarias pueden ser creadas, eliminadas o modificadas y cómo se puede verificar su cumplimiento, así como la respuesta que hay que dar en caso de incumplimiento (Hart, 1990, pág. 116)

Kelsen (1983) también distingue entre normas primarias y normas secundarias: las secundarias estipulan la conducta que el orden jurídico trata de provocar bajo la amenaza de la sanción, mientras que las primarias son las que determinan esta sanción.

Es decir, las normas primarias son creadas por el legislador para que el juez las aplique directamente a un caso específico, mientras que las normas secundarias, dependen de la existencia de las primarias, pues contienen el deber jurídico.

1.5. FUNCIONES DE LA NORMA JURÍDICA

La norma jurídica tiene varias funciones que se pueden resumir de manera principal en cinco: la función de promover certeza y seguridad, la función de proveer posibilidades de cambio, la función de prevención y resolución de conflictos, la función de motivación y la función de organización, regulación e intento de legitimación del poder político.

- *Función de promover certeza y seguridad:* esta función tiene relación directa con la seguridad jurídica, ya que la certidumbre es la cualidad que busca la previsibilidad respecto a las consecuencias jurídicas de mis actos y de los actos de las otras personas (Solano, 2018, pág. 189). Por ello, la aprobación de una ley por parte del Congreso genera tranquilidad en los ciudadanos ya que, al existir una regulación clara y concreta de cierta situación, se origina certitud e infalibilidad sobre lo que está permitido y lo que está prohibido alejando las posibilidades de lagunas o vacíos jurídicos.

- *Función de proveer posibilidades de cambio:* el derecho se enfrenta a la rapidez de los cambios sociales, por lo que los cambios normativos deben estar atados a las dinámicas sociales en un conglomerado humano. Si bien se busca que una sociedad tenga estabilidad normativa para preservar la certeza y seguridad jurídica, también es deseable su permanente revisión con el fin de incluir los cambios que requiera para que impedir que norma se convierta en desueta. Un derecho estático no debe ser el ideal de ningún sistema jurídico.
- *Función de prevención y resolución de conflictos:* el estado natural de una sociedad es la existencia de conflictos entre sus integrantes, por lo que allí radica la principal justificación del derecho que debe encargarse de prevenir las disputas y en caso de surgimiento, se deben prever las herramientas normativas para su pacífica solución a través de la intervención de jueces que son respaldadas por la fuerza institucionalizada. De esta forma, el derecho no debe ser tan ambicioso de pretender generar posibles soluciones a todos los conflictos, ya que estos pueden ser infinitos, sino buscar la estandarización de los medios para resolverlos por medio del derecho sustancial y procesal.
- *Funciones de motivación social:* La motivación social es una de las funciones clave del derecho y se refiere a la capacidad de las normas jurídicas para influir en el comportamiento de las personas en una sociedad, impulsándolas a actuar de acuerdo con ciertos principios o normas previstos por el legislador.

En este sentido, el derecho no solo tiene la función de prohibir o sancionar conductas, sino también de incentivar, promover y motivar comportamientos deseables que contribuyan al bienestar social y al orden dentro de la comunidad.

A través de las leyes y normas, el derecho buscaría fomentar ciertos comportamientos deseados que son considerados socialmente valiosos, como el respeto a los derechos de los demás, el cumplimiento de contratos, la protección del medio ambiente, entre otros.

El derecho también cumple la función de disuadir o desalentar comportamientos que son perjudiciales para la sociedad, estableciendo sanciones para quienes infrinjan las normas.

De acuerdo a lo anterior, el derecho moldea la conducta individual y colectiva a través de un sistema normativo que refleja los valores, creencias y principios que una sociedad considera importantes. Por lo tanto, motiva a los individuos no solo por temor a la sanción, sino también por el deseo de cumplir con las expectativas sociales y morales.

Por ejemplo, en el ámbito de la protección del medio ambiente, el derecho puede establecer incentivos fiscales para quienes adopten prácticas sostenibles o sanciones para quienes contaminen, motivando a los ciudadanos y empresas a comportarse de manera ecológicamente responsable.

- *Funciones de organización, regulación e intento de legitimación del poder político.* El derecho sirve para establecer y limitar las libertades individuales, reconocer derechos fundamentales y encausar el ejercicio del poder político, todo esto contenido en las constituciones.

Cuando se afirma que una de las funciones del derecho es la de organización, regulación e intento de legitimación del poder político, se está refiriendo a los siguientes aspectos fundamentales del rol que juega el derecho dentro de las estructuras políticas y sociales:

El derecho establece y delimita la estructura y el funcionamiento de las instituciones que ejercen el poder político en una sociedad. Esto incluye la creación de un marco constitucional que define las funciones de los diferentes órganos del

Estado (Ejecutivo, Legislativo y Judicial) y las relaciones entre ellos, garantizando así un funcionamiento ordenado y coherente del aparato estatal.

Es así que las normas constitucionales establecen cómo se elige el presidente de la República y los congresistas, o cómo se promulgan las leyes y cómo se administra la justicia, todo lo cual refleja la forma en la que el derecho organiza el poder político.

De otra parte, el derecho no solo organiza el poder político, sino que también lo regula para evitar abusos y garantizar que sea ejercido dentro de los límites que la ley impone. A través de normas jurídicas, el derecho asegura que quienes detentan el poder lo hagan conforme a la ley y respetando los derechos fundamentales de los ciudadanos.

En este sentido, las constituciones regularían los procedimientos electorales, las leyes que establecen límites al poder ejecutivo o las normas que prohíben el uso arbitrario de la fuerza pública.

El derecho también busca legitimar el poder político, lo cual significa que proporciona justificación jurídica y moral al ejercicio del poder. Esto ocurre mediante la creación de un marco normativo que define las reglas bajo las cuales el poder es adquirido y ejercido. Si los ciudadanos perciben que el poder político es ejercido conforme a la ley, se genera una sensación de legitimidad y aceptación hacia las autoridades.

Por ejemplo, un gobierno elegido democráticamente bajo el amparo de una constitución, con respeto a los derechos fundamentales y los procedimientos legales, es un gobierno que obtiene legitimidad a través del derecho.

De acuerdo a lo anterior se podría concluir que el derecho cumple con la función de organizar el poder político al establecer las estructuras del Estado, regularlo mediante normas que limitan su ejercicio y legitimarlo al proporcionar un marco jurídico que justifica y otorga autoridad a quienes ejercen el poder en nombre de la sociedad.

1.6. EL ORDENAMIENTO JURÍDICO

El ordenamiento jurídico se puede definir como el conjunto de normas, principios y reglas que rigen la vida en sociedad dentro de un determinado Estado. Tales normas establecen derechos, deberes y obligaciones que los individuos y las instituciones deben cumplir para garantizar el funcionamiento ordenado de la sociedad. El ordenamiento jurídico no solo incluye las leyes escritas, como las constituciones, los códigos y los reglamentos, sino también las costumbres y las decisiones judiciales que establecen precedentes.

En los Estados democráticos el ordenamiento está formado por la Constitución del respectivo Estado, por las leyes, las normas que emanan del ejecutivo, las reglamentaciones y otras regulaciones como los tratados internacionales.

Solano (2018) propone una metáfora al respecto, donde representa a la norma jurídica como un árbol y el ordenamiento jurídico como el bosque donde está el mismo. Plantea una diferencia entre ordenamiento jurídico y ordenamiento normativo. Expresa que el primero es dinámico, pues cambia de acuerdo a las necesidades sociales, mientras que el segundo es estático ya que se refiere a conductas morales preestablecidas.

El ordenamiento jurídico está conformado por normas primarias y secundarias y sus funciones varían conforme a la interpretación que les sea otorgada. Una postura positivista estipula que las normas de superior jerarquía habilitan a las secundarias, esto es que estas últimas no están determinadas por las primeras, sino que es un acto de voluntad del legislador.

La postura neoconstitucionalista estipula que las normas principales son un elemento constitutivo del Estado, otorga derechos e impone límites al legislador. Estos límites están encaminados a la protección del núcleo esencial de los derechos fundamentales, por lo que las normas secundarias no serán exclusivamente un simple acto de voluntad, sino que tienen el límite material antes expuesto.

Para los doctrinantes Eugenio Bulygin y Carlos Alchourrón (1971), el ordenamiento jurídico tiene una expresión más amplia que es el "sistema jurídico"; esto a su vez es el conjunto de normas vigentes relacionadas entre sí, y el ordenamiento jurídico es el conjunto de sistemas jurídicos (Bulygin y Alchourrón, 1971).

En términos de Norberto Bobbio, la diferencia entre ordenamiento jurídico y sistema jurídico radica en que "todo sistema jurídico es un orden jurídico, pero no todo orden jurídico es un sistema jurídico; sistema jurídico es sólo aquel orden jurídico dotado de coherencia" (Solano, 2018, pág. 197).

En un ordenamiento jurídico existiría jerarquía normativa, unidad, coherencia, y obligatoriedad. La jerarquía haría referencia a los niveles jerárquicos, como la Constitución en la cima, seguida por las leyes ordinarias, los reglamentos, etc. Esta jerarquía garantiza que las normas de menor rango no contradigan a las de mayor rango.

La coherencia indicaría que las normas deben ser congruentes entre sí y no entrar en contradicción. En caso de conflicto, los mecanismos jurídicos de interpretación y derogación aseguran la resolución de tales incongruencias.

En cuanto a la obligatoriedad, las normas del ordenamiento jurídico tienen este carácter, que significa que deben ser acatadas por todos los ciudadanos y autoridades. El incumplimiento de estas disposiciones puede acarrear sanciones.

El ordenamiento jurídico estaría compuesto en primer lugar, por normas que serían las reglas que indican cuáles conductas son permitidas, obligatorias o prohibidas. En segundo lugar, por principios que serían los fundamentos éticos y jurídicos que guían la interpretación y aplicación de las normas. En tercer lugar, por normas consuetudinarias que existirían en algunos sistemas jurídicos, siempre y cuando no contradigan las leyes establecidas. Por último, por decisiones judiciales que podrían configurar precedentes, los cuales son propios en los sistemas de derecho común (*common law*).

Capítulo 2

El derecho natural

Esta doctrina ético-jurídica tiene orígenes remotos y grandes desarrollos conceptuales de reconocidos tratadistas que postularon hace muchos siglos, la existencia de unos derechos universales, superiores e independientes al derecho escrito o al consuetudinario, que se fundamentaron en la propia naturaleza humana. El iusnaturalismo agrupa a los pensadores y escuelas de pensamiento que se inspiran en el derecho natural.

La importancia del derecho natural radica, según las teorías iusnaturalistas, en que la legitimidad de las normas positivas depende de su concordancia con el derecho natural.

2.1. ORÍGENES

La tradición aristotélica-tomista ha ejercido una notable influencia en el desarrollo del derecho natural, aunque esto no significa que el debate se agote en esta corriente. De hecho, el derecho natural ha convivido y se ha enfrentado con otras corrientes del pensamiento jurídico, como el positivismo.

El derecho natural tiene sus raíces en la Antigua Grecia, con Platón, Aristóteles y los estoicos. En Roma, Cicerón continuó con estas ideas, y la Escolástica medieval, encabezada por Tomás de Aquino, alcanzó su punto culminante en este desarrollo.

El concepto de derecho natural se remonta a Platón, en obras como *República* y *Leyes*. Por su parte, Aristóteles distingue en la *Ética nicomáquea* entre la justicia legal o convencional y la justicia natural. Para Aristóteles, las leyes naturales no son inmutables, ya que cambian en función de la propia evolución de la naturaleza humana (Libro V de la Ética Nicomáquea). Además, en su obra *Política*, Aristóteles introduce el razonamiento como ley natural, abordando cuestiones de libertad y esclavitud bajo esta perspectiva.

Los estoicos también destacaron la importancia de la racionalidad, señalando que la naturaleza humana es parte del orden natural. La ley natural es, por tanto, la razón implantada por los dioses.

El cristianismo adaptó estas ideas estoicas, y en la Edad Media, Tomás de Aquino retomó las ideas de Cicerón y elaboró una teoría de la ley natural basada en la ley divina. Según Aquino, Dios establece una legislación eterna que rige tanto el mundo natural como el humano.

Con la llegada del racionalismo en el siglo XVII, encabezado por Descartes y la Ilustración del siglo XVIII, la teoría del derecho natural experimentó un giro. Surgió la idea de un derecho desvinculado de Dios, donde la autonomía del ser humano adquiría centralidad, estableciendo principios morales basados en el Estado. Figuras como Hobbes, Locke, Rousseau y Kant se alejaron de la tradición del derecho natural, favoreciendo un enfoque más secular y racionalista.

En la segunda mitad del siglo XX, se habla de un posible resurgimiento del derecho natural, aunque algunos autores, como García Máynez (2000), argumentan que no es posible sostener una teoría exclusiva de derecho natural o derecho positivo. Según esta visión, cuando las normas de ambos sistemas entran en contradicción, no pueden coexistir, ya que los criterios de validez intrínsecos y extrínsecos se excluyen mutuamente.

2.2. CONCEPTO Y ALCANCE

El derecho natural se puede definir como el conjunto de normas y principios jurídicos universales e inmutables, que emanan directamente de la naturaleza misma del ser humano como fruto de su razonamiento, sin que intervenga el legislador ni el gobernante y que no deben ser confundidos con principios morales o religiosos.

El derecho natural no es exclusivamente parte de la filosofía del derecho. Algunas interpretaciones sugieren que la única ciencia del derecho es la que se deriva del derecho positivo. Hervada, plantea que no es así, porque el derecho a ser "en parte natural y en parte positivo, la ciencia y el arte jurídicos han de conjugar" (Hervada, 2011, pág. 189). Por ello, la ciencia del derecho natural es ciencia del derecho y la jurisprudencia.

La ciencia del derecho natural estudia la ley natural o como lo establece Hervada (2011) "los diversos factores naturales, del derecho vigente" (pág. 191). Esto es la aplicación de estas normas en el mundo real, lo que no es propio de la filosofía del derecho, ni de la filosofía del derecho natural.

El derecho natural se distingue de las ramas del derecho positivo, ya que este se ocupa de lo justo natural y de la ciencia del derecho natural, pero comparten la misma finalidad de estas ramas: la justicia. Hervada (2011) señala que la ciencia del derecho natural no es una rama de la ciencia jurídica. La entiende más como una especialidad que ayuda a perfeccionar la ciencia jurídica y sus diferentes ramas.

La teoría general del derecho natural se ocupa de la noción, el método y la evolución histórica, siendo específicos en la técnica jurídica de estas tres características. El derecho natural no puede ser catalogado exclusivamente como un valor, pues "la despojaría de su condición de derecho en sentido propio y estricto" (pág. 194).

De la evolución y desarrollo del derecho natural, se pueden desprender algunas características:

- Es de carácter universal
- Es inmutable, pues no cambia en el tiempo
- No depende de la interpretación del hombre
- Su fuente es la naturaleza humana ya que es su esencia
- Es anterior al derecho consuetudinario y al derecho positivo
- Tiene su propio ordenamiento jurídico
- No son normas de carácter escrito
- Son inherentes al ser humano
- No son fruto de la voluntad humana sino de su razonamiento

Por otro lado, el derecho natural persigue lo justo que es objetivo. Pensar que este es revolucionario o conservador es una apreciación subjetiva, pues el que considera que es revolucionario es porque vive en un sistema injusto, y el que considera que es conservador es porque pretende introducir la injusticia.

La justicia es una expresión del derecho natural y debe preexistir al derecho positivo, pues al no ser así generaría ambigüedades al catalogar una norma como justa o injusta. La justicia por su parte debe tener un carácter virtuoso, como se desarrolló anteriormente, individual y antidiscriminatorio (Hervada, 2011).

Las leyes naturales y las normas de conducta se diferencian en que la primera es el fenómeno que ocurre y la segunda solo los enuncia. La ley natural es constante en su consecuencia, siempre sucederá lo mismo. La ley natural es válida cuando es verdadera; es decir que siempre se cumple y no está sujeta a interpretación, ni es parcial, ni espontanea. Por otra parte, "la norma es válida cuando indican un proceder intrínsicamente obligatorio" (García, 2000, pág. 6).

El hombre crea y otorga derechos positivos porque tiene la capacidad de recibirlos y ser titular de los mismo. Por ello, la naturaleza humana va siempre encaminada a regular su comportamiento por medio de estas leyes, porque intrínsicamente saben que son poseedores de derechos y obligaciones de carácter natural.

La ley natural se fundamenta en la capacidad objetiva humana de conocer el bien y el mal (ley moral), y esto se ha materializado en diversos sistemas jurídicos donde se permiten actos que son buenos y se castigan otros que son catalogados como malos. Según Hervada, la ley objetiva del obrar goza de un valor intrínseco del ser humano y una ponderación subjetiva de la misma conociendo de antemano qué es lo bueno y qué es lo malo (Hervada, pág. 141)

La ley natural es objetiva ya que todo ser humano la conoce por el simple hecho de ser tal, y la subjetividad individual de una persona de ejecutar actos buenos o malos no disminuye su valor imparcial.

2.3. CLASES DE DERECHOS NATURALES Y SU CONTENIDO

La doctrina reconoce una clasificación de los derechos naturales: los originarios y los subsiguientes. Los primeros nacen de la naturaleza del ser humano y los subsiguientes se originan por las diversas situaciones o contextos humanos.

Los primarios al igual que los originarios tienen principio en los bienes de la naturaleza humana y de las tendencias básicas de los mismos; por otro lado, los derechos derivados son consecuentes al derecho primario. Un ejemplo de lo anterior es el derecho a la vida (primario) y el derecho a alimentarse (derivados).

La medida natural del derecho solo se puede dar cuando existe una igualdad entre las cosas o las personas y este criterio está determinado por aspectos objetivos, los cuales pueden ser "la finalidad, cantidad, la cualidad, la relación y el tiempo" (Hervada, pág. 97).

La variación de los derechos naturales desde un punto de vista de su eficacia está en el aspecto histórico, el cual tiene una conexión con los derechos naturales derivados y subsiguientes. En otras palabras, los derechos naturales se van perfeccionando conforme avanza el hombre en su conocimiento de sí mismo, los fines de las personas y el núcleo primario y esencial de esos derechos (Hervada, 2011).

Según Hervada, la ley natural contiene: a) una tendencia a la conservación de la especie humana; b) la inclinación humana de la unión matrimonial entre un hombre y una mujer, además de la educación de sus hijo; c) la tendencia a tener una relación con Dios como una dimensión constitutiva del hombre d) la tendencia al trabajo, como administrador y transformador de su entorno, sin perder de vista el descanso y la actividad lúdica del hombre; e) la inclinación social de reunión o asociación como una característica natural de la persona; f) la tendencia de la comunicación entre los seres humanos, y por último, g) la inclinación al conocimiento y diversas formas de cultura y arte.

Estas tendencias del hombre tendrán dos grandes resultados: *i)* la solidaridad entre las personas de manera individual o colectiva para alcanzar los fines propuestos y *ii)* la búsqueda continua de la perfección, en primera instancia moral y espiritual, la cual irradiará al contexto social y material.

La ley natural no se legitima por una imposición, se legitima porque el ser humano existe y quiere alcanzar unos fines que deben ser buenos, pues buscan un perfeccionamiento de su ser y no objetivos convenientes o técnicos. Busca constantemente la perfección de su ser, es por ello que exige un fin en sí mismo.

De la anterior premisa nace la obligatoriedad de la ley natural, pues el hombre al considerarse digno, tener la posibilidad de razonamiento que lo distingue de los animales y exigir un fin, se podría traducir en un constante perfeccionamiento de su ser; es por ello que las personas se pueden obligar a cumplir la ley natural arraigada a su propia naturaleza humana.

La ley natural tiene una conexión inseparable con el conocimiento de la naturaleza humana y son proporcionales, cuando más se conozca de la segunda mayor especificidad y practicidad tendrá la primera.

La ley natural y su cumplimento es la expresión perfecta de la libertad, aparentemente se puede juzgar lo contrario, debido a que en la vida cotidiana cumplir la ley natural implica no hacer lo que la persona desea. Hervada (2011) plantea la idea que la ley natural y la libertad no se contradicen, pues el ser humano es verdaderamente libre cuando decide hacer el bien, incluso cuando sus deseos sean contrarios a esta decisión; es ahí cuando se expresa la plenitud de la libertad y la racionalidad humana.

En cuanto a la relación entre ley natural y ley positiva se debe precisar que la ley natural es la expresión de las exigencias de la naturaleza humana en órdenes a los fines del hombre. Esto se refiere a que la ley humana (positiva) está subordina a la ley natural, pues toda ley positiva debe tener un carácter racional de cumplimiento a las personas; en otras palabras, no debería existir leyes que los seres humanos no tenga la capacidad natural de cumplir.

La ley positiva es un complemento de la ley natural, pues la primera parte de los presupuestos de la segunda. Hervada (2011) expone el ejemplo que es bueno "coadyuvar en el mantenimiento de la vida y salud de todos los hombres" (pág. 167); por ello la ley positiva regula aspectos del sistema médico y sanitario.

2.4. RELACIÓN ENTRE LAS NORMAS JURÍDICAS NATURALES Y LAS NORMAS JURÍDICAS POSITIVAS

El derecho natural y el derecho positivo si bien tienen orígenes y características diferentes, guardan estrecha relación, pues la ley positiva se deriva de la ley natural la que al ser parte del ser humano se expresará públicamente derivando consigo el poder social y las relaciones jurídicas básicas y fundamentales.

El derecho natural es intrínseco al ser humano, pero no por esa razón es conocido por todas las personas y en todos los contextos. Es en este punto en el que el derecho positivo complementa el derecho natural, ya que pone en conocimiento a las personas de las normas que se deben seguir por medio de un sistema jurídico determinado.

Hervada afirma que el derecho natural goza de igual efectividad que el derecho positivo, ya que existirían medios para hacerlos efectivos como la fuerza, el poder o la coerción. Sin embargo, consideramos que el derecho natural al no tener una fuente legal ni respaldo por parte de la autoridad pública, no existe forma de exigir su cumplimiento, salvo cuando este se positivice en una norma jurídica.

Aunque los sistemas jurídicos no asuman algunos derechos naturales, esto no significa que estos no sean válidos; simplemente son ineficaces. El derecho positivo no puede ir en contravía del derecho natural y el derecho natural se vuelve vigente en la medida en que se positiviza, cumpliendo con los principios de seguridad y certeza.

En virtud de lo anterior y según Hervada, el derecho positivo y los actos de la autonomía privada deben interpretarse según el derecho natural (pág. 184). El derecho natural que haya sido positivizado permanecerá siendo natural y la interpretación de este debe ser bajo tales reglas.

Cuando surja un conflicto entre el derecho natural y la ley positiva, la norma debe interpretarse bajo los preceptos del derecho natural, sin desconocer el sistema jurídico vigente. En otras palabras, todas las leyes positivas deben guiarse bajo los principios de justicia y equidad, que son propios del derecho natural.

Si existe una posible contradicción entre el derecho positivo y el derecho natural, puede dirimirse bajo una correcta conceptualización del segundo.

Según Hervada, el derecho natural prevalece sobre el derecho positivo "dentro de los límites de la formalización y positivización" (pág. 185). Cuando una norma positiva genera un conflicto con una ley natural aquella debe considerarse nula, a menos que pueda ser reconducida parcialmente a la interpretación de la ley natural bajo las reglas anteriormente expuestas.

El derecho natural y el derecho positivo forman una ciencia jurídica crítica, pues no se basan exclusivamente en su validez, sino también en su interpretación y aspectos de la justicia, como lo prohibido o permitido que los sistemas jurídicos pueden plasmar y que se sustentan en el derecho natural.

La primera relación entre las normas naturales con las positivas es que las dos tienen un fin de justicia. Las normas positivas son expresión de los preceptos naturales y, por lo tanto, debe perseguir los fines de este, porque cuando no se sigue estos objetivos las normas positivas tienden a generar comportamientos adversos en la sociedad a causa de la injusticia.

En cuanto a la regulación, es correcto afirmar que se puede limitar el derecho natural por medio de las normas positivas, siempre y cuando se medie una justa causa para hacerlo, pues sin ese elemento generaría que las normas positivas fueran injustas y tiranas.

De todas formas, las normas naturales pueden ser modificadas por la ley positiva. Según lo anterior Hervada afirma: lo que es permitido por el derecho natural puede ser restringido por la ley positiva, pero no al contrario; un acto inválido o nulo por el derecho natural no puede ser válido por el derecho positivo; y los actos válidos por el derecho natural puede ser catalogado como no válidos por el derecho positivo cuando este establece requisitos de validez y no se cumplen en su totalidad (Hervada, 2011, pág. 175)

Por lo anterior, un jurista no debe reducirse a un operador que determina lo legal o ilegal, sino a un administrador de justicia que tiene como fundamento el derecho natural y que respeta a su vez el ordenamiento jurídico vigente, dando la mejor interpretación de aplicación del derecho para un caso en concreto.

2.5. CORRIENTES DEL IUSNATURALISMO

Según Nino (2013), existen algunas corrientes del iusnaturalismo que se enfocan en uno contenidos y desarrollos particulares. En primer lugar, estaría el iusnaturalismo teológico, el cual explica que Dios, siendo el creador del universo, ha dotado a los seres humanos de las nociones básicas de lo que es lo bueno y lo malo, así mismo con los preceptos básicos para vivir en una sociedad. Este derecho natural es "verdadero, válido, existente, (...) así como universal, aplicable a todos los hombres en todos los tiempos, y es necesario, puesto que es inmutable" (Nino, 2013, pág. 28).

En segundo lugar, está el iusnaturalismo racionalista que se diferencia del anterior en cuanto manifiesta que el derecho natural no proviene de mandatos divinos sino de la razón humana, pero los axiomas autoevidentes de la razón humana no eran muy diferentes a los metafísicos.

En tercer lugar, se encuentra el iusnaturalismo histórico que plantea que las normas válidas universalmente del derecho natural, tienen un desarrollo en la historia de la humanidad.

En ese sentido, los preceptos de lo bueno y lo malo se deriva de descripciones o predicciones acerca de la realidad.

Con base en las anteriores corrientes, se deduce que hay realidades humanas que no pueden ser negadas por el derecho positivo y que constituyen norma en sí misma. Estos principios surgen del derecho natural.

2.5.1. El naturalismo

Nino habla desde el naturalismo subjetivista, y cataloga los juicios morales como sentimientos o perspectivas sobre un mismo acto, que al parecer no permite discrepancia sobre ellos. Nino (2013) postula que hay errores en esta concepción debido a que, al ser subjetiva, todos los juicios son verdaderos; por ejemplo, cuando se afirma que la pena de muerte es moralmente mala, pero por otro lado existirán algunos que estén de acuerdo con aplicar la pena de muerte para delitos extremos; esto genera que las dos afirmaciones puedan ser válidas y, por consiguiente, no habrá ninguna discusión.

El naturalismo subjetivista tiene el problema de que cualquier afirmación no es objetiva y parte de sentimientos, por lo cual no pueden ser catalogadas como normativos y menos ejercer juicios de valor a los mismos.

Por otro lado, está el naturalismo objetivo, que insiste que las normas morales no parten de los sentimientos subjetivos, sino de hechos comprobados y afirmados o negados por la sociedad en general.

2.5.2. El no-naturalismo

Esta es una separación conceptual del naturalismo. Si bien es cierto, dicha postura no-naturalista continua bajo los mismos postulados que la anterior y difiere en la denominación de las "cosas naturales". Consiste en que se pueden hacer juicios y estos a su vez serán verdaderos o falsos, pero como no se pueden probar empíricamente se denominará no-natural.

El autor plantea un ejemplo: lo "bueno" no se puede percibir por medio de los sentidos, a diferencia del color de un objeto. Las personas podrán establecer un juicio de valor ya sea verdadero o falso. Decir si x objeto es amarillo o no, se evaluará por medio de los sentidos, pero no puede constatarse si x objeto es bueno o malo por medio de los mismos; estos juicios al no ser comprobados empíricamente, se denominan "no-natural".

2.6. POSTURA DE KELSEN RESPECTO DEL DERECHO NATURAL

La postura de Kelsen se inscribe dentro de una forma de positivismo no cognitivista, ya que rechaza la posibilidad de fundamentar racionalmente los juicios morales. Kelsen adopta una postura de escepticismo ético que se manifiesta como relativismo moral, basado en argumentos de carácter epistemológico (Sendin, 2015).

En este sentido, Kelsen no se propone ofrecer una justificación para principios específicos de justicia o moralidad con los que se pudiera evaluar el derecho o las instituciones jurídicas. Esta tarea, según su visión, sería propia de la ética normativa, disciplina que él no considera viable como una empresa racional.

Para el doctrinante austríaco, el derecho natural es una metafísica del derecho, en cuanto está caracterizada por un dualismo fundamental. El derecho positivo creado por el hombre se contrapone y subordina a un derecho que no es creado por los hombres, sino que proviene de una instancia supra-humana.

Afirma que el derecho natural es una doctrina jurídica idealista aceptada al lado del derecho positivo creado por el hombre; es un derecho ideal, invariable e identificado con la justicia.

Kelsen explica que el derecho natural es perfecto, justo y establecido por una autoridad sobrehumana, el cual existe por encima del derecho positivo, el cual es imperfecto y creado por los hombres.

El derecho positivo obtiene su legitimidad y validez a partir de su correspondencia con el derecho natural. Se argumenta que si fuera posible identificar las reglas del derecho natural mediante un análisis de la naturaleza, entonces el derecho positivo sería innecesario. En tal caso, la creación de normas positivas carecería de sentido, siendo equiparable a encender una luz artificial bajo la luz plena del sol.

Si la validez del derecho positivo depende de su alineación con el derecho natural, toda norma legislativa o consuetudinaria que se oponga a dicho derecho natural debería considerarse inválida o inexistente. Esta es la conclusión lógica de una teoría que subordina el derecho positivo a las normas superiores del derecho natural.

En su Teoría Pura del Derecho, Kelsen desarrolla el tema del derecho natural bajo el subtítulo "*El error lógico de la doctrina del derecho natural*", el cual refleja su oposición cualificándolo de ser un error de la lógica. En su obra y en artículos posteriores rechaza el derecho natural, pues este parte de la existencia de principios morales y jurídicos inherentes a la naturaleza humana, los cuales son inmutables y universales. Kelsen rechazaba esta idea, sosteniendo que no existen tales principios universales, y que lo que se considera justo varía según el contexto histórico y cultural.

Kelsen argumentaba que las teorías del derecho natural se basaban en la subjetividad y en la creencia de que ciertos valores morales son absolutos. Para él, estos valores no pueden ser universalizados ya que dependen de interpretaciones individuales y culturales.

Además, sostenía que los principios del derecho natural no pueden ser probados o verificados empíricamente, lo que los convierte en especulaciones filosóficas más que en fundamentos jurídicos sólidos.

Lo característico de la obra de Kelsen es el desarrollo de una teoría del derecho que buscaba ser científica y libre de influencias externas, lo que lo llevó a criticar duramente el derecho natural. Su enfoque normativo y su insistencia en la separación entre derecho y moral lo posicionaron como uno de los principales opositores del derecho natural, destacando la importancia de estudiar el derecho como un sistema autónomo y auto-referencial.

Otro aspecto de su crítica se fundamenta en que los defensores del derecho natural declaran que este no reconoce el derecho de resistir a la autoridad, o sólo lo admite de una manera muy restringida. Resalta en este punto la discusión acerca de admitir un derecho de resistencia pasiva o con uso de la fuerza.

El ataque de Kelsen al no-positivismo es exitoso debido a que ataca al no-positivismo excluyente. Justificar el derecho por la moral es inaceptable, pues no hay una única moral, una moral absoluta, sino muchos sistemas morales, a veces contradictorios. La ciencia jurídica solo debe conocer y describir el derecho, no debe justificarlo con una moral absoluta ni relativa.

2.7. EL DERECHO NATURAL EN LA LEGISLACIÓN ACTUAL INTERNA

Bajo la Constitución de 1886 se expidió la Ley 153 de 1887 que en su artículo 4º expresaba:

> *Artículo 4.* Los principios de derecho natural y las reglas de jurisprudencia servirán para ilustrar la Constitución en casos dudosos. La doctrina constitucional es, a su vez, norma para interpretar las leyes.

Aunque el artículo 9° del Acto Legislativo No. 1 de 1936 eliminó la norma en cuestión, la Corte Constitucional en la sentencia C-284 de 2015 (M.P. Mauricio González Cuervo) concluyó que esta modificación no implica la pérdida de fuerza ejecutoria de la disposición por las siguientes razones.

En primer lugar, la eliminación de la referencia a los "derechos naturales" como objeto de protección del Estado, no impide que el legislador considere el "derecho natural" como un recurso válido para interpretar el ordenamiento jurídico.

En segundo lugar, al comparar la norma de 1886 (Ley 153) con el Acto Legislativo de 1936, la Corte encuentra que no se intentó sustituir la expresión "derechos naturales" por otros términos como "derechos constitucionales" o "derechos positivos", sino que se quiso resaltar el nuevo papel de las autoridades públicas tras la reforma, comprometidas con los deberes sociales del Estado y los particulares.

En tercer lugar, los principios del derecho natural mencionados en la Ley 153 de 1887 no se limitan exclusivamente a los "derechos naturales", ya que podrían referirse a otras materias.

En cuarto lugar, la Corte Suprema de Justicia continuó emitiendo decisiones posteriores a la reforma constitucional de 1936, en las que se hacía referencia, sin cuestionar su vigencia, al artículo 4° de la Ley 153 de 1887 y a los principios del derecho natural, como lo evidencian las sentencias de 1947, 1952, 1958 y más recientemente en 2009.

Finalmente, después de la Constitución de 1991, la Corte Constitucional ha reconocido la vigencia del artículo 4° de la Ley 153 de 1887, tal y como se puede observar en sentencias como la C-373 de 1993, C-372 de 1994, C-059 de 1994 y C-083 de 1995. En esta última, la Corte reafirmó que los artículos 4° y 5° de la Ley 153 de 1887 siguen vigentes.

En conclusión, la Corte Constitucional sostiene que los principios del derecho natural siguen siendo un criterio aplicable en situaciones de ambigüedad constitucional, aunque su uso no es obligatorio, ya que se consideran un recurso interpretativo secundario dentro del sistema de fuentes.

Capítulo 3

El derecho positivo

La importancia del derecho positivo radica en su carácter sistemático y estructurado, lo cual otorga predictibilidad y seguridad jurídica en una sociedad determinada. Al estar establecido de manera oficial y pública por las autoridades legítimamente reconocidas y recogido en códigos, leyes o cualquier categoría normativa, el derecho positivo permite a los ciudadanos conocer de manera clara cuáles son las reglas que deben cumplir y los derechos que les asisten.

El derecho positivo tiene un rol clave en la organización social y política, ya que regula las relaciones entre los individuos, las organizaciones y el propio Estado. Esto asegura que las interacciones dentro de la sociedad se realicen bajo reglas preestablecidas y no se dejen al arbitrio o la subjetividad de cada persona.

El derecho positivo tiene su origen en la voluntad del legislador y en las instituciones (como los parlamentos o congresos) que se encargan de crear, modificar o derogar las normas jurídicas. Este concepto encuentra su justificación en la idea de que el derecho debe estar codificado y ser creado por la autoridad competente de un Estado.

El derecho positivo es fundamental para mantener el orden y la cohesión social en un Estado de derecho, garantizando que las normas que rigen a los ciudadanos sean claras, justas y aplicables por las autoridades.

3.1. CONCEPTUALIZACIÓN

El concepto de derecho positivo hace referencia al conjunto de normas jurídicas que están vigentes y son aplicadas en un determinado momento y lugar, ya sea por un órgano legislativo, ejecutivo o judicial. Es el derecho que está escrito, promulgado y sancionado por una autoridad competente, en contraposición al derecho natural, que se refiere a principios inherentes al ser humano, como la justicia o la moral.

La distinción entre derecho positivo y derecho natural fue delineada por los romanos de manera similar a los conceptos manejados por los filósofos griegos. Los juristas romanos utilizaron el término *ius Gentium* para referirse al derecho romano aplicable a los extranjeros, mientras que el *ius civile* aludía al derecho positivo vigente para los ciudadanos romanos. Mientras el derecho civil es propio de una comunidad específica, el *ius gentium* se deriva de principios universales que surgen de la razón natural, lo cual resalta su carácter supranacional y atemporal. Esta distinción conceptual, originada en la tradición jurídica romana, ha perdurado hasta la actualidad dentro de los sistemas jurídicos occidentales (Pastor y Alvira, 2022).

Una de las funciones primordiales del Estado es la de velar por el cumplimiento de las normas que son expedidas para enfrentar problemáticas sociales o prever su surgimiento, teniendo la potestad de utilizar el monopolio de la fuerza para obligar a su cumplimiento.

El hombre ha creado el Estado y en él ha constituido los poderes en los que se manifiesta su soberanía. Como materialización de su poder, el Estado debe expedir normas de derecho positivo a través del órgano o autoridad competente, siendo el poder legislativo quien originariamente crea el derecho mediante la aprobación de las leyes, las cuales deben ser observadas de manera obligatoria por todos los individuos.

El concepto de derecho positivo está basado en la corriente filosófico-jurídica del iuspositivismo que considera que el único derecho válido es el que ha sido creado por el ser humano.

En la historia de la filosofía jurídica, Hans Kelsen en su teoría pura del derecho hizo énfasis en la separación entre el derecho positivo y la moral, destacando que las normas jurídicas vigentes en un Estado son el resultado de un proceso formal y racional.

Kelsen afirma que la idea de la capacidad humana de actuar justamente, cuya ausencia justificaría la necesidad de implementar el derecho positivo en lugar del derecho natural, es simplemente una subjetivación de un principio objetivo de justicia, y no una característica que pueda establecerse de forma empírica.

Este reconocido jurista austriaco argumenta que el derecho positivo es el objeto central de la ciencia jurídica, al ser una realidad concreta y específica. Según Kelsen, la ciencia del derecho únicamente puede ocuparse del derecho positivo, es decir, el derecho creado y aplicado por los seres humanos. Además, subraya que la eficacia de este orden social es fundamental: para un jurista, un orden jurídico es válido solo si, en general, los individuos a quienes se dirige ajustan sus acciones a las normas que lo componen.

En contraposición, el iusnaturalismo defiende una postura completamente opuesta, según la cual el derecho es único, preexistente y superior a la humanidad. Este sistema se basa en valores supremos a los que las personas pueden aspirar a través de la razón, lo que implica que el derecho no necesita ser escrito para ser válido. Basta con que pueda derivarse de los valores fundamentales del ser humano (por ejemplo, los derechos humanos). Así, el derecho positivo descansa en la teoría del normativismo desarrollada por Kelsen, donde el derecho se organiza a partir de una jerarquía de normas.

Concretando aún más la conceptualización del derecho positivo se podría definir como el conjunto de normas jurídicas establecidas por el órgano legislativo, expedidas en armonía con la constitución política. Este conjunto de preceptos emana del parlamento o congreso, naciendo a la vida jurídica a través de la figura de una ley escrita, una vez cumplidas las condiciones establecidas por cada Estado para su aprobación, ratificación, promulgación y sanción.

La materialización del derecho positivo se realiza principalmente a través de leyes, decretos, reglamentos, resoluciones, acuerdos y, en general, cualquier prescripción normativa realizada por el órgano o funcionario que tenga la competencia para expedirla. El derecho positivo deberá aplicarse a un caso particular cuando la previsión normativa se adecue al hecho que se pretende solucionar.

El derecho positivo, a diferencia del natural obedece a un pacto social y jurídico establecido por las comunidades para su regulación y aplicación, dado que las normas jurídicas son escritas y aprobadas soberanamente.

La regla de derecho es el instrumento que sirve para materializar el derecho positivo, tal como ha sido concebido por el legislador o la autoridad competente. De aquí se deduce que el derecho positivo y la moral son dos órdenes normativos distintos uno del otro.

Las normas del derecho positivo establecen las pautas que regulan el comportamiento de los ciudadanos, las funciones de los órganos del Estado, los derechos y las libertades individuales, constituyendo así el marco de convivencia social, justicia y resolución de conflictos necesarios para la vida en comunidad. Estas leyes mantienen su vigencia hasta que son reemplazadas por un nuevo conjunto de normas o eliminadas mediante una decisión soberana del pueblo.

De allí que pueda hablarse de dos formas de derecho positivo: la de aplicación vigente y la no vigente. La primera actúa conforme a su legitimidad y vigencia, mientras que la segunda constituye la historia jurídica de una nación o colectivo. A ella puede sumarse la historia jurídica de la cultura a la que una determinada sociedad pertenece.

3.2. CARACTERÍSTICAS DEL DERECHO POSITIVO

El derecho positivo presenta unas cualidades que conforman su identidad y lo diferencian del derecho natural. Enseguida se mencionan brevemente algunas de sus características.

En primer lugar, se debe afirmar que el derecho positivo es escrito y codificado, lo que quiere decir que las normas del derecho positivo están formalmente documentadas en leyes, códigos y regulaciones oficiales.

En segundo lugar, es una característica inherente al derecho positivo la creación por parte del órgano legislativo, como los parlamentos, congresos o asambleas, que tienen la autoridad para crear leyes. También se incluirían como derecho positivo las normas reglamentarias creadas por funcionarios de la rama ejecutiva, como el presidente o sus ministros de despacho.

En tercer lugar, el derecho positivo es específico y temporal, pues está diseñado para ser aplicable en un momento histórico y un lugar específico, reflejando las necesidades y valores de una sociedad particular en un momento dado.

En cuarto lugar, es inherente al derecho positivo su coercibilidad. En virtud de su carácter obligatorio, las normas del derecho positivo prevén que, en caso de incumplimiento, puede llevar a sanciones legales aplicadas por los jueces o por ciertos funcionarios administrativos con competencia sancionatoria.

En quinto lugar, el derecho positivo es dinámico, lo que implica que puede (y en muchos casos debe) ser modificado, derogado o ampliado según los cambios sociales, políticos y económicos. Las enmiendas y nuevas leyes se promulgan para adaptarse a las circunstancias.

En sexto lugar, es sistemático y jerárquico ya que se organiza en un sistema coherente vertical, donde las normas tienen una jerarquía en virtud de nivel de importancia. Las constituciones suelen ocupar el nivel más alto, seguidas de los códigos y leyes ordinarias, cerrando el listado las regulaciones administrativas emanadas de los funcionarios todo orden.

Finalmente, el derecho positivo tiene un ámbito territorial de aplicación. Esto quiere decir que el derecho positivo solo es vigente y aplicable en el respectivo Estado donde nace y, si la norma es de nivel territorial o local (aprobada en un departamento o municipio), tendrá aplicabilidad solamente en dicho territorio.

3.3. DERECHO POSITIVO Y DERECHO NEGATIVO

El derecho positivo es la expresión de la voluntad estatal porque su creación, promulgación y aplicación dependen directamente de las autoridades de un determinado Estado. Es decir, las normas jurídicas que componen el derecho positivo son creadas, sancionadas y aplicadas por los órganos estatales con el fin de regular la conducta de los individuos y asegurar la convivencia dentro de un marco normativo.

Esta expresión de la voluntad estatal no surge de manera espontánea, arbitraria o improvisada, sino que debe ser el resultado de un proceso de estudio, análisis y elaboración por parte del legislador, con base en una autoridad conferida por la Constitución. Esta vinculación directa con el poder estatal distingue al derecho positivo de otras formas de regulación social, como las normas morales o consuetudinarias, que pueden no depender del Estado.

La función del derecho positivo, al ser una expresión de la voluntad del Estado, implica que las leyes se crean para asegurar la organización y el orden dentro de la sociedad, y que el Estado puede hacer uso del monopolio legítimo de la fuerza para garantizar el cumplimiento de dichas normas.

Este enfoque parte de la idea de que las normas jurídicas reflejan los intereses y las decisiones de las instituciones estatales, que actúan en representación de la sociedad en general. Esta concepción del derecho tiene un carácter formalista, ya que se prioriza el hecho de que las leyes emanan de una autoridad legítima, como el Congreso, el Parlamento u otras instancias de gobierno, y no necesariamente de valores o principios morales universales.

De acuerdo con Kelsen, la regulación de las conductas puede tener dos modalidades: positiva y negativa. La regulación positiva se refiere a aquellas acciones que son expresamente requeridas o prohibidas por las normas jurídicas, mientras que la regulación negativa consiste en la ausencia de una norma explícita que exija o prohíba una conducta, lo cual implica que dicho comportamiento está permitido en sentido negativo.

La regulación positiva se manifiesta cuando una norma establece de manera clara qué conducta debe realizarse o evitarse. Así, cuando un individuo se encuentra obligado a actuar de acuerdo con una norma válida, estamos frente a una regulación positiva. En contraposición, la regulación negativa implica que una conducta está permitida, precisamente porque no existe una norma que la regule de manera explícita.

Kelsen señala que esta distinción es crucial en su Teoría Pura del Derecho, ya que dentro de un sistema jurídico, las acciones humanas solo pueden ser permitidas o prohibidas en función de las normas vigentes. Si una conducta no está regulada explícitamente por el orden jurídico, se considera permitida por omisión.

Asimismo, Kelsen subraya que el derecho positivo es aquel derecho que es creado y aplicado por los seres humanos. Las leyes son normas creadas con un propósito específico y su validez depende de la conformidad de las conductas con esas normas. Sin embargo, la función del derecho no se limita a regular de manera estricta todas las posibles conductas humanas; por el contrario, muchas acciones pueden no estar reguladas explícitamente, permitiendo así una flexibilidad dentro del marco jurídico.

Finalmente, Kelsen insiste en que el derecho positivo es dinámico y cambiante, adaptándose continuamente a las necesidades y realidades sociales.

En resumen, el derecho positivo es fundamental para la organización y regulación de la sociedad moderna, proporcionando un marco legal claro y estructurado que permite la convivencia y el desarrollo social y económico.

Capítulo 4

La norma jurídica y la regla de derecho

Para abordar el concepto de norma jurídica y regla de derecho necesariamente debe acudirse a la Teoría pura del Derecho donde Kelsen aborda de manera clara el alcance de estos términos.

Establecer una estructura conceptual de norma jurídica es de suma importancia para el curso de introducción al derecho y para quienes tienen interés en comprender las bases de la ciencia jurídica, pues la norma es el centro y objeto de estudio de esta importante área del conocimiento humano.

4.1. CONCEPTO DE NORMA JURÍDICA

Se podría definir como una composición sintáctica que coordina dos o más lexemas para formar una unidad semántica, que en su contenido presenta una clara disposición que regula ya sea un comportamiento humano o cierta situación que requiere su ordenación, por medio de una prescripción, autorización o prohibición y cuyo incumplimiento puede generar una sanción coercitiva.

La norma jurídica puede crear derechos u obligaciones frente a un individuo o grupo humano determinado, o puede simplemente reglamentar determinada situación estableciendo parámetros de actuación. La norma jurídica puede ser justa o injusta, dependiendo del objetivo que persigue, pero nunca podrá ser catalogada de verdadera o falsa.

Para Kelsen, una norma jurídica sería o bien una ley escrita que prescribe una prohibición o permisión de un comportamiento (norma general), o una orden de funcionario como el toque de silbato de un agente de policía que ordena a un automovilista detenerse, la cual sería norma jurídica individual.

De manera concreta, en la normatividad interna colombiana, el artículo 4° del Código Civil define la ley así: "Ley es una declaración de la voluntad soberana manifestada en la forma prevenida en la Constitución Nacional. El carácter general de la ley es mandar, prohibir, permitir o castigar."

Esta conceptualización la conforma varios elementos:

1) Es una manifestación, es decir, es la explicación en un texto sobre una situación o evento hipotético.
2) Dicha declaración refleja la voluntad soberana que, aunque no dice de quien, se sobreentiende que es del Congreso de la República que es el encargado de la hacer las leyes.
3) La manifestación o declaración debe ser realizada conforme a lo establecido por la Constitución Política, en este caso la de 1991.
4) Explica que la ley es de carácter general, lo que quiere decir que la norma está dirigida a un grupo indeterminado de personas.
5) Utiliza 4 verbos rectores para caracterizar la finalidad de la ley: el primero es mandar, que es imponer un precepto; el segundo es prohibir, que significa vedar o impedir el uso o la ejecución de algo, cuyo alcance implica dar el consentimiento para que alguien haga o deje de hacer una acción; y, por último, la consecuencia ante la infracción de la norma o su incumplimiento que sería la sanción o el correctivo impuesto por una autoridad competente.

Un ejemplo de norma jurídica sería el tipo penal de homicidio consagrado en el artículo 103 del Código Penal colombiano (Ley 599 de 2000) que dice:

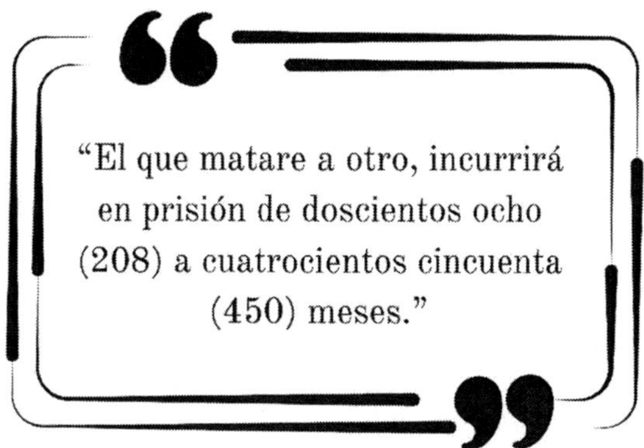

Esta sería una norma prohibitiva y sancionatoria, pues a la vez que implícitamente prohíbe una conducta (matar a otra persona), sanciona con pena de prisión a quien incurra en dicha conducta.

Por último, es necesario precisar que la mayor parte de las normas en el sistema jurídico colombiano no son necesariamente o prohibitivas o sancionatorias, sino que expresan la voluntad del Estado a través de la regulación legislativa o por parte del ejecutivo de una determinada situación.

4.2. JERARQUÍA DE LAS NORMAS JURÍDICAS

En todo sistema jurídico donde Colombia no es la excepción, las normas están jerarquizadas sistemáticamente, de tal forma que de las superiores derivarían las inferiores y si las inferiores no guardan armonía o respeto hacia las superiores, se generaría un conflicto que conllevaría la inconstitucionalidad de la ley o de ciertos decretos por ser contrarios a la Constitución, o la nulidad de las normas inferiores frente a las superiores por ser contrarías a estas.

Este sistema evidenciaría muy claramente una pirámide normativa que fue concebida por Hans Kelsen quien afirmó: "una pluralidad de normas forma una unidad, un sistema, un orden, cuando su validez puede ser atribuida a una norma única como fundamento último de esa validez. En cuando fuente común, esta norma fundamental constituye la unidad en la pluralidad de todas las normas que integran un orden." (Kelsen, 1988, pág. 146).

La aplicación de la teoría jurídico-formal de la tesis del tratadista austríaco nos lleva a realizar la clasificación de las normas en Colombia, estableciendo un un nivel jerárquico en diferentes niveles, iniciando por la Constitución Política colombiana de 1991.

Tendríamos el siguiente listado de normas:

Tabla No. 1. Normas jurídicas en Colombia

Norma jurídica	Quién la crea (o creó)	Ámbito de aplicación
Constitución Política de 1991	Asamblea nacional constituyente de 1991	Nacional
Ley de la República	Congreso de la República	Nacional
Tratado Internacional	Suscrito por el Estado colombiano y otro Estado u organismo internacional, pero aprobada por ley de la República	Nacional / Internacional
Decretos con fuerza de ley	Presidente de la República en virtud de los estados de excepción	Nacional o territorial, según lo disponga el decreto
Decretos del nivel ejecutivo central ordinarios	Presidente de la República o funcionarios con competencia para expedirlos	Nacional o según lo disponga el decreto

Ordenanzas	Asambleas departamentales	Respectivo departamento
Actos administrativos (decretos, resoluciones o circulares de nivel departamental)	Gobernador departamental o funcionarios del departamento con la competencia con competencia para expedirlos	Respectivo departamento
Acuerdos distritales o municipales	Concejos distritales o municipales	Respectivo distrito o municipio
Actos administrativos (decretos, resoluciones o circulares de nivel distrital o municipal)	Alcalde distrital o municipal	Respectivo distrito o municipio

Fuente: Elaboración propia.

Para explicar los conceptos de cada categoría contenidos en el anterior gráfico, podemos empezar por citar el primero de ellos que es el de la Constitución Política, que en su artículo 4° expresa que "La Constitución es norma de normas. En todo caso de incompatibilidad entre la Constitución y la ley u otra norma jurídica, se aplicarán las disposiciones constitucionales." (Constitución Política de 1991).

La segunda categoría hace referencia al concepto de ley que, como ya se indicó, es definido en el artículo 4° del Código Civil colombiano donde expresa que "es una declaración de la voluntad soberana manifestada en la forma prevenida en la Constitución Nacional. El carácter general de la ley es mandar, prohibir, permitir o castigar."

Complementario del artículo anterior se debe citar el artículo 2° de la Ley 4ª de 1913 (Código de Régimen Político y Municipal) que establece:

> *Artículo 2*. Los actos del congreso de carácter general se denominan leyes; los de las asambleas departamentales, ordenanzas, y los de los concejos, acuerdos. Los primeros rigen en todo el país; los Segundos en el respectivo departamento, y los últimos, en el correspondiente municipio.

El tercer concepto citado en el gráfico son los tratados internacionales que se definen como acuerdos internacionales, formalizados por escrito bajo ciertos protocolos, suscritos entre sujetos de derecho internacional, como Estados, o entre Estados y organizaciones internacionales.

Este tipo de acuerdos se rigen por el derecho internacional y crea obligaciones vinculantes para sus signatarios. El marco jurídico que los regula se encuentra en la Convención de Viena sobre el Derecho de los Tratados de 1969 y en la Convención de Viena sobre el Derecho de los Tratados entre Estados y Organizaciones Internacionales de 1986. En el caso de Colombia, los tratados internacionales obligan al Estado una vez sean aprobados por la respectiva ley y la Corte Constitucional realice la revisión previa automática de su constitucionalidad.

La cuarta categoría citada en el gráfico son los decretos con fuerza de ley expedidos por el presidente de la República en virtud de los estados de excepción previstos en la Constitución Política colombiana, como son el de conmoción interior, el de emergencia económica, social o ecológica y el estado de guerra. Mediante estos decretos extraordinarios, el primer mandatario buscaría enfrentar situaciones graves e imprevistas que no pueden ser solucionadas con los mecanismos ordinarios previstos en la Constitución y que eventualmente tendrían el potencial para desestabilizar el orden jurídico, social, político o económico entre otros.

Como quinta categoría incluida en el gráfico estarían los decretos, que son actos administrativos promulgados por el poder ejecutivo que presentan un contenido normativo reglamentario, sin que hayan sido sometidos a la aprobación del órgano legislativo. Cuando se habla de un decreto-ley se trata de un acto que ofrece la posibilidad de tener aplicación con fuerza de ley sin que necesite la intervención del Congreso. Generalmente se da cuando existen necesidades que deben ser ejecutadas con urgencia (Concepto DAFP, 2021).

Por su parte las circulares son definidas como una comunicación emitida por una autoridad superior a una inferior sobre un tema y con un propósito específico. Este documento es empleado para transmitir instrucciones y decisiones y así mismo tienen el carácter de obligatorias para los subordinados, sin tener las características de reglamento. Las circulares deben expresar el criterio jurídico o interpretación que un órgano administrativo formula en textos un tanto complejos sobre la legislación que aplica (Concepto DAFP, 2021).

En sexto lugar se tienen las ordenanzas, que se pueden definir como un acto administrativo de carácter normativo mediante el cual una Asamblea Departamental como órgano de representación de dicha circunscripción territorial, se manifiesta de manera concreta y directa para regular temas que revisten interés para la población del respectivo departamento.

Como séptimo ítem están los actos administrativos que pueden ser expedidos por los funcionarios del orden departamental, como son los gobernadores, secretarios de despacho o funcionarios de inferior nivel jerárquico.

La octava categoría citada en el gráfico son los acuerdos municipales, que se pueden definir como aquellos actos administrativos a través de los cuales, los concejos municipales como cuerpos colegiados de representación popular, adoptan las decisiones que tienen aplicación en el respectivo municipio.

Por último, están los actos administrativos que pueden ser expedidos por los funcionarios del orden municipal, como son los alcaldes, secretarios de despacho o funcionarios de inferior nivel jerárquico, que también tienen una aplicación restrictiva en un determinado municipio.

El anterior listado de normas conformaría la pirámide de Kelsen según el siguiente gráfico.

Gráfico No. 1. Jerarquía de normas en Colombia

Fuente: Elaboración propia.

4.3. CUALIDADES PARTICULARES DE LA NORMA JURÍDICA

Como ya se indicó en el capítulo anterior, la norma jurídica se ubica dentro del ámbito del "deber ser", lo cual hace referencia a la naturaleza prescriptiva o normativa de dicha regla, es decir, a que establece cómo deben comportarse las personas dentro de un sistema jurídico.

Este concepto se basa en la idea de que las normas jurídicas no describen hechos o situaciones de la realidad (lo que es), sino que imponen mandatos, prohibiciones o permisos con el fin de regular conductas o prevenir actos, estableciendo lo que debe ser en las interacciones humanas.

El "deber ser" se refiere a un estándar ideal o normativo de comportamiento que las personas están obligadas a seguir según el sistema jurídico. Esta distinción entre el ser (la realidad) y el deber ser (lo que se espera que se haga) proviene de la teoría del derecho y la filosofía normativa. Así, mientras que el ser describe la realidad tal como es, el deber ser describe cómo debería ser conforme a los principios, valores y reglas establecidos en un sistema normativo específico.

Por ejemplo, si una norma que establece que "toda persona tiene el deber de respetar la propiedad privada" se ubica en el deber ser, ya que no está describiendo lo que ocurre en la realidad (es decir, si las personas respetan o no la propiedad), sino que está indicando un deber que las personas deben cumplir.

Es por lo anterior que la norma jurídica se ubica en la categoría del deber, debido a que ostenta la finalidad de guiar y ordenar la conducta de los individuos en la sociedad, estableciendo lo que se espera que hagan, más allá de cómo realmente actúen.

En la siguiente tabla se evidencia un paralelo entre las dos categorías descritas.

Tabla No. 2. Comparativo ente el "ser" y el "deber ser"

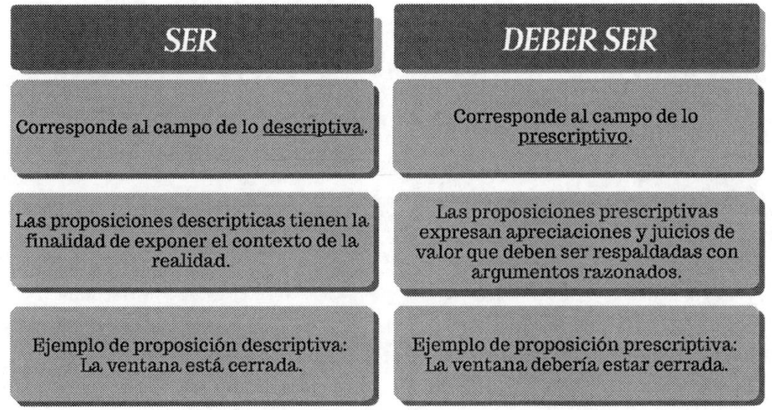

SER	DEBER SER
Corresponde al campo de lo descriptiva.	Corresponde al campo de lo prescriptivo.
Las proposiciones descripticas tienen la finalidad de exponer el contexto de la realidad.	Las proposiciones prescriptivas expresan apreciaciones y juicios de valor que deben ser respaldadas con argumentos razonados.
Ejemplo de proposición descriptiva: La ventana está cerrada.	Ejemplo de proposición prescriptiva: La ventana debería estar cerrada.

Una proposición perteneciente a la esfera del "ser" debe ser considerada como verdadera o falsa.

"La ventana debería estar cerrada" no es ni verdadera ni falsa. Es un juicio de valor que puede ser correcto o incorrecto.

Al ser del ámbito cognoscitivo o del conocimiento, se contrapone la realidad para verificar su veracidad o si es verdadera o falsa.

La proposición del "deber ser" obedece a los argumentos para saber si es una proposición falsa o verdadera, bajo la condición de que se cumpla el requisito de la validez lógica para no caer en falacias, la cual no implica verdad o falsedad, pues pertenece a otra esfera. Mediante las falacias se puede constatar si es formalmente válida o inválida.

Fuente: elaboración propia

Otra de las cualificaciones que ostenta la norma jurídica es la estar dentro del mundo de las leyes prescriptivas, a diferencia de las descriptivas que pertenecen al campo de las ciencias naturales y exactas entre otras. A continuación, se hace un paralelo comparativo:

Tabla No. 3. Comparativo ente leyes descriptivas y leyes prescriptivas

Leyes Descriptivas	*Leyes Prescriptivas*
Las leyes descriptivas expresan y describen la forma como está dispuesta la realidad a través de realidades presentes en la naturaleza o en el espectro humano.	Las leyes prescriptivas (o proscriptivas) son reglas que sistematizan el comportamiento de los individuos a quienes se les aplica obligaciones o prohibiciones.
Se formulan de manera abstracta mediante proposiciones que crean relaciones constantes entre diferentes entidades o procesos.	Emplean alguna representación de la realidad y le incorporan un operador lógico deóntico: obligación o prohibición.
Estas relaciones pueden ser cuantitativas (ecuaciones) o cualitativas, igualdades o desigualdades, exactas o de tendencia.	Estas leyes no intentan referir la conducta de los individuos, sino intervenir sobre él, condicionándolo u organizándolo a través de premios o castigos; son avisos sobre qué conductas no están permitidas y cuales consecuencias se imponen para quienes las realicen. Las sanciones se pueden aplicar a con el uso de la fuerza.

Las disposiciones más simples, fundamentales o complejas originan de forma emergente regularidades más complejas a diversos niveles: de la física a la química, a la biología, y a la cognición, la economía, etc.	Las problemáticas que nacen en los diferentes escenarios que rodean al ser humano son estudiadas por diferentes disciplinas, como el derecho, las ciencias sociales y humanas, la teología, etc.
Como ejemplo de leyes descriptivas se tienen las leyes creadas en la física, química, medicina, o en las ciencias exactas entre otras, como las leyes termodinámicas, las leyes del movimiento de Newton, la ley de acción de masas, las leyes de Mendel, las leyes de funcionamiento de un organismo vivo, la ley de la gravitación universal, las leyes del electromagnetismo, etc.	Ejemplo de leyes prescriptivas tenemos en primer lugar la constitución política, los diferentes códigos como el civil, el comercial, el tributario, los mandamientos religiosos, las reglas de juegos y deportes, las regulaciones, los convenios, las cláusulas contractuales, etc.

Fuente: elaboración propia

4.4. LA REGLA DE DERECHO

Kelsen define las reglas de derecho (*Rechtssatze*), como las proposiciones a través de las cuales la ciencia jurídica describe su objeto, las que a su vez se materializan en normas jurídicas (Kelsen, 2009, pág. 37).

Bajo el entendido que las reglas de derecho son también normas, se estaría empleando la palabra norma en un sentido descriptivo y no originario.

La regla de derecho no puede crear ni imponer obligaciones, ni tampoco puede otorgar derechos subjetivos. La regla simplemente explica el alcance del precepto jurídico para establecer su aplicación, pudiendo calificar el contenido del postulado como verdadero o falso. La regla de derecho es una norma, pero no toda norma es una regla de derecho.

Las reglas de derecho no son creadas por actos jurídicos como leyes o decretos que son aprobados por órganos estatales.

Estas reglas son enunciadas por juristas deseosos de comprender y describir el derecho.

Mientras que la norma jurídica impone obligaciones y confiere derechos subjetivos, la regla de derecho no tiene esta finalidad. Ella describe cual es la directriz de comportamiento que crea una norma jurídica en caso de que unos elementos fácticos se lleguen a presentar.

Como ejemplo, podríamos citar la regla de derecho que se desprende de la norma jurídica contenida en el artículo 237 del Código Penal, que tipifica el tipo penal de incesto:

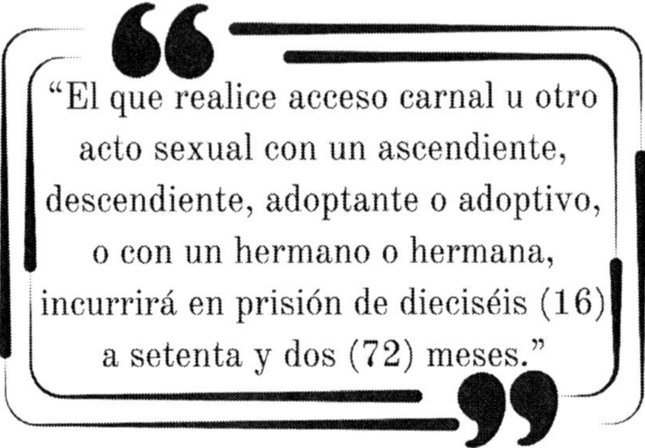
"El que realice acceso carnal u otro acto sexual con un ascendiente, descendiente, adoptante o adoptivo, o con un hermano o hermana, incurrirá en prisión de dieciséis (16) a setenta y dos (72) meses."

En esta norma, la regla de derecho sería que en Colombia están prohibidas las relaciones sexuales entre hermanos, padres e hijos, tíos-sobrinos, entre otros, y que en caso de realizarse este acto habrá consecuencias penales.

Si un jurista, abogado o juez establece el juicio hipotético "si un padre se casa con la hija será merecedor de una pena de prisión de 16 a 72 meses", esta sería una regla de derecho que se desprende o deduce de una norma jurídica taxativamente establecida o señalada en la ley.

Kelsen expresa que la regla de derecho podría catalogarse como una repetición superflua de la norma jurídica, ya que lo que hace es reproducir su contenido. Sin embargo, el autor compara esa acción con la ejecución que hace un pianista de una sonata, quien interpreta cierta obra a través de una partitura. Esa sería la tarea del jurista frente a la obra del legislador: interpretar la norma para aplicarla a un caso determinado.

4.5. CARACTERÍSTICAS DE LA NORMA JURÍDICA

La norma jurídica puede encontrar su origen en una problemática generalizada que el legislador ha pretendido intervenir para solucionarla con la aprobación de una ley que prevenga la comisión de un acto o lo sancione en los casos en que se produzca.

De su naturaleza se pueden desprender algunas características, como la abstracción, obligatoriedad, generalidad y permanencia.

4.5.1. La norma es abstracta

Se refiere a que se aplica a los individuos en forma general o indeterminada, en tanto se mantengan en la jurisdicción de la ley.

Las normas son aprobadas para todas las personas, sin tener en cuenta su posición social, raza o sexo. Las leyes establecen y prescriben qué es lo que pueden o no hacer los individuos, quienes pueden actuar libremente, pudiendo hacer todo lo que quieran, en tanto no vulnere lo establecido en la ley.

4.5.2. La norma es obligatoria

Implica el deber de cada individuo de hacer u omitir lo que la ley ordena, bajo la premisa de que el desconocimiento o ignorancia de la ley, no excluye de su aplicación ni exime de su cumplimiento.

El carácter imperativo-atributivo conlleva obligaciones o deberes jurídicos de los destinatarios de la norma. La ley impone sus mandatos, incluso en contra de la voluntad de los individuos. Su incumplimiento podrá dar lugar a una consecuencia prevista por la misma norma que en muchos casos podrá ser sancionatoria o punitiva.

4.5.3. La norma es general e impersonal

Las leyes no son creadas para regular o ser aplicadas a un individuo en particular. La norma es creada para un número indeterminado de actos o hechos. Está dirigida a todos sin referirse a alguien en particular. Es por ello que es formulada de manera abstracta y ciega, sin tener en cuenta situaciones particulares. La generalidad de la regla no quiere decir que sea universal. La norma puede ser formulada para una categoría solamente, siendo generalizada a pesar de todos aquellos que entren en la categoría a la que serán sometidos. Por ejemplo, las reglas establecidas para los consumidores o los impuestos que son aplicados a quienes poseen cierta cantidad de bienes o ingresos.

4.5.4. La norma tiene visión de permanencia, pero no de inmutabilidad

Cuando una norma es aprobada por el legislativo o eventualmente por el ejecutivo, tiene como aspiración la permanencia a través del tiempo, lo que reflejaría la estabilidad y eficacia de la misma.

La permanencia implica que la ley se mantiene vigente más allá del cambio de legisladores o de gobierno. La norma no se agota con su aplicación, pues se podrá nuevamente aplicar en cada situación que abarque su previsión normativa. La permanencia no implica que la ley sea inmutable o eterna. Toda norma puede ser modificada si existe la voluntad política para hacerlo si se muestra como ineficaz porque no soluciona una determinada problemática o, en ultimas, puede convertirse en desueta.

4.6. CLASIFICACIÓN DE LAS NORMAS JURÍDICAS

Existen tantas clasificaciones que se han realizado de las normas jurídicas como doctrinantes en el campo de la teoría del derecho. Este ejercicio de clasificar o agrupar las normas por clases tiene su justificación, ya que con este ejercicio podemos comprender su contenido, aplicación y categorías con el fin de comprender mejor la aplicación de la norma jurídica.

Siguiendo a García Máynez y para los fines del presente libro, consideramos que la siguiente clasificación es muy aplicable para el ámbito colombiano:

4.6.1. Nacionales, extranjeras y de organismos supranacionales

Esta clasificación hace referencia al sistema al que pertenece, ya sean normas internas colombianas, normas de otros Estados o normas emanadas de organismos internacionales.

Las normas nacionales serían todas aquellas que hacen parte del derecho interno colombiano vigente, creadas por el órgano respectivo, ya sea el Congreso de la República, organismos territoriales (asambleas departamentales o concejos municipales) o funcionarios de la rama ejecutiva u organismos facultados para crearlas.

Las normas extranjeras son aquellas que han sido creadas por otros Estados y que por principio de territorialidad, solo tendría aplicabilidad en el respectivo Estado. En este punto es importante precisar, cuál sería la situación de las embajadas y consulados de Colombia en otros países y las representaciones diplomáticas que otros países tienen el Colombia.

En las embajadas y consulados las normas jurídicas que rigen son una combinación de derecho internacional, derecho interno del país de origen y derecho del país receptor, de acuerdo con el contexto de cada situación. Para resolver este cuestionamiento, se debe acudir a la Convención de Viena sobre Relaciones Diplomáticas de 1961 (aprobado en Colombia mediante Ley 6 de 1972), el cual regula las relaciones diplomáticas entre los Estados.

Allí se reconocen ciertos privilegios que rigen el funcionamiento de las embajadas, los diplomáticos y su personal. Dentro ellos se encuentra la inviolabilidad de la misión diplomática y su personal, las funciones de las embajadas y los derechos y deberes del personal diplomático. Además, proporciona inmunidades y privilegios, como la exención de jurisdicción penal y civil en el país receptor.

También está la Convención de Viena sobre Relaciones Consulares de 1963 y la Convención sobre las Misiones Especiales de 1969, aprobada por Colombia mediante Ley 824 de 2003. Esta Convención define el marco jurídico para el establecimiento y funcionamiento de consulados, que tienen funciones distintas a las embajadas, como proteger los intereses de los ciudadanos del Estado de origen en el extranjero y promover las relaciones comerciales y culturales.

En las embajadas y consulados también rige el derecho interno del Estado que representa la misión diplomática o consular. Por ejemplo, la legislación nacional de un país puede definir las competencias, funciones y límites de sus diplomáticos y cónsules, así como los procedimientos administrativos que deben seguirse en la misión.

Si bien las embajadas y consulados gozan de ciertas inmunidades en el país receptor, también deben respetar las leyes locales, en particular las que no interfieren con su estatus diplomático o consular. Las normas locales se deben aplicar, por ejemplo, a los servicios externos contratados por la embajada o las actividades del personal no diplomático.

Por ejemplo, en la Embajada española en Colombia, su funcionamiento se rige principalmente por la Convención de Viena sobre Relaciones Diplomáticas (1961), pero también por las leyes de España, que establecen las responsabilidades del personal diplomático y cómo deben cumplir sus funciones. Asimismo, la embajada debe respetar las leyes colombianas en todos los aspectos que no interfieran con su inmunidad diplomática, como el cumplimiento de normativas de contratación local o actividades que involucren a empleados no diplomáticos, como serían las vinculaciones laborales.

Por último, dentro de la clasificación inicial estarían las normas de organismos supranacionales, que incluyen aquellas normas que emanan de sujetos de derecho internacional público, los cuales tienen la potestad de crear normas propias, con alcance o presencia internacional y unos fines comunes. Pertenecerían a este grupo las normas expedidas por las Naciones Unidas, la Organización de Estados Americanos (OEA) o la Organización Mundial del Comercio, entre muchas otras. La aplicación de sus normas se limitaría únicamente a los Estados firmantes de tratados internaciones que hacen parte de la respectiva asociación.

4.6.2. Constitucionales, legislativas y reglamentarias

Las normas constitucionales serían las referidas a las contenidas en una determinada constitución política, que para el caso colombiano sería la Carta de 1991.

Las normas legislativas, son aquellas que han sido creadas por el legislador a través de una ley de la República después de surtir el trámite legislativo previsto en la Constitución y la ley, que para el caso colombiano sería la Ley 5 de 1992. En Colombia, las leyes rigen en todo el territorio nacional, en virtud del principio de territorialidad de la norma jurídica.

Por último, las normas reglamentarias son aquellas de orden inferior que desarrollan y especifican la aplicación de la constitución y la ley, con el fin de precisar su nivel de aplicación. Estas normas pueden emanar de entes territoriales como departamentos, distritos, municipios o de organismos administrativos con competencia para la expedición de normas, como por ejemplo, los ministerios, las superintendencias, el Sena, el ICBF, la CREG, etc.

4.6.3. Nacionales, departamentales y municipales

Dependiendo del ente territorial que las expida, serán entonces normas de carácter nacional, departamental o municipal.

Las normas nacionales pueden ser leyes aprobadas por el Congreso de la República, o decretos y resoluciones u otros actos administrativos expedidos por funcionarios competentes pertenecientes a la rama ejecutiva y organismos especializados.

Las normas departamentales son expedidas por las asambleas departamentales (ordenanzas) o por el ejecutivo departamental (decretos, resoluciones). Por último, en el nivel municipal se expiden acuerdos por parte de los consejos municipales o por los funcionarios con la competencia para expedir actos administrativos, como serían los decretos y resoluciones.

4.6.4. Normas de derecho público y normas de derecho privado

Esta categoría implica que la norma será de derecho público si pertenece a unas de las áreas de estudio de esta rama, como lo son el derecho administrativo, el derecho constitucional, el derecho tributario, el derecho penal, el derecho procesal, entre otras.

La norma será de derecho privado si pertenece a una de las áreas del derecho privado, como lo son el derecho civil, el comercial, el derecho de las obligaciones, el derecho de los contratos, entre otros.

El estudio con mayor detalle de estas dos grandes ramas (derecho público – derecho privado) se realizará en el capítulo 6 de la presente obra.

4.6.5. Normas generales y normas individuales

Esta clasificación se refiere si se dirige la norma a un grupo genérico e indeterminado de personas, o si es creada para generar una obligación, derecho o sanción a una persona definida.

Las normas jurídicas generales son aquellas cuyos enunciados se refieren a un número ilimitado de individuos. Ejemplo de ellas son las leyes de la República o los decretos reglamentarios, que son expedidos para que la generalidad de los ciudadanos los observen y acaten. Es el caso de la Ley 1801 de 2016 o Código Nacional de Policía y convivencia norma que es de aplicación general a todos los ciudadanos.

Las normas jurídicas individuales son reglas que obligan o facultan a un solo individuo o a varios de ellos considerados individualmente. Ejemplo de norma jurídica individual es la resolución que expide Colpensiones para reconocer una pensión de vejez a una persona que tiene derecho a ella después de cumplir los 20 años de cotización al sistema y tener más de 57 años si es mujer o 62 si es hombre; sería también ejemplo de norma individual el caso de los decretos o resoluciones de nombramiento en un cargo del Estado que beneficia a una persona determinada, por ejemplo cuando el presidente de la República a través de un decreto nombra a un ministro de despacho.

4.6.6. Permisivas y prohibitivas

Las normas permisivas son aquellas que toleran una acción, comportamiento, conducta o procedimiento beneficiando a una persona o grupo de personas. Ejemplo de este tipo de norma están en Código Nacional de Tránsito Terrestre de Colombia (Ley 769 de 2002) que en su artículo 96 establece la permisión para quien conduzca una motocicleta pueda llevar un acompañante, siempre y cuando use caso y elementos de seguridad.

Por su parte las normas prohibitivas son aquellas que contienen una restricción en la que impiden o niegan la posibilidad de hacer algo, normalmente bajo la amenaza de una sanción. Por ejemplo, varias normas del Código de Policía de Colombia establecen medidas prohibitivas que están dirigidas a lograr la pacífica convivencia de los ciudadanos. Es el caso del artículo 340 que estable la prohibición del consumo de sustancias (como alcohol o drogas) en los establecimientos educativos y por lo tanto no deben efectuarse.

4.6.7. Normas de vigencia indefinida y normas de vigencia definida

Las normas de vigencia indefinida son aquellas que tienen una validez que se proyecta hacia el futuro, sin que exista un límite en su vigencia. A este grupo pertenecería la mayor parte de normas que se expiden en Colombia. Su vigencia irá hasta cuando la norma se modifique o derogue por el mismo organismo o funcionario que la creó, o cuando sea anulada por la justicia administrativa.

Por su parte, las normas de vigencia definida son aquellas que desde su creación establecen el tiempo que estarán en vigor. En otras palabras, tienen una validez temporal establecida o indicada en la constitución o en la ley. Un ejemplo de ellas son los decretos que puede expedir el presidente para declarar los estados de excepción en Colombia. La Constitución en los artículos 210 a 215 consagra el estado de emergencia económica, social y ecológica -que se crea mediante un decreto- el cual prevé 30 días de vigencia, y la conmoción interior que puede ser decretada por 90 días prorrogable hasta por dos veces. Una vez se cumpla este tiempo, el estado de excepción desaparece y con él las medidas adoptadas por el ejecutivo.

4.7. NORMA JURÍDICA Y DISPOSICIÓN

Disposición es todo tipo de enunciado que forma parte de un documento normativo. "Disposición normativa" es una prescripción adoptada por una institución con autoridad, como el parlamento o eventualmente el ejecutivo.

En palabras de Guastini, disposición tiene un significado jurídico que expresa una norma jurídica. Por tanto, la "norma" sería cualquier enunciado que constituya el sentido o significado adscrito de una o varias disposiciones o fragmentos de disposiciones (Guastini, 1989).

Las disposiciones normativas tienen rango de ley o norma reglamentaria. Se podría entonces afirmar que una ley, un decreto o cualquier norma inferior son tipos de disposiciones normativas (Guastini, 2015).

Los enunciados se someten a interpretaciones con el objetivo de desentrañar su significado. De este modo, se obtiene la norma propiamente dicha, es decir, la norma como resultado del proceso interpretativo. En otras palabras, es correcto afirmar que una norma es cualquier contenido que se puede predicar y atribuir a un enunciado normativo, una vez se le ha asignado un sentido coherente y lógico dentro de un sistema jurídico vigente.

En este sentido, Guastini (1999, pág. 101) logra sintetizar de manera efectiva la siguiente fórmula: la disposición es el objeto de la actividad interpretativa, mientras que la norma es su resultado. La disposición es un enunciado del lenguaje de las fuentes, que está sujeto a interpretación y aún no ha sido interpretado. En cambio, la norma es una disposición que ya ha sido interpretada y, en ese sentido, reformulada por el intérprete: es, por lo tanto, un enunciado del lenguaje de los intérpretes.

A continuación, se presenta un ejemplo de norma y disposición.

Ejemplo 1:

Consideremos el Artículo 103 del Código Penal colombiano: "El que matare a otro, incurrirá en prisión de doscientos ocho (208) a cuatrocientos cincuenta (450) meses". ¿Cuál es la norma y cuál es la disposición?

En este ejemplo, solo hay una disposición (D1), que es la frase que se encuentra en el Código Penal colombiano: "El que matare a otro...". Este es un texto que forma parte de una ley vigente y del ordenamiento jurídico actual.

Sin embargo, podemos identificar al menos tres normas (N) diferentes derivadas de esta disposición:

N1: Está prohibido matar a una persona. N2: El juez está obligado a condenar a prisión a una persona que haya cometido un homicidio. N3: El juez tiene la facultad de imponer una pena por homicidio que oscile entre doscientos ocho (208) y cuatrocientos cincuenta (450) meses.

Cada una de estas normas plantea un escenario y un problema diferentes. Supongamos que en un caso, un juez X confirma el homicidio sin excluyentes ni atenuantes, pero decide no imponer una condena de prisión y, en su lugar, solo impone una multa. En este caso, no se está cuestionando la disposición, sino que hay un problema normativo, ya que el juez X no está cumpliendo con su obligación derivada de N2.

Ejemplo 2:

Imaginemos que nuestro Código Penal tiene una redacción diferente a la actual del Artículo 103 (D2), de la siguiente manera: "El que matare a un hombre, incurrirá en prisión de doscientos ocho (208) a cuatrocientos cincuenta (450) meses".

Note que solo se ha cambiado una palabra en la disposición (D2), pero este cambio implica razonablemente una nueva norma:

N4: Está prohibido matar a un hombre.

Aquí nos encontramos ante una ambigüedad en la disposición y no en la norma. La palabra "hombre" puede referirse al género humano en general o únicamente a los varones, excluyendo a las mujeres. Así, un operador jurídico podría interpretar razonablemente:

N5: No está prohibido matar a una mujer.

Tal interpretación, a la luz de otras normas como "el Estado está obligado a proteger a todas las personas por igual", colocaría a un grupo de personas en una posición de inferioridad debido a su sexo. Para resolver este problema, se puede corregir tanto la disposición como la norma.

La corrección de la disposición implicaría redactarla de manera que elimine la ambigüedad, por ejemplo, cambiando la palabra "hombre" por "persona", como está redactado el Artículo 103 del Código Penal colombiano. Esta corrección solo puede ser realizada por el legislador.

La corrección normativa, en cambio, se realizaría a través de la interpretación, señalando que cuando la ley se refiere a "hombre" también debe entenderse que incluye a las "mujeres", o rechazando interpretaciones normativas como la N5.

En estos ejemplos se muestra cómo el operador jurídico se enfrenta a diferentes escenarios y problemas según si aborda la disposición o la norma.

4.8. ELEMENTOS DE LA NORMA JURÍDICA

La norma jurídica está conformada por tres elementos:

- Un supuesto factico, hipótesis o condición: es la anticipación hipotética de una posible realización de un acto o evento futuro que requiere su regulación;
- Una disposición o consecuencia jurídica: es el acto, comportamiento o evento resultante de aquellas situaciones jurídicas reconocidas por las normas cuando se materializan.

La cópula: es el enlace que conecta la hipótesis normativa con la disposición. Establece el vínculo normativo entre el supuesto jurídico y la consecuencia jurídica.

La cópula "deber ser" se refiere a los sujetos que actúan como centros de imputación de los derechos subjetivos, deberes jurídicos, sanciones, actos y normas legales.

Ejemplo:

Gráfico No. 2. Elementos de la norma jurídica

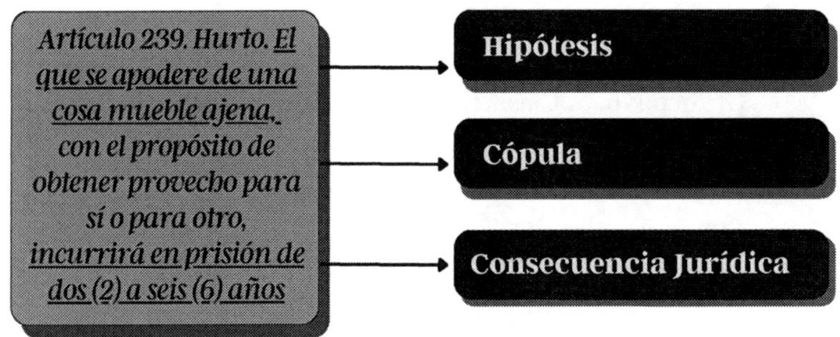

Fuente: Elaboración propia.

Es crucial no confundir el supuesto con el hecho jurídico. El supuesto es simplemente una hipótesis contenida en la norma, mientras que el hecho jurídico es la materialización de dicha hipótesis.

El supuesto jurídico se sitúa en un plano hipotético o imaginario, ya que solo hace referencia a hechos físicos, humanos o naturales y a estados jurídicos. En contraste, el hecho jurídico se encuentra en el plano de la realidad. Es un fenómeno que consiste en cualquiera de esos hechos conceptualizados, que ya ha ocurrido o que efectivamente ocurre, al menos en la dimensión del tiempo o de la historia (Vélez, 2003).

En virtud de lo anterior, hay que distinguir el supuesto y su realización, así como las consecuencias y también su realización. Entre el supuesto y su realización se establece una relación eventual o circunstancial. Entre la realización del supuesto y la producción de las consecuencias, la relación es necesaria. Entre las consecuencias producidas y su realización efectiva, la relación es contingente. En efecto, el supuesto normativo puede o no realizarse, pero si se realiza, indefectiblemente se derivan las consecuencias jurídicas; sin embargo, la derivación de las consecuencias no garantiza que se cumplan los deberes o que se exijan las correspondientes facultades o derechos subjetivos (García Máynez, 1978, pág. 175).

Los supuestos jurídicos tienen una clasificación:

Gráfico No. 3. Clasificación de los supuestos jurídicos

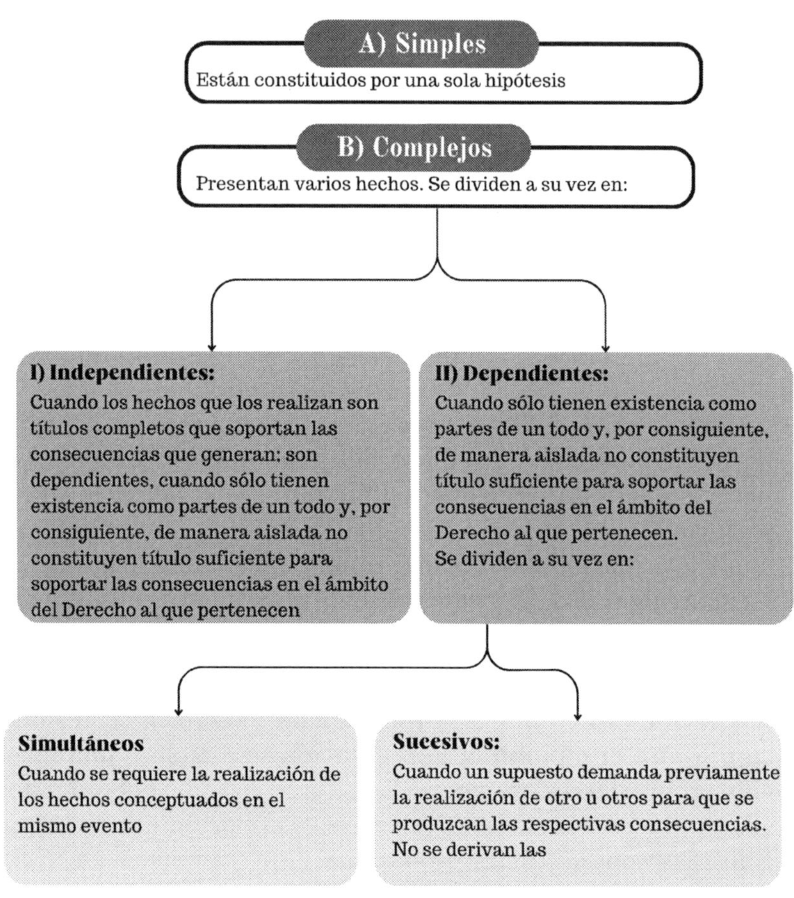

Fuente: Elaboración propia.

4.9. VALIDEZ, EFICACIA Y VIGENCIA DE LA NORMA JURÍDICA

Las nociones de "validez" y la de "eficacia" de la norma jurídica a menudo son equiparadas por algunos juristas con su existencia. Los representantes de la tradición positivista como Hans Kelsen, afirman categóricamente que la existencia de las normas se asimila a su validez, lo que significa que equivale a su aprobación por la autoridad competente a través de los procedimientos indicados por el ordenamiento.

Otra vertiente de juristas de tradición mucho más realista, considera que la existencia de las normas depende de su eficacia social, es decir, de su efectiva aplicación por los jueces y por los miembros de una comunidad.

Algunos teóricos, como G. H. von Wright (1968), plantean una postura intermedia, señalando que para que una norma exista es necesario cumplir dos requisitos esenciales: en primer lugar, debe ser emitida por una autoridad normativa competente, es decir, debe ser válida; y en segundo lugar, la norma debe ser comprendida por su destinatario, quien, además, debe tener la capacidad de cumplir con lo que se le ordena, lo que implica que dicha norma debe tener potencialidad de ser socialmente eficaz.

Por otro lado, doctrinantes como Alchourrón y Bulygin (1997) sostienen que es crucial diferenciar entre los conceptos de "existencia", "validez" y "eficacia". Equiparar la existencia con la validez llevaría a un bucle infinito, ya que cada norma dependería de otra previa que fuera válida y cumpliera ciertos requisitos para fundamentarse. Asimismo, identificar la existencia con la eficacia implicaría que una norma solo sería existente para aquellos que la conocen y cumplen, lo cual sería absurdo, ya que para quienes no la conocen o no la obedecen, esa norma sería inexistente.

Con el fin de precisar cada uno de estos conceptos, a continuación, se hará una aproximación desde a la doctrina.

4.9.1. La validez de la norma jurídica

La "validez" de una norma jurídica se refiere a su existencia específica en el mundo del "deber ser", en contraste con el mundo del "ser", o el mundo de los hechos. La validez de una norma positiva es su modo particular de existir.

Como Kelsen afirmó, los conceptos de "validez" y "existencia" en el mundo del "deber ser" están equiparados, implicando la obligatoriedad de la norma.

Gráfico No. 4. Validez y existencia de la norma

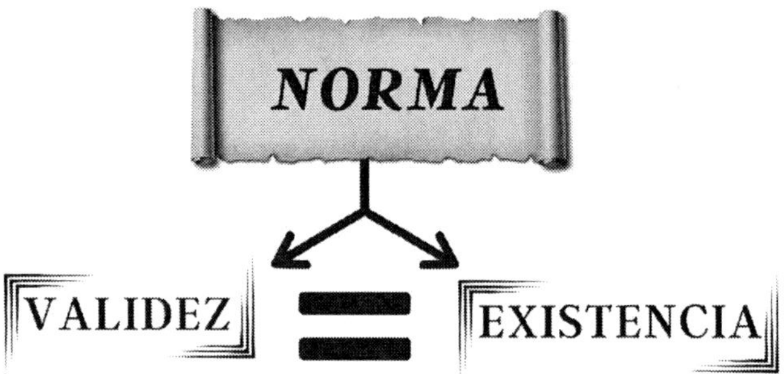

Fuente: Elaboración propia.

Para que una norma sea válida, "debe ser", y los individuos de una sociedad "deben" cumplirla; de lo contrario, no tendría ese carácter. En un sistema jurídico positivo, la validez de una norma no es absoluta, sino que se encuentra condicionada por límites espaciales, temporales, materiales y personales. Por consiguiente, una norma solo "debe ser" aplicable en un tiempo y lugar específicos y en relación con determinados hechos y personas.

Sobre el fundamento de validez del sistema jurídico, Kelsen argumenta que una norma es válida porque está establecida por una norma superior. A través de una "cadena de validez", se puede rastrear esta autoridad hasta la primera constitución histórica. Esto plantea la cuestión de qué norma valida esa primera constitución histórica. Si se alegara que su validez se basa en su imposición eficaz, se caería en un salto del ser al deber ser, algo que Kelsen rechaza como lógicamente posible.

Para resolver esto, Kelsen introduce el concepto de la "norma fundante básica". A diferencia de otras normas jurídicas, esta no es creada por una autoridad, sino que es presupuesta por todos aquellos que adoptan una perspectiva jurídica. Cualquiera que quiera describir científicamente el derecho debe aceptar esta norma y entender la imposición de la primera constitución histórica como su sentido objetivo.

En la Teoría Pura del Derecho, la norma fundamental desempeña diversas funciones importantes: no solo explica la naturaleza sistemática de las normas jurídicas, sino que también ofrece una base para una explicación no reductiva de la validez jurídica y la normatividad del derecho. En este sentido, se relaciona directamente la validez de una norma con su eficacia, lo cual implica que las normas deben ser cumplidas por aquellos a quienes se dirigen.

Una norma se considera jurídicamente válida cuando forma parte de un sistema normativo que, en términos generales, es eficaz. Sin embargo, esto no significa que la validez de una norma dependa de su propio cumplimiento, sino de la eficacia general del sistema jurídico al que pertenece. Así, un ordenamiento jurídico se considera normativo cuando sus contenidos son aceptados como razones válidas para actuar.

La validez de una norma depende de que haya sido creada siguiendo los procedimientos legalmente establecidos, lo que le otorga vigencia y obliga a su cumplimiento. Pero la eficacia va más allá de la mera existencia de la norma, pues requiere que esta tenga un impacto real en la sociedad y sea aplicada de manera concreta. Para que una norma sea completamente efectiva, debe producir efectos tangibles en la realidad social.

Sobre este particular Raz (1982) afirma:

> Las normas establecidas por la autoridad jurídica, que imponen obligaciones y confieren derechos a los sujetos jurídicos, no son verdaderas ni falsas, sino únicamente válidas o no válidas. Que una norma sea obligatoria y que sea válida es una y la misma cosa, y ambos significan que esta existe: por validez entendemos la existencia específica de las normas. Decir que una norma es válida es decir que asumimos su existencia, o lo que equivale a lo mismo, asumimos que tiene fuerza obligatoria para aquellos cuya conducta regula (Raz, 1982, pág. 67).

La validez significa que una norma jurídica "se halla en estricta conformidad con lo prescrito por las normas jurídicas de superior jerarquía" (Solano, 2018, pág. 198). Conforme a ello, existe dos tipos de validez: la formal y la material.

Una norma es formalmente válida, cuando es creada y expedida por la autoridad señalada, con el procedimiento prescrito en una norma superior o en la reglamentación respectiva. Para el caso colombiano, una ley sería formalmente válida si ha cumplido con el trámite y procedimiento establecido en la Constitución de 1991 y en la Ley 5ª de 1992.

De otra parte, una norma ostenta una validez material cuando tiene coherencia con lo establecido en la norma superior, es decir, con la respectiva constitución política. Una norma no tendría validez material si viola un derecho fundamental contenido en la Carta Política, o si va en contra de las normas que establecen competencias, por citar dos ejemplos.

El desarrollo teórico dado al concepto de "validez" no ha sido ni absoluto, ni claro, ni homogéneo. Varios de los más reconocidos autores -empezando por Kelsen- tienen su propia perspectiva.

Como representante de la escuela positivista, Hans Kelsen equipara la noción de "validez" con el de "existencia" y "fuerza vinculante", lo cual es calificado como un "concepto normativo" de validez. En palabras de Carlos Nino: "cuando Kelsen equipara validez con fuerza vinculante está usando 'fuerza vinculante' para referirse a la circunstancia de que otra norma del sistema prescribe obedecer la norma en cuestión, y cuando equipara validez con existencia, 'existencia' significa aquí pertenencia de una norma a un sistema jurídico" (Nino, 1985, pág. 10).

Otro destacado teórico, el danés Alf Ross, representante de la escuela realista escandinava, distingue entre tres nociones de "validez": (i) "validez" entendida como "eficacia jurídica", (ii) "validez" entendida como "eficacia sociológica", y (iii) "validez" entendida como "fuerza obligatoria moral". Ross aboga por reconocer la segunda como el verdadero sentido de "validez", la cual se refiere a la probabilidad de que las normas sean aplicadas por jueces y demás funcionarios con poder de decisión en casos específicos (Ross, 1969).

El alemán Robert Alexy sostiene que los tres elementos constitutivos del concepto de "Derecho" (la eficacia social, la corrección material y la legalidad acorde con el ordenamiento), corresponden a tres nociones concurrentes de validez: una noción sociológica, una ética y una jurídica (Alexy, 1997).

El italiano Norberto Bobbio define la "validez" como la existencia específica de las normas dentro de un sistema jurídico, es decir, la existencia de las normas jurídicas en su carácter de tales. Para determinar si una norma es válida, se deben realizar tres pasos: (i) verificar si la autoridad que la emitió tenía el poder legítimo para crear normas jurídicas vinculantes dentro de ese sistema; (ii) asegurarse de que no haya sido derogada; y (iii) comprobar que sea compatible con otras normas del sistema, especialmente con aquellas jerárquicamente superiores y las normas posteriores. De esta forma, Bobbio diferencia la cuestión de la validez de las normas (Bobbio, 1997).

El análisis conceptual de estos destacados autores sobre la validez sugiere que los conceptos de validez, existencia, eficacia, vigencia", aplicación e implementación en el ordenamiento colombiano no pueden fundamentarse únicamente en los aportes de la teoría jurídica, debido a la variabilidad de esta noción.

La validez de una norma se relaciona con su conformidad a la normatividad que establece su creación, tanto en términos formales como sustantivos, acorde con las normas superiores que prevalecen en el ordenamiento jurídico colombiano, independientemente de si estas son anteriores o posteriores a la norma en cuestión.

Lo anterior quiere decir que la validez implica el agotamiento de un procedimiento legislativo establecido por la normatividad colombiana, que después de su riguroso cumplimiento conllevan a que la norma sea aplicable y obligatoria a todas las personas. Esta normativa implica el cumplimiento de los pasos y procedimientos que establecidos en la Constitución Política colombiana y en la Ley 5ª de 1992.

Desde el punto de vista formal, algunos de los requisitos de validez de las normas se identifican con los requisitos necesarios para su existencia.

El procedimiento o pasos son los que deben agotar para aprobar una ley ordinaria en Colombia son los siguientes:

Las leyes deben ser debatidas y aprobadas en 4 vueltas, dos en Cámara de Representantes y dos en el Senado, iniciando en la Comisión Constitucional permanente de la respectiva cámara.

Gráfico No. 5. Trámite legislativo

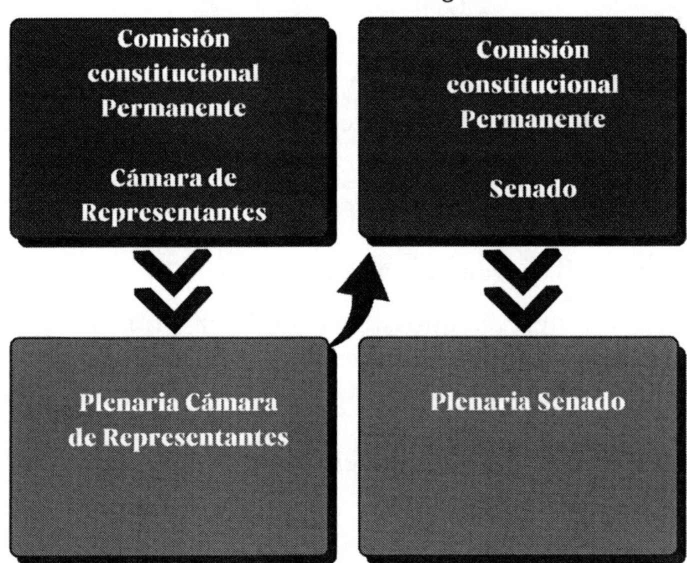

Fuente: Elaboración propia

El trámite para la aprobación de una ley de la República o un acto legislativo, se encuentra regulado desde el artículo 139 hasta el artículo 217 de la ya citada Ley 5ª de 1992.

Según el artículo 147 de dicho cuerpo normativo, ningún proyecto podrá ser aprobado como ley de la República, si no se agotan los siguientes requisitos:

a) Publicación oficial en la Gaceta del Congreso, antes iniciar el trámite en la comisión respectiva.

b) Aprobación en primer debate en la correspondiente comisión permanente de cada Cámara, o en sesión conjunta de las respectivas comisiones de ambas Cámaras.

c) Aprobación en plenaria en cada Cámara en segundo debate.

d) Sanción del Gobierno.

Para abordar el estudio del proceso legislativo se puede dividir en cinco (5) pasos:

i) Iniciativa parlamentaria

ii) Publicación y reparto a comisión

iii) deliberación y debates

iv) Aprobación o rechazo del proyecto

v) Sanción y promulgación y publicación.

La Ley 5ª de 1992 que regula la validez formal de las leyes de la República contienen requisitos bastante detallados que se deben cumplir, relacionados con el trámite en el Congreso (debates, mayorías, quorum, aprobación, sanción firma, publicación, etc.), procedimiento que se debe seguir para su expedición.

La validez de las leyes ordinarias presupone que se hayan cumplido las exigencias contenidas en la ley, como la iniciación de su trámite en una determinada cámara legislativa (art. 154, C.P.), el tiempo máximo entre debates (art. 160, C.P.), la aprobación en menos de dos legislaturas (art. 162, C.P.), el cumplimiento de las normas sobre iniciativa legislativa (art. 156, C.P.) o el respeto por la regla de unidad de materia (art. 158, C.P.).

La validez hace relación al cumplimiento de ciertos requisitos sustanciales o de fondo impuestos por el ordenamiento o por la jurisprudencia. Entre los primeros está que no se pueden desconocer los derechos fundamentales de las personas (art. 5° C.P.) y entre los segundos que debe cumplir varios principios detallados por la jurisprudencia constitucional, como el principio democrático (reglas de la mayoría), el principio de participación, el principio de la autonomía del legislador, el principio de identidad (un proyecto no se puede modificar en aspectos sustantivos; sino que debe guardar relación con la materia central), principio de consecutividad (aprobación en los

4 debates que le corresponden) y el principio de publicidad (publicación en la Gaceta del Congreso del proyecto y en el Diario Oficial cuando ya sea ley).

4.9.2. La eficacia de la norma jurídica

Entre los iusfilósofos son comunes los debates sobre la relación entre la eficacia de una norma y su validez, así como las consecuencias que tiene dicha interrelación respecto de la existencia de normas. Este debate puede ser complejo, ya que se mezclan distintos conceptos de validez, eficacia y existencia, lo que requiere una claridad y precisión en los conceptos.

Una norma sería eficaz si es obedecida de manera general por sus destinatarios y, en caso de incumplimiento, se aplicaría la correspondiente sanción por parte de los jueces o autoridades administrativas. Se toma aquí la eficacia como la correspondencia entre las acciones y lo dispuesto por la norma, sin distinguir entre cumplimiento y coincidencia.

Según Hart (1985), un sistema jurídico existe si se cumplen las dos condiciones necesarias y conjuntamente suficientes: la eficacia general de las normas identificadas por la regla de reconocimiento y la existencia de esta última.

Dentro de la relación entre la eficacia de una norma y su validez surgen algunas preguntas. ¿Es la eficacia una condición necesaria para que una norma pertenezca al sistema jurídico? Esta cuestión solo puede responderse al considerar los criterios de pertenencia establecidos en la regla de reconocimiento del sistema jurídico en cuestión. Si uno de esos criterios establece que las normas, para ser válidas, deben ser eficaces, entonces la eficacia sería una condición de pertenencia. Sin embargo, esto es puramente contingente. Kelsen ha señalado que la desuetudo (la falta de eficacia continuada de una norma) hace que esta pierda su validez.

Este argumento tiene sentido si tratamos la validez como fuerza obligatoria, como lo hace Kelsen, pero no si la consideramos sinónimo de pertenencia. Al respecto, Kelsen expresó: "La eficacia es una condición de la validez en el sentido de que la eficacia debe añadirse a la creación para que tanto el ordenamiento jurídico como un todo, como también una norma individual, no pierdan validez" (Kelsen, 2003, pág. 24).

Por otro lado, el reconocido doctrinante Liborio Hierro (Hierro, 2003, pág. 75) presenta un concepto muy general de eficacia en sentido sociológico, que podría denominarse "correspondencia". Para determinar si una norma es eficaz en este sentido, simplemente se debe comprobar si la acción que prescribe es realizada por sus destinatarios. Dentro de esta idea general, podemos distinguir dos subclases de eficacia como correspondencia: una en la que los destinatarios cumplen con la norma sin tenerla en cuenta, e incluso ignorando su existencia.

En este caso, los destinatarios actúan conforme a lo prescrito por la norma por diversos motivos, salvo la existencia de la propia norma, lo que podríamos llamar una eficacia por coincidencia. Alternativamente, los destinatarios podrían actuar de acuerdo con la norma precisamente porque esta existe. En estas circunstancias, la norma sirve como motivo o razón para que se cumpla lo que ella prescribe, y se hablaría entonces de eficacia como cumplimiento. La eficacia como correspondencia es, por tanto, la categoría general, dentro de la cual se encuentran tanto la eficacia por coincidencia como la eficacia por cumplimiento.

Para John Austin, la eficacia se define como "el hábito de obediencia general hacia el legislador supremo". Preguntarse sobre la validez de una norma implica indagar por qué esta debe ser obedecida. Según Austin (2002), un sistema jurídico existirá si:

a) El legislador supremo es habitualmente obedecido, lo que implica que las normas jurídicas del sistema son generalmente eficaces.

b) El legislador supremo no obedece habitualmente a nadie.

c) El legislador supremo es superior a los destinatarios de cada una de sus -normas jurídicas en relación con la sanción de cada disposición.

d) Todas las normas jurídicas del sistema son efectivamente legisladas por una persona o un grupo de personas (Austin, 2002).

Cuando una norma deja de ser válida, es necesario recurrir nuevamente a la regla de reconocimiento. De esta manera, la eficacia de una norma dentro de un sistema jurídico específico no es una condición indispensable para su validez, a menos que la regla de reconocimiento así lo estipule.

Al hablar de eficacia, nos referimos a la capacidad de una acción para lograr el resultado deseado. Sin embargo, en el ámbito de las normas jurídicas, a menudo confundimos eficacia con términos como validez, vigencia y obligatoriedad, por lo que es crucial aclarar estos conceptos.

La validez de una norma no siempre es un requisito para su "eficacia", ni implica necesariamente su "vigencia". No obstante, la "eficacia", la "vigencia" y la "validez" de una norma presuponen su "existencia", y su "aplicación" e "implementación" dependen de su eficacia jurídica.

La implementación de una norma se refiere al proceso mediante el cual se ejecuta la política que dicha norma establece jurídicamente. Este proceso incluye una serie de pasos ordenados, tanto jurídicos como prácticos, predeterminados por la norma misma o por aquellas que la desarrollan, con el objetivo de concretar, en un período de tiempo específico, la política pública reflejada en la norma. De esta manera, la "implementación" abarca una dimensión jurídica, una dimensión material o práctica, y una dimensión temporal, cuyo contenido debe ser determinado por el Legislador. Analíticamente, una política pública se diseña primero y se implementa después. La articulación jurídica del diseño de la política garantiza que su futura implementación no sea solo política, sino también judicial.

Para el caso colombiano, la desuetudo de la norma no implica que ella deje de ser válida, es decir una norma desueta o que se haya desactualizado de ningún modo dejará de ser válida en ese sistema. Este punto se desarrollará en el numeral 4.10.6. sobre las obsolescencia normativa.

Consideramos que la eficacia de una norma jurídica se puede definir como a realización del objetivo propuesto por la misma, contenido en un imperativo de conducta, mediante su observancia o cumplimiento real y eficaz. *A contrario sensu,* la ineficacia de una norma jurídica sería la falta de idoneidad de una regla de derecho existente y válidamente formada (ley, decreto, resolución, etc.), para producir los efectos propios, como consecuencia de un hecho de carácter extrínseco o ajeno al mismo, y que usualmente acaece con posterioridad al nacimiento a la vida jurídica del mismo.

Este sería uno de los principales conflictos que adolece la sociedad colombiana y es que no todo el derecho vigente se aplica en la realidad. Esto haría parte de la denominada "cultura de la ilegalidad", que haría parte de los estudios sobre el comportamiento de los individuos frente a la norma jurídica[2].

Los resultados de varias investigaciones evidencian que varias conductas de inobservancia a la ley se han naturalizado de tal forma, que no resultan graves para el común de la gente el hecho de sobornar, realizar hurtos menores, manejar embriagado

---

2 Sobre este tema se han realizado interesantes investigaciones sobre el porqué de la "cultura de la ilegalidad" en Colombia, como el realizado en 2015 por el Grupo de investigación Política y Gestión para el Desarrollo, de la Pontificia Universidad Javeriana, titulado "Cultura de la legalidad en servidores públicos y ciudadanos".

o no pagar impuestos o aspectos tan básicos como saltarse la fila para algún tipo de trámite. También se han hecho normales varias frases y adagios populares que reflejan esa laxitud frente al cumplimiento de la norma, como por ejemplo "hecha la ley, hecha la trampa", "Las cosas no son del dueño, sino de quien las necesita", "El que parte y reparte se lleva la mejor parte.

Al existir un Estado débil que no investiga ni sanciona este tipo de comportamientos, hace que el temor de ser descubierto sea muy bajo.

El anterior panorama sobre algunos factores sociológicos, explicaría el por qué en Colombia el nivel de eficacia de la norma es bastante baja.

En conclusión, la eficacia de una norma varía según el nivel de cumplimiento que se le dé. Esto se mide por la proporción de personas que la obedecen en relación con el total de sus destinatarios y por la cantidad de actos de obediencia que genera. Generalmente, el grado de obediencia se evalúa observando los actos de desobediencia: a mayor número de actos de desobediencia, menor es la eficacia de la norma.

4.9.3. La vigencia de la norma jurídica

Una norma se considera vigente cuando en el lapso de un tiempo se derivan unas consecuencias jurídicas por la aplicación de un supuesto fáctico. En Colombia, una ley adquiere vigencia desde el momento en que es aprobada por el Congreso de la República, sancionada por el presidente y publicada en el Diario Oficial. La ley permanecerá vigente hasta que sea modificada o derogada por el Congreso, o declarada inexequible por la Corte Constitucional tras la presentación de una demanda de inconstitucionalidad.

La publicación tiene como finalidad informar al público sobre el contenido de las normas jurídicas. La entrada en vigor de las normas ocurre exclusivamente como resultado de una decisión discrecional tomada por el legislador, quien tiene la competencia para hacerlo.

Gráfico No. 6. Diario Oficial publicado por la Imprenta Nacional

República de Colombia

DIARIO OFICIAL

Fundado el 30 de abril de 1864

Año CLVII No. 51.942 · Edición de 80 páginas · Bogotá, D. C., martes, 8 de febrero de 2022 · S S N 0122-2112

PODER PÚBLICO – RAMA LEGISLATIVA

LEY ORGÁNICA 2199 DE 2022

(febrero 8)

por medio de la cual se desarrolla el artículo 325 de la Constitución Política y se expide el régimen especial de la Región Metropolitana Bogotá - Cundinamarca

El Congreso de Colombia

DECRETA:

CAPÍTULO I

Objeto, finalidad, naturaleza y entrada en funcionamiento

Artículo 1°. *Objeto.* La presente ley tiene por objeto adoptar el régimen especial para la Región Metropolitana Bogotá - Cundinamarca, definir y reglamentar su funcionamiento, en el marco de la autonomía reconocida a sus integrantes por la Constitución Política.

Artículo 2°. *Finalidad.* La Región Metropolitana tendrá como finalidad garantizar la formulación y ejecución de políticas públicas, planes, programas y proyectos de desarrollo sostenible, así como la prestación oportuna y eficiente de los servicios a su cargo, promoviendo el desarrollo armónico, la equidad, el cierre de brechas entre los territorios y la ejecución de obras de interés regional. En el marco de la igualdad entre los integrantes, sin que haya posiciones dominantes.

Artículo 3°. *Naturaleza.* La Región Metropolitana Bogotá - Cundinamarca es una entidad administrativa de asociatividad regional con régimen especial establecido en esta y otras leyes, y dotada de personería jurídica de derecho público, autonomía administrativa y patrimonio propio, a través de la cual las entidades territoriales que la integran concurren en el ejercicio de las competencias que les corresponden, con el fin de hacer eficaces los principios constitucionales de coordinación, concurrencia, complementariedad y subsidiariedad en la función administrativa y en la planeación del desarrollo dada su interdependencia geográfica, ambiental, social o económica.

Artículo 4°. *Jurisdicción y domicilio.* En lo relacionado con los temas objeto de su competencia, la jurisdicción de la Región Metropolitana Bogotá - Cundinamarca corresponde únicamente al Distrito Capital y los municipios de Cundinamarca que se asocien. El domicilio y la sede de la entidad serán definidos por el Consejo Regional.

LA IMPRENTA NACIONAL DE COLOMBIA

Informa que como lo dispone el Decreto número 53 de enero 13 de 2012, artículo 3°, del Departamento Nacional de Planeación, a partir del 1° de junio de 2012 los contratos estatales no requieren publicación ante la desaparición del Diario Único de Contratación Pública.

Artículo 5°. *Principios.* Son principios que rigen el funcionamiento de la Región Metropolitana Bogotá - Cundinamarca los siguientes:

1. **Autonomía territorial.** Las entidades territoriales que conformen la Región Metropolitana Bogotá - Cundinamarca mantendrán su autonomía territorial y no quedarán incorporadas al Distrito Capital. La Región Metropolitana respetará la autonomía de los municipios que sean parte, de Bogotá y de Cundinamarca. Las competencias municipales, departamentales y distritales se respetarán bajo las autoridades político administrativas de cada entidad territorial.

2. **Sostenibilidad.** La Región Metropolitana velará por la integridad de los elementos que la Estructura Ecológica Principal Regional, como soporte de la vida y el desarrollo sostenible regional, los recursos naturales, las áreas protegidas y los servicios ecosistémicos, permitiendo su preservación para las necesidades futuras y buscando equilibrio entre el desarrollo económico, el cuidado del medio ambiente y el bienestar social.

3. **Convergencia socioeconómica.** La Región Metropolitana contribuirá al equilibrio entre las entidades territoriales y al reconocimiento de las oportunidades de desarrollo que tienen todos los municipios que la conforman independientemente de su tamaño y categoría. El enfoque de desarrollo equilibrado del territorio tendrá en consideración las necesidades, características y particularidades económicas, culturales, sociales y ambientales, fomentando el fortalecimiento de los entes territoriales que la conforman.

4. **Pluralidad.** Se reconocerán las diferencias geográficas, institucionales, económicas, sociales, étnicas y culturales de las entidades territoriales que conformen la Región Metropolitana Bogotá - Cundinamarca, como fundamento de la convivencia pacífica y la dignidad humana.

5. **Identidad regional.** La Región Metropolitana promoverá la identificación, promoción y desarrollo articulado de las manifestaciones artísticas, culturales, sociales, materiales e inmateriales de los entes territoriales que conforman la región para fortalecer y consolidar la identidad y sentido de pertenencia regional.

6. **Gradualidad.** La Región Metropolitana asumirá sus funciones y competencias de manera gradual, teniendo en cuenta su capacidad técnica y financiera.

Fuente: Imprenta Nacional (https://www.imprenta.gov.co/).

La regla general es que toda norma tiene efectos hacia el futuro; es decir después de creada no puede ser aplicada retroactivamente. Existen tres excepciones a esta regla: la retroactividad, la retrospectividad y la ultraactividad, fenómenos que serán desarrollados en el Capítulo 10 de este libro.

En resumen, la vigencia de una norma está relacionada con un periodo de tiempo específico. El sistema jurídico establecerá un evento o circunstancia que indique a partir de cuándo la norma es aplicable y obligatoria para los individuos.

En el derecho interno colombiano, han sido aprobadas varias normas que establecen la vigencia de las leyes. La primera de ellas es el Código Civil que estatuye algunos parámetros aplicables a las leyes expedidas por el Congreso. A continuación, se enuncian:

a) La costumbre en ningún caso tiene fuerza contra la ley (art. 8).

b) No podrá alegarse el desuso de una ley para su inobservancia, ni práctica, por inveterada y general que sea (art. 8).

c) La ignorancia de las leyes no sirve de excusa (art. 9).

d) La promulgación de la ley se hará insertándola en el Diario Oficial, y enviándola en esta forma a los estados y a los territorios (art. 11).

e) La ley no tiene efecto retroactivo (art. 13).

f) La ley es obligatoria tanto a los nacionales como a los extranjeros residentes en Colombia (art. 18).

g) La derogación de las leyes podrá ser expresa o tácita. Es expresa, cuando la nueva ley dice expresamente que deroga la antigua Es tácita, cuando la nueva ley contiene disposiciones que no pueden conciliarse con las de la ley anterior (art. 71).

h) La derogación de una ley puede ser total o parcial (art. 71)

i) La derogación tácita deja vigente en las leyes anteriores, aunque versen sobre la misma materia, todo aquello que no pugna con las disposiciones de la nueva ley (art. 72)

Como ya se precisó con anterioridad, la vigencia de una ley o cualquier norma jurídica comienza con la publicación, que vendría a cumplir la exigencia del principio de publicidad de la misma, con el fin de poder aplicar el otro principio contenido en el artículo 9 del Código Civil, el cual expresa que la ignorancia de la ley no es excusa para exonerarse de su aplicación. Aquí se predica una presunción: todos los ciudadanos deben conocer la ley que es debidamente publicada en el Diario Oficial, para que no se alegue después que no se tuvo la oportunidad de conocerla.

En virtud de lo anterior, se deduce que la vigencia presupone la validez de la norma, añadiendo o matizando que lo que se presupone es la validez o la apariencia de la misma. De hecho, adquieren vigencia, las normas cuya inconstitucionalidad o nulidad son posteriormente declaradas por el órgano o juez competente.

Sin embargo, es importante precisar que el modo ordinario para que una norma pierda su vigencia es por derogación que debe ser realizada por el mismo órgano que la expidió.

Un problema muy particular que surge frente a la vigencia y validez de la norma es su desuso, es decir, el hecho de que dejen de hacerle caso a una norma o no la apliquen porque sus supuestos fácticos ya son inexistentes, situación que materializaría la obsolescencia normativa.

4.10. PROBLEMÁTICAS GENERADAS POR LA NORMA JURÍDICA

La creación y aplicación de la norma jurídica puede conllevar algunas problemáticas como la vaguedad de las mismas, las lagunas que se generan por la falta de creación y los denominados intersticios o fisuras que en ocasiones crea una norma, sin que el legislador o creador haya tenido la voluntad de hacerlo. A continuación de explicarán cada una de ellas.

4.10.1. La vaguedad de las normas

Es muy común que las normas en cualquier sistema jurídico sean indeterminadas y en muchos casos, pasen a ser obsoletas debido a los avances y grandes dinámicas de la sociedad. Además de esta normal imprecisión de los sistemas normativos, se adiciona la indeterminación de cada norma, en el sentido de que no se sabe exactamente los casos que podrán adecuarse a su campo de aplicación, o también que el legislador no haya previsto ciertos escenarios y con ello la norma quede "corta" para ser aplicada a casos que exceden de su ámbito de regulación.

La normativa, en muchos casos, emplea una textura abierta (*open textured*) que se ve afectada por la vaguedad extensional. Esta vaguedad se refiere al campo de aplicabilidad de un concepto, es decir, al conjunto de personas o cosas abarcadas por el tema en cuestión. La vaguedad intensional y la vaguedad extensional son inversamente proporcionales: a mayor intensión, menor extensión del concepto, y viceversa.

La vaguedad extensional está determinada por la incertidumbre acerca de los atributos que un objeto debe poseer para pertenecer a una clase específica, lo cual depende de la vaguedad intencional del predicado. Un concepto es vago si hay problemas para determinar su intensión o su extensión. La vaguedad intencional ocurre cuando las propiedades o características del tema no están bien definidas, mientras que la vaguedad extensional surge cuando esta indeterminación afecta el grado de aplicación del concepto.

Ambas vaguedades pueden resolverse mediante definiciones convencionales que clarifiquen los conceptos, siempre que estas definiciones no vayan más allá del uso natural de las palabras para evitar la arbitrariedad.

Tomando una norma cualquiera, habrán situaciones en las que es aplicable, otras en las que no lo es, y casos "dudosos" o "difíciles" (*hard cases*) en los que la aplicación de la norma es compleja. La vaguedad es una característica inherente al lenguaje, no solo al lenguaje jurídico; incluso el español, con toda su riqueza, posee esta propiedad. La vaguedad no depende de las técnicas interpretativas o de la dogmática, ya que no puede eliminarse por completo, aunque sí puede reducirse mediante conceptualizaciones.

Cuando las expresiones utilizadas contienen una gran vaguedad, el intérprete de la norma puede decidir discrecionalmente si un caso que cae en el "área de penumbra", debe ser incluido en el ámbito de aplicación de la norma en cuestión.

4.10.2. Las lagunas en el derecho

Podemos definir las lagunas jurídicas -llamadas también vacíos legales o del derecho-, a aquellas ausencias normativas en una materia concreta que generan una dificultad en la resolución de una problemática, debido a la inexistencia de norma clara y precisa para ser aplicada a un caso específico.

Algunos autores como Rodríguez (2005) expresan que existe diferencia entre las lagunas del derecho y la ausencia de normas, ya que las primeras están más encaminadas a conflictos de intereses que el juez debe resolver desde su discrecionalidad y la ausencia de normas no genera este tipo de controversias, pues se resuelve con la premisa de lo que no está prohibido entonces está permitido.

Lo anterior genera la concepción de sistemas jurídicos cerrados y sistemas completos. El primero entiende que es completo respecto a cualquier universo de casos y cualquier universo de acciones, y el segundo es completo frente a cierto universo de casos y a cierto universo de acciones. El primero no tendría lagunas (pero es un ideal), mientras que el segundo si las tiene y deben ser resueltas por el legislador o por la discrecionalidad del juez.

Esta "patología jurídica" causada por la omisión de una regulación concreta en una determinada situación y que en principio no encuentra una respuesta legal específica, obliga a quienes se enfrentan a tal situación (jueces principalmente), al empleo de técnicas llenadoras del vacío, con las cuales se pueda obtener una respuesta eficaz a la problemática jurídica que requiere solución.

Kelsen aborda este tema expresando en la Teoría Pura del Derecho en el título 7 denominado *El problema de las Lagunas,* la siguiente afirmación:

> Se atribuye un papel especial a la interpretación en la tarea de llenar lo que se denomina las lagunas del derecho. Con esto se hace referencia a la imposibilidad de aplicar el derecho vigente en un caso concreto porque ninguna norma jurídica indica la conducta debida. Según esta posición, de ocurrir un litigio tal, el órgano encargado de resolverlo sería incapaz de hacerlo si debiera limitarse a aplicar el derecho vigente, y para llenar esta laguna se vería constreñido a recurrir a la interpretación. Sin embargo, tales lagunas no existen. Hay litigio cuando una de las partes pretende tener un derecho que la otra cuestiona, o, más exactamente, cuando la otra parte cuestiona tener la obligación correspondiente a este derecho. El órgano encargado de resolver el litigio debe determinar si el derecho vigente impone o no dicha obligación a la parte que la cuestiona. En la afirmativa dará razón al demandante, en la negativa rechazará su demanda. En ambos casos aplica el derecho vigente (Kelsen, 2009, pág. 134).

Según el anterior texto transcrito, el autor vienés plantea en un primer momento que las lagunas no existían y no hacían parte de ningún sistema jurídico, porque las conductas que no regulaba el derecho eran "absurdas" y, por lo tanto, no necesitarían ser tratadas. Años después, aceptó de manera implícita su existencia al decir que en el derecho existían "conflictos de intereses que el orden jurídico no previene" (Ataria, 2005, pág. 17).

Kelsen identifica tres tipos de lagunas: técnicas, lógicas y las admitidas por el legislador.

La laguna técnica ocurre cuando el legislador establece una norma general sin detallar su desarrollo legislativo en el texto legal. Este tipo de laguna es similar a lo que la doctrina jurídica denomina lagunas *intra legem*. Un ejemplo de esto es cuando una norma remite a otra, pero esta última no aborda el asunto en cuestión.

Las lagunas lógicas, por otro lado, se presentan cuando ningún precepto del ordenamiento jurídico ofrece una solución a un caso específico. Se resolverían mediante el "Principio de clausura", que establece que lo que no está expresamente prohibido en la norma está permitido. Según esta idea, la falta de regulación de un acto no indica una laguna, sino que ese acto está permitido por no estar prohibido.

Kelsen critica la teoría de las "lagunas auténticas", argumentando que se basa en la ignorancia del hecho de que una acción no prohibida está permitida. Sostiene que el derecho puede aplicarse incluso cuando se presupone una laguna, utilizando el orden jurídico. Esta interpretación puede entenderse de dos maneras: por un lado, la aplicación total de todas las normas a un caso específico, lo cual es inaceptable; por otro, el juez debe revisar todo el ordenamiento vigente para encontrar la norma adecuada, aplicando así el derecho de manera lógica.

La crítica de Kelsen a la teoría tradicional de las lagunas plantea un criterio subjetivo en el que la ausencia de una norma se considera indeseable desde una perspectiva jurídico-política. Por ello, el juez podría apartarse de las normas establecidas si las considera injustas o inapropiadas, basándose en un juicio de valor subjetivo.

Esta postura subjetiva puede comprometer la objetividad y la imparcialidad judicial. Kelsen argumenta que la idea de lagunas auténticas ha influido en la técnica legislativa contemporánea, permitiendo a los jueces decidir según su propio juicio, lo que, según él, impide la aplicación lógica del derecho. No obstante, siempre es posible aplicar un orden jurídico; un juez puede rechazar una demanda si no existe una norma que obligue al demandado, concluyendo que la acción exigida está permitida negativamente.

Kelsen sostiene que el derecho siempre puede aplicarse lógicamente y que las "lagunas" son meras suposiciones utilizadas para justificar decisiones discrecionales. A pesar de reconocer ciertos "tipos de lagunas", Kelsen niega su existencia o las considera dentro de un proceso de clausura del sistema jurídico.

Según Guastini (2015), existen dos tipos principales de lagunas: las normativas y las axiológicas. Las primeras se presentan cuando un supuesto de hecho no está regulado en manera alguna por la normatividad explícita existente en el sistema.

Las fuentes del derecho, con frecuencia, pueden interpretarse de manera que el supuesto fáctico se considere no regulado por una norma, o bien, que sí lo esté. La primera interpretación genera una laguna, mientras que la segunda la evita. En este sentido, las lagunas normativas no son defectos "objetivos" del sistema jurídico, sino que dependen de la interpretación. Esta interpretación puede tanto crearlas, como evitarlas. Las lagunas normativas y axiológicas se solucionan mediante normas explícitas que regulan los casos no previstos.

En todo proceso jurídico, el juez está obligado a resolver el conflicto del caso particular mediante una sentencia judicial. Ante la imposibilidad de negarse o abstenerse, debe encontrar una solución utilizando diversas metodologías para "llenar" el vacío o la laguna jurídica con distintas herramientas. Las más comunes son:

- *Derecho supletorio*: el juez recurre a la regulación de una rama del derecho similar que pueda aplicarse al caso. En este escenario, no existe una verdadera laguna jurídica, ya que hay una regulación aplicable por defecto.
- *Interpretación extensiva*: el juez amplía el alcance de una norma similar que cubre un tema parecido, de manera que abarque más situaciones de las que originalmente comprende, con el fin de suplir la falta de regulación existente.
- *Analogía*: el juez aplica normas diseñadas para situaciones esencialmente similares. En este caso, el juez crea una norma.

Además, el juez puede recurrir a otras fuentes del Derecho, como la costumbre o los principios generales del Derecho.

Las causas de las lagunas jurídicas son diversas y pueden surgir desde la creación de la norma o debido a la evolución de la sociedad, generando nuevos casos no contemplados en la ley. Algunos ejemplos son:

- *Nuevos casos no previstos*: se producen por omisión del legislador o por la evolución social y tecnológica. Un ejemplo es el alquiler de vientre en Colombia, una práctica que se realiza sin una ley que la regule. Otro ejemplo es el uso de la inteligencia artificial.
- *Incumplimiento de un mandato constitucional*: ocurre cuando el legislador no cumple con un mandato constitucional. Por ejemplo, el artículo 56 de la Constitución Política de Colombia garantiza el derecho de huelga, salvo en servicios públicos esenciales definidos por el legislador. Hasta la fecha, el legislador no ha desarrollado esta definición, creando una laguna legislativa.

- *Antinomias jurídicas*: se dan cuando hay contradicciones entre normas de igual jerarquía y los criterios para resolverlas no permiten la aplicación de ninguna de las normas en conflicto. Esto genera un vacío normativo, conocido como laguna de colisión, al invalidarse la norma existente que podría resolver el caso.

Ejemplos de laguna del derecho son innumerables en cualquier sistema jurídico como el colombiano, donde además de existir una dinámica social muy fuerte, los avances científicos y nuevas invenciones hacen que la norma siempre este rezagada.

Habría lagunas del derecho en los casos del uso de drones en el espacio aéreo, la práctica incluso a nivel comercial del alquiler de vientres, la aplicación de la inteligencia artificial frente a las normas de derechos de autor, la utilización de neurotecnología para hacer movimiento con el uso de la mente implantando microchips, etc. En los anteriores casos, existe un rezago normativo para reglar situaciones jurídicas concretas orientadas a su directa aplicación.

4.10.3. Intersticios del derecho

Tomando la definición literal de intersticio, se define como aquella hendidura o espacio normalmente pequeño, que media entre dos cuerpos o entre dos partes de un mismo cuerpo (RAE, 2024).

En términos jurídicos, la palabra "intersticial" es un adjetivo utilizado por Hart para describir el alcance limitado del poder judicial en la creación del derecho. Sin embargo, Rodena emplea este término de manera diferente, utilizándolo como un sustantivo que refiere a una zona situada fuera del área de certeza del derecho.

Rodena (2012) define esta problemática como una zona con límites borrosos, ubicada entre las pautas inequívocamente reconocidas como derecho y aquellas que claramente no lo son. La exploración de esta área de penumbra es el hilo conductor que articula tres temas centrales: la indeterminación del derecho, la validez jurídica y la crisis actual del positivismo jurídico.

Esta zona, descrita como un anillo o área de penumbra, se encuentra entre los estándares normativos claramente reconocidos como derecho y otros que claramente no lo son. Este fenómeno es un defecto generado por la falta de previsión del legislador.

En principio, un intersticio vendría a configurar una laguna o un vacío jurídico, debido a que a través de esta "fisura" ocasionada por una zona no regulada por el derecho, se generaría un anomia o espacio por el que el ciudadano se puede "colar" para evitar que se le aplique los efectos de una ley al no entrar dentro de sus previsiones determinados hechos, actos o conductas, quedando libre para aplicar la norma norma en la forma prevista por ella.

Un ejemplo podría ser el siguiente: una pareja del mismo sexo vive junta y decide adoptar un niño, pero la ley no prevé ni regula la adopción por parejas del mismo sexo porque, en el momento de su redacción, la legislación no contemplaba esta posibilidad. Esta omisión constituye un intersticio en la normativa.

La pareja homoparental interpone un recurso ante los tribunales argumentando que la falta de regulación específica sobre su derecho a formar una familia y adoptar un niño vulnera sus derechos constitucionales a la igualdad y no discriminación.

El tribunal, al interpretar la Constitución y los principios fundamentales de derechos humanos, puede determinar que, a pesar de la ausencia de regulación específica, la adopción por parejas del mismo sexo es legal y debe ser permitida para garantizar la igualdad de derechos y protección familiar. De esta manera, se llenaría el intersticio legal, creando un precedente judicial y sentando las bases para futuras decisiones similares, hasta que el legislador intervenga y regule explícitamente la materia.

La diferencia entre una laguna del derecho y un intersticio del derecho radica en el alcance y la naturaleza de las situaciones que cada uno describe dentro del ordenamiento jurídico:

Tabla No. 4. Las lagunas y los intersticios del derecho

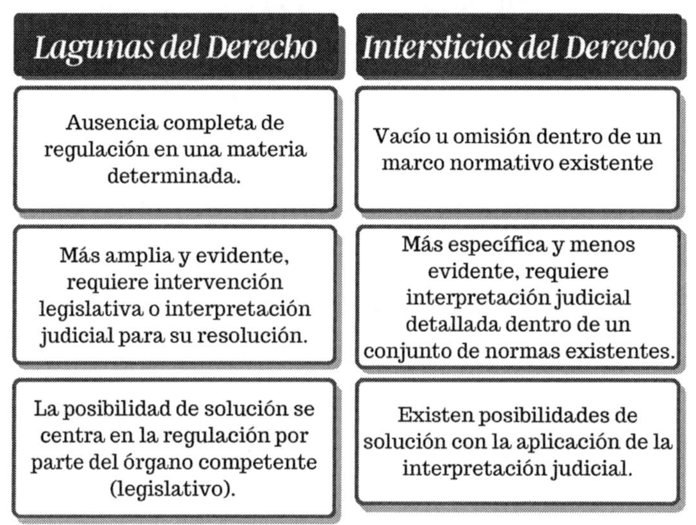

Lagunas del Derecho	Intersticios del Derecho
Ausencia completa de regulación en una materia determinada.	Vacío u omisión dentro de un marco normativo existente
Más amplia y evidente, requiere intervención legislativa o interpretación judicial para su resolución.	Más específica y menos evidente, requiere interpretación judicial detallada dentro de un conjunto de normas existentes.
La posibilidad de solución se centra en la regulación por parte del órgano competente (legislativo).	Existen posibilidades de solución con la aplicación de la interpretación judicial.

Fuente: Elaboración propia.

4.10.4. Las anomias

Se puede definir como aquella situación en la que dos normas del mismo sistema jurídico, que coinciden en los ámbitos temporal, espacial, personal y material de validez, establecen consecuencias jurídicas incompatibles entre sí para un determinado supuesto fáctico, lo que impide su aplicación simultánea.

Estas contradicciones ocurren cuando dos reglas jurídicas ofrecen soluciones normativas discordantes para el mismo caso. Los criterios de ley superior (*lex superior*), ley posterior (*lex posterior*), y ley especial (*lex specialis*) actúan como metarreglas que permiten resolver la mayoría de las antinomias utilizando pautas proporcionadas por el propio derecho.

Es importante precisar que no todas las antinomias se resuelven mediante el uso de ley superior, ley posterior y ley especial.

Debido a que la antinomia implica el choque de dos normas que serían incompatibles debido a su evidente contradicción y que no podrían ser aplicadas al mismo tiempo, la eliminación de esta problemática consistiría en la eliminación de una de las dos normas.

Un ejemplo hipotético de antinomia sería el siguiente: una norma 1 de derecho procesal que crea la obligación de entregar a un juez cualquier documento solicitado por este. Concomitante existe una norma 2 del mismo nivel de la norma 1 que indica que está prohibida la entrega de cualquier documento calificados como secretos de los que tuvieran conocimiento por razón de su cargo.

Las dos normas resultarían antinómicas y al ser del mismo nivel por lo que la aplicación del principio de *lex posterior* sería irrelevante, el *lex superior* no sería de aplicación y el *lex specialis* operaría en ambos sentidos.

4.10.5. La hiperinflación normativa

Debido a la denominada "tradición Santanderista", en Colombia se cree que las problemáticas sociales, económicas, políticas o de cualquier índole se solucionan con leyes, concepción que ha existido desde el siglo XIX dando lugar al fenómeno de hiperinflación en materia legislativa.

Por ejemplo, en materia tributaria o en el sector de la seguridad social, la abundancia de leyes y disposiciones a menudo resulta en la inobservancia de algunas, mientras que otras contribuyen a engrosar un expediente ya extenso.

La cantidad de normas que imperan para regular y controlar todo tipo de situaciones y desarreglos que se presentan en Colombia, se reflejan en las casi 2.500 leyes aprobadas desde 1992, después de la promulgación de la Constitución Política de 1991, cuando se inició una nueva contabilización de las leyes a partir de la Ley 01 de 1992 y se le siguió colocando la numeración de forma seguida.

Es decir, de acuerdo a este número de leyes aprobada en 33 *años, se tiene un promedio de 75 leyes por año, lo que indudablemente ha generado un proceso de inflac*ión normativa.

Además de las leyes que aprueba el Congreso de la República, habría que contabilizar todo tipo de normas de carácter inferior (decretos, resoluciones y circulares) expedidas por los ministerios, los departamentos administrativos, las superintendencias, las agencias, institutos y empresas industriales y comerciales del Estado. Se calcula que al año podrían ser más de 100.000 actos administrativos, y si se incluyen las ordenanzas departamentales, los acuerdos municipales y los actos administrativos de los funcionarios territoriales, la cifra puede llegar a ser sorprendente, por lo que se puede concluir que el sistema jurídico colombiano es una impenetrable e ininteligible maraña normativa que se convierte un reto para cualquier abogado y más aún para el ciudadano.

4.10.6. Obsolescencia normativa

Son aquellas normas que a pesar de seguir siendo válidas y vigentes (pues no se han derogado), son obsoletas y han caído en el desuso sin que ello implique su derogación.

El fenómeno de la obsolescencia provoca que una norma deje de aplicarse debido a cambios en la realidad social, económica, cultural, política o tecnológica del país. Este grupo incluye normas conocidas como anacrónicas o en desuso.

Según revisión realizada en 2017 por el gobierno colombiano de la época, se verificaron 11.819 normas luego de que un estudio encontró que 15.772 (10.686 leyes, 1.355 decretos leyes y 3.731 decretos legislativos) eran "potencialmente depurables" porque, en suma, ya no tenían ninguna aplicabilidad.

Ejemplos de algunas normas obsoletas:

- El artículo 4 de la Ley 8 de 1905 establece que al presidente de la República se le deberá llamar "Excelentísimo" y "Excelencia" según corresponda.
- La Ley 62 de 1887 prohíbe la importación de trabajadores chinos al territorio colombiano. Esta medida se adoptó debido a la gran cantidad de nacionales de ese país que llegaron para la construcción y operación de los ferrocarriles. Según registros históricos de la época, esta importación generó un problema de salud pública debido al aumento significativo de suicidios entre los migrantes, quienes sufrían por estar lejos de sus familias.
- El Acuerdo 1 de 1918 del Concejo de Bogotá prohíbe la mendicidad.
- La Ley 119 de 1919, en su artículo 21, obliga al Estado a enviar cada año a tres estudiantes al extranjero para formarse en prácticas de silvicultura.
- El artículo 697 del Código Civil permite a cualquier persona apoderarse de las palomas que lleguen desde el nido del vecino.
- El Decreto 2535 de 1955, que regula la prensa, prohíbe en su artículo 1° la publicación de informaciones, noticias, comentarios, caricaturas, dibujos o fotografías que, directa o indirectamente, impliquen falta de respeto hacia el presidente de la República o el jefe de Estado de una nación amiga, o que comprometan seriamente el normal desarrollo de las relaciones internacionales de Colombia.

- La Ley 48 de 1936 regula el tratamiento de vagos, maleantes y rateros, estableciendo responsabilidades para las personas declaradas como tales.
- La Ley 88 de 1923, que prohíbe la venta de bebidas alcohólicas a los menores de edad, a los enajenados y a los borrachos.
- La Ley 11 de 1920, que prohíbe la venta de jeringas y agujas sin formula médica. Actualmente se consigue en droguerías este tipo de materiales sin ninguna prescripción médica.
- La Ley 89 de 1890 regulaba cómo gobernar a los salvajes, en referencia a las étnias indígenas.
- La Ley 36 de 1875 concedió una pensión alimenticia a la viuda y huérfanos del militar de la independencia Manuel Vives de Agreda.

Para enfrentar esta situación, el Congreso de la República aprobó la Ley 2085 del 03 de marzo de 2021 impulsada por el Ministerio de Justicia de la época, la cual adoptó la depuración normativa de algunas normas desuetas, de decidió su pérdida de vigencia y se les derogó expresamente.

4.10.7. La reviviscencia normativa

La reincorporación o reviviscencia de normas derogadas por preceptos declarados inconstitucionales por la Corte Constitucional es una práctica que, si bien es continua, tiene una trayectoria con la creación de subreglas constitucionales por parte del citado tribunal.

Las decisiones de inconstitucionalidad, aunque con efectos generales hacia el futuro, tienen una repercusión importante sobre la vigencia de las normas derogadas, reactivando sus efectos para evitar vacíos normativos que podrían generar incertidumbre jurídica debido a la falta de una regulación adecuada.

Según la doctrina tradicional, adoptada en sus primeras decisiones por la Corte Constitucional,"la inexequibilidad de la expresión derogatoria implicaba la reincorporación de la normatividad derogada, predicable desde el momento en que se adopta dicha sentencia de inconstitucionalidad, dejándose con ello a salvaguarda las situaciones jurídicas consolidadas bajo la vigencia de la norma cuestionada, solución que resultaba, plenamente compatible con el efecto ordinario ex nunc de las sentencias judiciales, pues la reincorporación de la norma derogada no es incompatible con el reconocimiento de plenos efectos de la disposición declarada inexequible, desde su promulgación y hasta la sentencia de inconstitucionalidad" (Corte Constitucional, sentencia C-402 de 2010). Este mecanismo asegura la protección de las situaciones jurídicas consolidadas bajo la vigencia de la norma impugnada.

Así, esta solución es perfectamente compatible con el efecto común ex nunc de las sentencias judiciales. La reincorporación de la norma derogada no contradice el reconocimiento de los efectos completos de la disposición declarada inexequible desde su promulgación hasta el momento en que se emite la sentencia de inconstitucionalidad.

Ejemplo de reviscencia se constata en la sentencia C-113 de 2022 de la Corte Constitucional, mediante la cual declaró inexequibles varios artículos Decreto Ley 403 de 2020, "por el cual se dictan normas para la correcta implementación del Acto Legislativo 04 de 2019 y el fortalecimiento del control fiscal"; y declaró la reviviscencia del capítulo IV -artículos 90, 91, 92, 93, 94, 95, 96, 97, y 98- de la Ley 42 de 1993, "sobre la organización del sistema de control fiscal financiero y los organismos que lo ejercen".

Capítulo 5

El derecho y la moral

5.1. DESCRIPCIÓN Y ALCANCE DE LOS CONCEPTOS

El derecho tiene como centro de atención la conducta humana que se proyecta en las relaciones con los demás miembros de una sociedad, muy diferente al ámbito religioso donde rigen normas que regulan aspectos éticos y morales.

Las normas jurídicas tienen una estructura atributiva e imperativa, lo que implica la existencia de una reciprocidad entre derechos y deberes, pues si tengo un derecho, todos los demás tienen la obligación de respetarlo. Si existe una norma que me otorga el derecho a la vida -lo que implica que ni el Estado ni ninguna persona puede afectarla-, existe un deber correlativo que nace de dicho derecho y que entraña mi deber de respetar la vida de los demás. Es como una moneda que tiene dos caras: el derecho y el deber.

Gráfico No. 7. Estructura del derecho – deber

Norma que penaliza el homicidio

Derecho a la vida

Deber de respetar la vida de todos los demás

Fuente: Elaboración propia.

Esta correlación presente en las normas jurídicas, no son propias de las normas morales, ya que ellas se caracterizan por presentar una estructura puramente imperativa. Tanto en la norma moral como en la jurídica las obligaciones son comunes. Sin embargo, los derechos (que implican una facultad o potestad) son cualidades específicas de la ciencia jurídica, no de la moral.

En el escenario de la filosofía del derecho existe una problemática que sigue siendo muy actual: la distinción entre el derecho y la moral. ¿Es posible afirmar que todas las normas jurídicas están ubicadas en el plano moral? ¿La moral estaría presente en las normas de todo sistema jurídico?

Para responder a tales cuestionamientos se debe anotar inicialmente que todo sistema jurídico refleja necesariamente una relación de sus normas con los valores y las aspiraciones morales de una determinada sociedad, cuyas élites políticas detentadoras de poder han decidido directa o indirectamente la inclusión en menor o mayor grado de tales normas.

La inclusión de la moral en el derecho ayuda a resolver algunos problemas, pero también crea varios inconvenientes que sería posible sortear si se siguiera la tesis positivista de la separación. Los problemas que la inclusión moral pueden llegar a solucionar son, en primer lugar, el problema de las evaluaciones básicas que se encuentran al fundamentalizar y justificar el derecho; en segundo lugar, el problema de realizar la pretensión de corrección en la creación y la aplicación del derecho y, en tercer lugar, el problema de los límites del derecho (Alexy, 2008, pág. 47).

El derecho y la moral están íntimamente relacionados, pero son órdenes normativos distintos no equiparables, por lo que es necesario establecer sus diferencias y la forma como se relacionan (Nino, 2013).

La norma moral supone la conciencia de un deber o de una determinada conducta que se debe observar y, en caso de desobedecerla, conllevaría un reproche interno de carácter moral.

En la mayoría de las sociedades occidentales -entre las que se encuentra Colombia-, muchas normas morales son también normas jurídicas, como por ejemplo la prohibición de robar, de matar o de lesionar a alguien, solo por citar algunos casos.

Gráfico No. 8. Norma positiva – norma moral

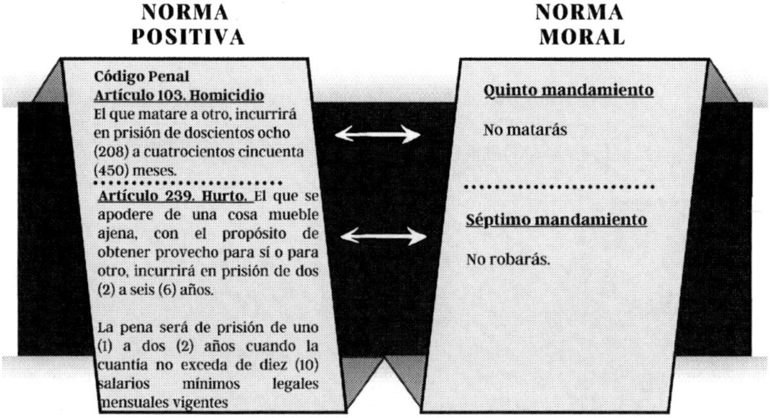

NORMA POSITIVA

Código Penal
Artículo 103. Homicidio
El que matare a otro, incurrirá en prisión de doscientos ocho (208) a cuatrocientos cincuenta (450) meses.
Artículo 239. Hurto. El que se apodere de una cosa mueble ajena, con el propósito de obtener provecho para sí o para otro, incurrirá en prisión de dos (2) a seis (6) años.
La pena será de prisión de uno (1) a dos (2) años cuando la cuantía no exceda de diez (10) salarios mínimos legales mensuales vigentes

NORMA MORAL

Quinto mandamiento
No matarás
Séptimo mandamiento
No robarás.

Fuente: Elaboración propia.

Esta equivalencia es mayor en algunos sistemas jurídicos como los religiosos. Es el caso de los países con incidencia del Corán en sus normas de convivencia, en donde se aplica con rigor la denominada “Sharía” o ley religiosa islámica, que regula todos los aspectos públicos y privados de la vida de sus ciudadanos.

Dependiendo del Estado y el momento histórico, la incidencia de la moral en sus normas será mayor o menor, buscando que el Estado sea el garante del orden social. Por ello en ocasiones, ciertos comportamientos con fuerte componente moral pueden ser catalogados como perturbadores de ese orden.

Esto se constata en la tipificación de conductas que para una época determinada constituían fuertes alteraciones a la moral y buenas costumbres que debían ser sancionadas por el Estado y que al cabo de varios años son suprimidas de las legislaciones.

Ejemplo de ello es el estupro o las relaciones homosexuales que en Colombia se castigaban por cuenta de su tipificación en el Código Penal de 1936. Su penalización era reflejo de una sociedad fuertemente conservadora que consideraba sancionables tales conductas, que si bien eran personales y no afectaban directamente a un tercero, se consideraban que iban en contra de la moral y las buenas costumbres.

Tabla No. 5. Normas morales contenidas en el Código Penal de 1936

Código Penal de 1936	
Del estupro	Artículo 324. El que ejecute sobre el cuerpo de una persona mayor de diez y seis años un acto erótico-sexual, diverso del acceso carnal, empleando cualquiera de los medios previstos en los artículos 319 y 322, está sujeto a la pena de seis meses a dos años de prisión. En la misma sanción incurren los que consumen el acceso carnal homosexual, cualquiera que sea su edad.
De los abusos deshonestos	Artículo 324. El que ejecute sobre el cuerpo de una persona mayor de diez y seis años un acto erótico-sexual, diverso del acceso carnal, empleando cualquiera de los medios previstos en los artículos 319 y 322, está sujeto a la pena de seis meses a dos años de prisión. En la misma sanción incurren los que consumen el acceso carnal homosexual, cualquiera que sea su edad.

Fuente: Elaboración Propia.

La exteriorización en acciones de esos comportamientos son los que vendrían a ser regulados (o castigados) por la norma jurídica, excluyendo aquellos actos que solo son intencionales.

Estos pertenecerían a la esfera íntima del individuo a la que pertenece lo moral.

Por ejemplo, si un individuo tiene la intención de matar a alguien por algún motivo personal, mientras no se inicie la ejecución de sus actos en hechos dirigidos hacia la violación de la norma -en derecho penal denominado el *iter criminis*, o camino del delito-, no existirá la violación de la regla con la aplicación de la sanción. En materia moral o religiosa, tal vez pueda existir un reproche por tener tales pensamientos, pero desde lo jurídico no existirán consecuencias.

Un cuestionamiento que surge es, en qué momento una comunidad decide qué comportamientos son atentatorios contra bienes que se consideran valiosos. Eso depende de cada momento histórico y de muchos factores sociológicos.

Es muy común que en las sociedades se presente disparidad de criterios morales; es decir, que una parte de los individuos estén de acuerdo con prohibir y sancionar ciertas conductas y otros no. En estos casos, las fuerzas políticas que representan al mayor número de ciudadanos en el órgano legislativo serán las encargadas de llevar a cabo o no tal reglamentación.

La anterior situación se evidencia en Colombia, donde el Congreso de la República no ha acatado las decisiones de la Corte Constitucional, que le ordenó reglamentar ciertas conductas que fueron despenalizadas (como el aborto, la eutanasia y el consumo de la dosis mínima) o que reconocía derechos a ciertas personas (matrimonio entre parejas del mismo sexo o adopción homoparental).

Esta falta de regulación de temas con un alto componente moral genera un vacío normativo. El Congreso no ha asumido la responsabilidad de legislar temas fundamentales que implican el reconocimiento de libertades y que tienen de trasfondo aspectos fuertemente controversiales desde lo moral, lo que ha convertido en temas tabú intocables.

Esta particular situación se podría explicar por el temor de los congresistas a perder el apoyo ciudadano y a un eventual castigo en las urnas, por parte de una población bastante conservadora que no ve con buenos ojos estas prácticas que han sido despenalizadas por el alto Tribunal constitucional.

5.2. CARACTERÍSTICAS DE LAS NORMAS MORALES

Las normas morales se caracterizan por ser unilaterales, en tanto que el derecho es bilateral; la moral gobierna el ámbito interno, mientras que el derecho es externo; la norma jurídica presenta la posibilidad de ser coercible, es decir, es posible hacerla cumplir mediante la fuerza, mientras que en la moral esta posibilidad es inexistente.

Las reglas morales se diferencian de las normas jurídicas porque las primeras son unilaterales y las segundas bilaterales; esto es, que las morales no tienen otra persona que garantice su cumplimiento y las normas jurídicas existe alguna autoridad "facultada para reclamarle la observancia de la misma" (García, 2000, pág. 15).

García (2000) considera que la moral posee un carácter interno cuando las personas tienen normas de conductas propias y es exterior cuando debe ser practicado en la sociedad. El derecho por su parte es exterior bajo el juicio de legalidad y su cumplimiento, pero es interno al momento en el que individuo hace un juicio frente al cumplimiento de esa norma (si es buena o mala).

Por otra parte, León Petrasizky (2017), advierte que los preceptos del derecho son normas imperativas-atributivas, y la moral es exclusivamente imperativas. Esto es, que las primeras imponen deberes, las cuales conceden facultades (derecho en sentido subjetivo) y las segundas imponen deberes, pero no configuran derechos.

La autonomía es una característica de la moral, ya que es el cumplimiento de las normas por la libre voluntad; por otra parte, la heteronomía, es la observancia de las normas jurídicas por causa de la fuerza legítima y externa.

Existe una diferencia básica entre el derecho y la moral: el primero es coercible mientras que la moral no. Lo que distingue uno de otro es la coercibilidad. El derecho obliga al cumplimiento de la norma, incluso por la fuerza. La moral no.

La característica de la coercibilidad ocupa únicamente a la esfera del derecho, debido a que, por medio de la fuerza legítima que ejerce la autoridad, puede generar que las normas del ordenamiento jurídico sean observadas y cumplidas, tanto por acción como por omisión.

García (2000) entiende por coercibilidad como la posibilidad de cumplir la norma, no por voluntad propia, sino por una fuerza externa que impone ese hecho so pena de sanciones. En eso se diferencia el derecho de la moral: el primero es coercible, mientras que el segundo no lo es, pues depende exclusivamente de que el hombre actué por voluntad propia, exteriorizando sus intenciones y propósitos.

Por otro lado, la incoercibilidad es una característica presente en la moral, pues nace exclusivamente de un acto voluntario y libre, y cualquier forma de coerción nace de un agente externo, lo cual según el autor generaría una transformación de moral a derecho casi automática (Gaviria, 2014).

La moral pertenece al mundo de la conducta espontánea, a los comportamientos que realizan a diario las personas. No es posible concebir como acto moral el que es efectuado por la fuerza o la coacción. Nadie puede ser bueno por la violencia.

Existen actos jurídicamente lícitos que no lo son desde el punto de vista moral. El derecho llega a regular muchas materias que no son necesariamente morales, como por ejemplo las normas procesales o las tributarias. Asimismo, buena parte de las normas jurídicas tienen un componente moral muy fuerte, como lo son los derechos humanos, los derechos fundamentales, las normas de tipo coercitivo o las penales.

En los sistemas jurídicos, las normas deben seguir determinados principios morales y de justicia que generalmente tienen una validez universal, independientemente que ellos sean aceptados o no por la sociedad en que tales normas se aplican (Nino, 2013).

Los jueces aplican en la práctica en sus decisiones, no sólo normas jurídicas sino también normas y principios morales. En Colombia se verifica esta práctica en múltiples providencias de la Corte Constitucional que presentan importantes valoraciones morales, como las sentencias del aborto, la eutanasia, o el suicidio asistido entre muchas otras.

En estos temas, la Corte ha debido recurrir a principios morales para resolver cuestiones que no están claramente resueltas en la normatividad jurídica. *A contrario sensu*, los jueces deben negarse a aplicar aquellas normas jurídicas que contradicen radicalmente principios morales o de justicia fundamentales.

El derecho debe enfrentar el trabajo de formular principios de justicia que sean aplicados a diferentes situaciones consideradas jurídicamente relevantes y evaluar si tales las normas jurídicas vigentes, pueden ser interpretadas en la dirección del cumplimiento de dichos principios.

5.3. HANS KELSEN Y LA MORAL

En la ya citada Teoría Pura del Derecho, obra cumbre del jurista austríaco, la relación entre el derecho y la moral es ampliamente desarrollada a lo largo de obra, partiendo de una visión muy kantiana sin dejar atrás su positivismo. Afirma que las normas sociales que no hacen parte de un ordenamiento jurídico son la moral, y la ciencia que las estudia debe llamarse ética (Kelsen, 2009, pág. 61).

El orden social conocido como moral se compone de normas que determinan una cierta forma de conducta, pero no prevé mecanismos coactivos para sancionar los comportamientos que no se ajustan a dichas normas. En contraste, en el ámbito del derecho, la obligación jurídica de actuar conforme a una norma se refuerza con la posibilidad de imponer sanciones frente al incumplimiento.

Kelsen, influido por el criterio tradicional desarrollado por Kant para diferenciar entre derecho y moral, profundiza en esta distinción. Según este enfoque, la moral es autónoma porque surge del propio individuo y está relacionada con los motivos internos de la conducta, es decir, con la regulación del comportamiento desde el interior. La efectividad de la moral depende del grado de aceptación y cumplimiento voluntario de las normas morales por parte del agente.

La filosofía moral kelseniana constituye un ataque a la idea misma de razón práctica, a la que él considera una discordancia o absurdo, cargado de presupuestos religiosos y metafísicos.

Kelsen admite que los juicios de valor morales son accesibles a la cuestión de la verdad y, al mismo tiempo, rechaza que los valores sean susceptibles de fundamentación racional.

Para el jurista austríaco, los valores morales se componen de normas, por lo que los juicios de valor morales son evaluaciones de la concordancia de un objeto (una acción, una situación) con una norma específica, siendo por tanto juicios objetivos.

Estos juicios de valor moral no prescriben acciones, sino que describen una relación de correspondencia entre un objeto y una norma, y tienen así un carácter descriptivo. Por ello, una vez se admite la validez de una norma determinada, se puede discutir si el juicio de valor moral basado en esa norma es verdadero o falso. Si el acto en cuestión concuerda con la norma establecida, el juicio será verdadero; si no, será falso.

Para Kelsen, tanto las normas como los mandatos son el sentido de actos de voluntad, lo que significa que su existencia depende de la realización de dichos actos de voluntad. Así, las normas morales son el resultado de decisiones colectivas que reflejan una combinación variable de intereses, sentimientos y prejuicios.

Kelsen dijo en la Teoría pura del derecho:

> El derecho positivo y la moral son dos órdenes normativos distintos uno del otro. Esto no significa que sea menester renunciar al postulado de que el derecho debe ser moral, puesto que, precisamente, sólo considerando al orden jurídico como distinto de la moral cabe calificarlo de bueno o de malo (Kelsen, 2009, pág. 45).

Para este autor, el derecho positivo puede en ocasiones delegar en la moral el poder de determinar la conducta a seguir. Sin embargo, desde el momento en que una norma moral es aplicada por mandato de una norma jurídica, se convierte automáticamente en norma jurídica. Inversamente, puede suceder que un orden moral prescriba la obediencia al derecho positivo.

Según la teoría kelseniana, ¿Qué diferencia habría entre el derecho y la moral como órdenes de conducta? Desde su punto de vista coincide con buena parte de la ciencia jurídica del siglo XIX, admitiendo con ello ser un seguidor de Kant. La moral es autónoma, se relaciona con los motivos de la conducta y regula el comportamiento humano interno y es impuesta por el propio agente.

Por otro lado, el derecho se caracteriza por su heteronomía, ya que las normas que lo componen regulan la conducta externa de los sujetos y son impuestas por un agente ajeno a ellos, es decir, el parlamento, congreso o el ejecutivo.

Mientras que la eficacia de las normas jurídicas se aplica al sujeto independientemente de su voluntad (quiera o no quiera), las normas morales dependen del acatamiento individual, de tal forma que el sujeto las convierte en propias a través de un acto de reconocimiento; es decir, la norma moral es el resultado de un proceso mental de objetivación.

Kelsen dejó quieto este tema del derecho y la moral hasta 1960 cuando lo retomó en la segunda edición de la Teoría Pura del Derecho, donde critica algunos puntos de vista más extendidos de la ciencia jurídica. Sostuvo en ese momento que no es correcto afirmar que la moral se limita a prescribir la conducta interna y el derecho positivo la conducta externa, sino que las normas de los dos órdenes pueden prescribir indistintamente juntos tipos de conducta: la moral prescribe conductas externas en la misma medida en que lo hace el derecho positivo, y este puede convertirse en objeto de juicio no solo de actos externos, sino también la actitud o el sentir sicológico de los infractores.

En su publicación *Allgemeine Theorie der normen* (Teoría General de las normas), el autor va aún más lejos al señalar que tanto la moral como el derecho son sistemas en parte autónomos y en parte heterónomos, lo que supone un cambio bastante más significativo con respeto a la posición que defendió anteriormente. En ambos sistemas existe heteronomía ya que sus normas no son establecidas por sus destinatarios, sino por una autoridad legislativa o por un orden consuetudinario

Kelsen rechaza la distinción entre el derecho y la moral basada en la afirmación kantiana de que el comportamiento moral consiste en obrar dejando al margen los intereses e inclinaciones individuales, ya que señala que esto mismo vale también para el derecho positivo. El derecho suscita en los individuos el interés de actuar para evitar una sanción, pues el miedo a la pena genera un interés egoísta en la dirección de reprimir el impulso de satisfacer intereses similares.

Afirma que las normas de una moral que únicamente tenga en cuenta el motivo de la conducta son incompletas y solo adquiere sentido normativo pleno si se unen a otras normas que prescriben la conducta debida. Es decir, el obrar moral exige que junto al motivo de conducta se tenga en cuenta su contenido que ha de ser conforme con una norma moral. En consecuencia, en los juicios morales no es posible separar el motivo de la conducta motivada.

5.4. LOS JUECES Y EL USO DE LA MORALIDAD EN SUS DECISIONES

Los jueces como funcionarios públicos que administran justicia, deben directamente enfrentar varios retos al momento de resolver problemáticas de índole jurídica mediante decisiones judiciales, especialmente cuando encuentran lagunas jurídicas, para lo cual utilizan en algunos casos la moralidad, especialmente para resolver conflictos en donde se vean involucrados con derechos fundamentales.

Inicialmente el juez va tan lejos como pueda llegar utilizando la norma jurídica.

Luego, si se encuentra con una laguna procede a actuar discrecionalmente. Para ejercer esta discrecionalidad, el juez puede llegar a utilizar razones morales para resolver el conflicto y al hacerlo crea una nueva norma jurídica.

Los jueces colombianos, como seres humanos normales que tienen contacto directo con el mundo real ya sea personalmente, a través de los medios de comunicación o las redes sociales, pueden tomar posiciones subjetivas de acuerdo a su formación o forma fe pensar, por lo que ineludiblemente en algún momento la objetividad que debe primar en sus decisiones puede tener un sustrato de subjetividad, con lo cual la moralidad puede tener incidencia sobre ellos, principalmente en los casos de interpretación y aplicación de normas principialísticas que son abiertas y pueden dar lugar a mayor flexibilidad.

En el caso colombiano, desde la puesta en vigencia de la Constitución de 1991, el juez constitucional tomó un gran poder en virtud de su función de defensa de la Carta Política y de los derechos fundamentales. En virtud de las competencias asignadas por la Constitución en el artículo 241 y en el artículo 94 (posibilidad de creación de derechos innominados o derecho pretoriano).

Es así como desde el inicio de su actividad, la Corte Constitucional ha aplicado diversos argumentos extrajurídicos, a veces de carácter moral, religioso o de otra índole, para solucionar problemas constitucionales diversos.

Son muchísimos los casos que se pueden citar como ejemplos de jurisprudencia con un fuerte componente moral. Dentro de los precedentes jurisprudenciales de la Corte, se puede citar la sentencia C-224 de 1994 con ponencia de Jorge Arango Mejía, la cual demandó por inconstitucional el artículo 113 del Código Civil que dice: "La costumbre, siendo general y conforme con la moral cristiana, constituye derecho, a falta de legislación positiva".

En ese fallo, la Corte abordó el concepto de moral, así como la moral cristiana, y declaró la exequibilidad de la norma con el argumento de que la expresión "moral cristiana", al igual que la moral social o general, podría tener validez como fuente de derecho en casos excepcionales. Esto ocurriría cuando una costumbre no esté alineada con la moral general del país, pero sí sea coherente con la moral particular de un grupo étnico o cultural específico.

Otro argumento muy importante es que la Constitución de 1991 no es contraria a la moral cristiana. Si bien la Constitución no se vincula con ningún credo, la norma demandada no podría ser contraria a la Carta, pues ella reconoce la moral de las mayorías, es decir, la Corte reconoce que la mayor parte del pueblo colombiano es católico.

Otro ejemplo se tiene en la sentencia C-404 de 1998 (magistrados ponentes Carlos Gaviria Díaz y Eduardo Cifuentes Muñoz) con ocasión de una demanda de inconstitucionalidad contra el tipo penal incesto.

El fondo de esta problemática consistió en analizar si el incesto es una acción privada que no ofende siquiera la moralidad pública, sino que únicamente concierne a la moral individual y viola el derecho a la libertad personal o si, por el contrario, el Estado está facultado para sancionar penalmente por ir en contra de la moral pública.

La Corte analizó si los argumentos morales podían o no ser fundamento de la decisión judicial. La decisión hizo una definición de moralidad pública en los siguientes términos:

> La moralidad pública que puede ser fuente de restricciones a la libertad, es aquella que racionalmente resulta necesario mantener para armonizar proyectos individuales de vida que, pese a ser absolutamente contradictorios, resultan compatibles con una democracia constitucional y que, adicionalmente, es indispensable para conjugar la libertad individual con la responsabilidad y la solidaridad que hacen posible este modelo constitucional. En este sentido, la moralidad pública articula en el plano secular un modo de ser y de actuar que no puede soslayar la persona, portadora de derechos, que es, al mismo tiempo, sujeto individual y miembro de una comunidad (Sentencia C-404 de 1998 Ms.Ps. Carlos Gaviria Díaz y Eduardo Cifuentes Muñoz).

Para resolver el problema jurídico, la Corte tuvo que fundamentar su decisión en la validez constitucional del criterio de moralidad pública que subyace en la norma que sanciona las relaciones sexuales entre parientes cercanos, lo cual por sí solo no justificaría su exequibilidad.

Como argumento complementario al histórico e institucional, se sostuvo que la práctica del incesto está asociada a una serie de daños que afectan tanto a la sociedad como a los individuos. Esto refuerza la idea de que la sociedad y el Estado sí tienen un interés legítimo en regular esta conducta sexual, y que, en principio, tales regulaciones no pueden ser vistas como interferencias indebidas en la autonomía del individuo y su vida privada.

Otra importante decisión donde se evidencia claramente un vínculo con la moralidad, fue el de la sentencia C-013 de 1997 M.P. José Gregorio Hernández Galindo, en la que la Corte acudió a la encíclica *Humanae Vitae*, dictada por el papa Pablo VI para justificar la constitucionalidad del delito de aborto.

Con la posterior despenalización parcial realizada mediante la sentencia C-355 de 2006 Ms. Ps. Jaime Araújo Rentería y Clara Inés Vargas Hernández, el debate se reabrió después de haber fallado la sentencia C-133 de 1994 M.P. Antonio Barrera Carbonell, ya que varios sectores argumentaron razones morales y religiosas para justificar o exigir restricciones a los derechos fundamentales o para imponer barreras para el goce de derechos reconocidos.

En consecuencia, en el fondo la decisión sí tuvo en cuenta un criterio moral para declarar la exequibilidad de la norma. Además de las anteriormente citadas, la Corte ha proferido decenas de sentencias en las que el tema moral es el centro de discusión (como la despenalización del consumo de la dosis personal, del aborto, la eutanasia, el suicidio asistido, el matrimonio entre parejas del mismo sexo o la adopción homoparental) y ha debido tomar posiciones muy defensoras de derechos fundamentales para efectivizar la Constitución de 1991.

Por último, se puede constatar que el Congreso colombiano ha querido crear penas más duras para ciertos delitos (violación a menores, violación a mujeres, trata de seres), con base en argumentos morales. Incluso, el argumento moral ha sido el fundamento constitucional de actos legislativos dirigidos a prohibir el aborto pero que hasta el año 2024 no han tenido éxito.

Capítulo 6

Las fuentes del derecho

6.1. CONCEPTUALIZACIÓN

De acuerdo con el diccionario de la Real Academia Española, la palabra "fuente" proviene del latín "*fons*" y en su primera acepción se refiere a un "manantial de agua que emerge de la tierra", representando así una fuente esencial de vida. Esta definición evoca la idea de un punto de inicio, base o raíz de algo, en un contexto que supera la simple causalidad lineal.

Savigny define fuente jurídica como la causa de nacimiento del derecho general, tanto de las instituciones jurídicas como de las reglas jurídicas (Savigny, 2005).

De otra parte, para Kelsen, las fuentes serían las propias normas jurídicas, en cuanto sirven de fundamento de validez al proceso de creación normativa. En su obra cumbre La Teoría Pura del Derecho, el autor vienés expresa taxativamente que

> ...las normas generales son creadas por vía estatutaria y no por costumbre. Se tiene por establecida una norma general cuando ha sido creada de modo consciente por un órgano central, y por consuetudinaria cuando ha sido creada de manera inconsciente y descentralizada por los propios sujetos de derecho. Se dice de estos dos modos de creación de las normas jurídicas que son "fuentes" del derecho, pero esta imagen es equívoca, porque puede también designar el fundamento último de la validez de un orden jurídico, a saber, su norma fundamental (Kelsen, 2009).

Además, se señala que, en su sentido más amplio, cualquier norma, ya sea general o específica, constituye una fuente de derecho en tanto que de ella emergen deberes, responsabilidades o derechos subjetivos. Debido a las múltiples interpretaciones que puede adoptar, Kelsen considera que el término "fuente del derecho" resulta inadecuado. Por este motivo, en lugar de emplear esta metáfora, es más apropiado abordar y definir de manera explícita y directa cada uno de los problemas a tratar.

Aftalión, reconocido doctrinante argentino expresa que:

> Las fuentes como aquellos hechos a los que se les reconoce, en un grupo o comunidad jurídica, la virtud de introducir (o sustraer) normas y, complementariamente, políticas, principios o valoraciones que son utilizados por los mismos miembros de la comunidad o por los órganos establecidos para ello (jueces y tribunales) a fin de determinar el sentido de las conductas de sus miembros y los comportamientos que deben observarse, inclusive en los casos de controversia (Aftalión et al., 1999, pág. 571).

Otro importante autor como lo es García Máynez, se refiere a fuentes formales como procesos de manifestación de normas jurídicas.

La fuente del derecho se refiere a toda aquella tradición pasada, acto o evento que sirve para crear, modificar o extinguir las normas o reglas jurídicas aplicables en un Estado determinado. Es donde surge o nace el derecho que debe ser aplicado a un problema jurídico determinado con el fin de darle solución.

Las fuentes del derecho varían según el marco jurídico de cada país, pero comúnmente incluyen tratados, constituciones, códigos, costumbres, el derecho natural, la jurisprudencia y las entidades que emiten las normas. En el contexto del derecho positivo, el término "fuentes" a menudo alude a una estructura teórica más que práctica de las diversas reglas que prohíben, permiten o regulan las conductas humanas en pos de los objetivos sociales. Se refiere, por tanto, a los resultados de la autoridad humana que son reconocidos como elementos jurídicos.

6.2. IMPORTANCIA DEL ESTUDIO DE LAS FUENTES

Para los estudiantes de primer año de la carrera y en general para los profesionales del derecho e investigadores de la ciencia jurídica, el estudio de las fuentes del derecho es una temática muy importante para orientar aspectos esenciales dentro del ejercicio profesional del abogado.

En general, el estudio de las fuentes sirve para:

- Proporcionar la orientación para resolver casos litigiosos
- Determinar la forma de aplicación del derecho en un sistema jurídico determinado
- Establecer un orden de aplicación de las fuentes para la resolución de problemas con relevancia para el derecho
- Constatar la forma como las fuentes encauzan las manifestaciones vitales de los integrantes de la sociedad.

6.3. CLASIFICACIÓN DE LAS FUENTES DEL DERECHO

La temática de la clasificación de las fuentes del Derecho, ha sido tradicionalmente uno de los aspectos más abordados en la Teoría General del Derecho, al punto que se han creado diversas tipologías para su distinción según la visión de cada tratadista.

Así, por ejemplo, Bobbio (1997) las clasifica entre fuentes directas e indirectas; Torré (1965) en generales y particulares, Carlos Nino (20011) las divide en fuentes espontáneas y deliberadas; y Martínez Roldán (1999) entre fuentes internas y externas, estatales y no estatales y escritas y no escritas.

A continuación, se desarrollarán algunas clasificaciones:

6.3.1. Fuentes directas e indirectas

Las fuentes directas son aquellas hacen referencia en sí a las normas jurídicas que se aplican a un caso determinado. En este sentido, serían fuentes directas la constitución, la ley, los decretos, las resoluciones, los acuerdos y en general, cualquier composición normativa que haya sido expedida por un órgano competente.

De otra parte, las fuentes indirectas son aquellas que no contienen normas jurídicas de manera explícita o inmediata, pero ayudan a interpretarlas, explicarlas o aplicarlas En este grupo harían parte la jurisprudencia, la doctrina, los principios generales del derecho, la analogía y la equidad.

Gráfico No. 9. Fuentes directas e indirecta

Fuentes directas	Fuentes indirectas
La constitución	La jurisprudencia
Las leyes	La doctrina
Los decretos	Los principios generales del derecho
Las resoluciones	La analogía
Las ordenanzas	La equidad
Los acuerdos	
Las circulares	

Fuente: Elaboración propia.

6.3.2. Fuentes formales y fuentes materiales

Las fuentes materiales se refieren a los eventos o hechos que han sido parte de la historia o de fenómenos sociales, económicos y políticos que incidieron directamente en el contenido, la formulación o la modificación de una norma jurídica, o que explican su origen. Como fuente formal estarían los antecedentes o exposiciones de motivos de las leyes, las actas de la Asamblea Nacional Constituyente, los cuerpos normativos de carácter histórico como el código de Napoleón, el Código de Hammurabi, etc.

Las fuentes materiales por su parte, se consideran aquellos libros, textos, documentos, artículos, ponencias o cualquier documento que en su contenido aloja, explica, interpreta o contextualiza el alcance de una norma. Ejemplo de estas fuentes son la legislación, la jurisprudencia, la costumbre, la doctrina, los principios generales del derecho.

En la sentencia C-104 de 1993 (M.P. Alejandro Martínez Caballero), la Corte Constitucional de Colombia también asumió la clasificación de fuentes en materiales y formales. Definió a las primeras como aquellos hechos y circunstancias que generan la producción del derecho, tales como los eventos sociales, económicos o políticos. En cuanto a las fuentes formales, estas se refieren a los mecanismos a través de los cuales se expresa el derecho. Entre los ejemplos de fuentes formales están la ley -en su sentido material-, la jurisprudencia, la costumbre, la equidad, los principios generales del derecho y la doctrina.

6.4. LAS FUENTES DE DERECHO EN COLOMBIA

La Constitución de 1886 -anterior a la actual de 1991-, planteaba la supremacía constitucional de forma implícita y aparente a partir de su propia vigencia, lo cual se deducía del texto del artículo 210 que expresaba:

> *Artículo 210*: La Constitución de 8 de mayo de 1863, que cesó de regir por razón de hechos consumados, queda abolida; e igualmente derogadas todas las disposiciones de carácter legislativo contrarias a la presente Constitución.

La supremacía provenía de manera más clara desde el nivel legal, específicamente reglada en la Ley 153 de 1887 que en su artículo 9° decía:

> *Artículo 9*. La Constitución es ley reformatoria y derogatoria de la legislación preexistente. Toda disposición legal anterior a la Constitución y que sea claramente contraria a su letra o a su espíritu, se desechará como insubsistente.

En tal sentido, el texto de la Constitución era un cuerpo normativo cuya jerarquía no provenía de un mandato explícito de dicha Carta. La supremacía constitucional apenas estaba mencionada en el artículo 4° del Código Civil adoptado por la Ley 57 de 1887, que en el artículo 10 titulaba "Primacía Constitucional", pero en el texto de tal norma no se desarrollaba dicha temática, sino el orden de prevalencia de los códigos nacionales en caso de incompatibilidad y contradicciones. El sistema de las fuentes en realidad no existía como sistema, sino que se mencionaban algunas de las fuentes de manera separada, como la jurisprudencia (art.4° Ley 153 de 1887), la equidad (art.5° Ley 153 de 1887) y la costumbre (art.13 de 1887).

Ahora, con la Constitución Política colombiana de 1991, se estableció un verdadero sistema de fuentes taxativo y plenamente organizado, consagrado en los artículos 4° y 230 que expresan literalmente:

Gráfico No. 10. Fuentes del derecho en la C.P. de 1991

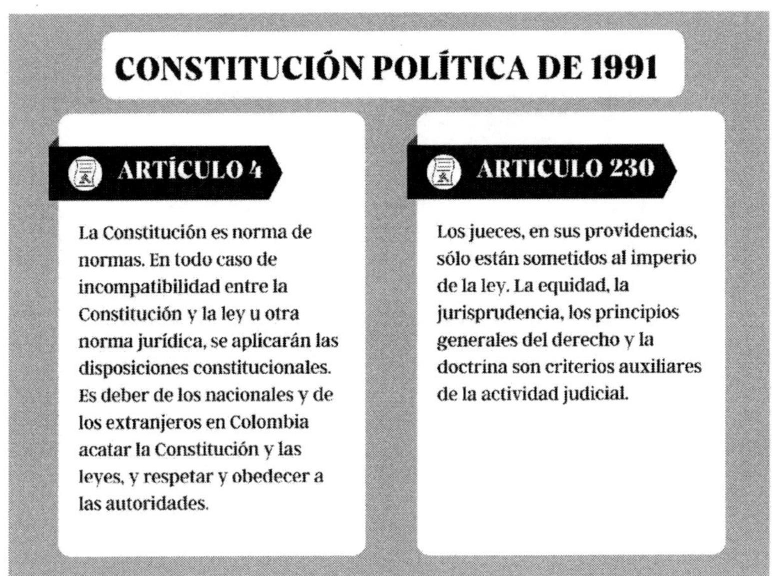

Fuente: Elaboración propia.

La ordenación de las fuentes del derecho consagradas en las citadas normas constitucionales, reflejan el papel central de la Constitución de 1991 y de la ley como base del principio de jerarquía, el cual es connatural al Estado de derecho. El sistema de fuentes sufrió un gran cambio con la Carta Política vigente, ya que ella fue consagrada como *norma normarum*, es decir, como norma de normas o norma suprema.

El gran cambio que dio en el actual sistema fue el de consagrar en el nivel constitucional las fuentes del derecho, divididas en principales y auxiliares

Gráfico No. 11. Fuentes del derecho en Colombia

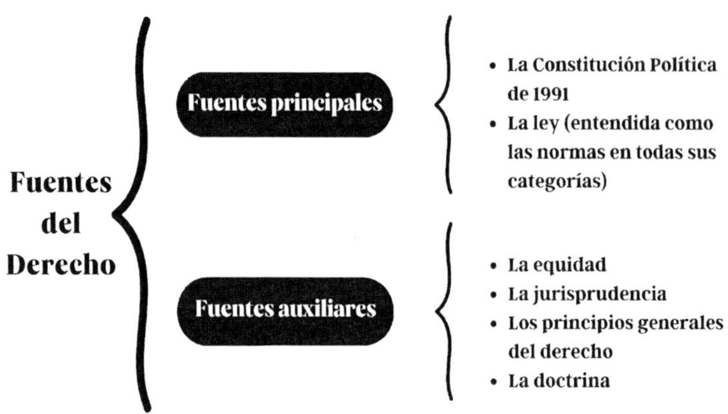

Fuente: Elaboración propia.

6.4.1. Las fuentes principales de derecho

Es aquel repositorio de normas de nivel superior a las que el juez debe acudir de manera inmediata y directa, para tratar de resolver los problemas de índole jurídico, buscando la aplicación concreta de una norma de nivel constitucional o legal.

El derecho legislado, con la Constitución Política como norma de normas en la cúspide del orden jurídico interno, constituye la fuente formal primaria del sistema de derecho colombiano (C-816 de 2011 M.P. Mauricio González Cuervo).

En principio, las disposiciones del artículo 230 de la Constitución Política tienen como destinatarios a las autoridades judiciales. Sin embargo, son ratificación de enunciados genéricos que fundamentan el principio de supremacía de la Constitución sobre la ley y cualquiera otra norma (art. 4 C.P.), la obligación para toda persona de cumplimiento de la Constitución y la ley (art. 95, inc. 3 C.P.) o la sujeción de todo servidor público a la Constitución, la ley o el reglamento en el ejercicio de sus funciones (art. 123 inc. 2 C.P.).

La primera norma de carácter principal que consagra el citado artículo 203 es la Constitución Política de 1991, la cual debe ser consultada prioritariamente antes de acudir a la búsqueda de una norma inferior. Sin embargo, dada la generalidad y el carácter abierto de gran parte de su articulado, la aplicación directa de ella se realiza comúnmente para los casos de derechos fundamentales y para los temas institucionales que regulan el funcionamiento y competencia de servidores públicos de alto nivel, como el presidente de la República, los congresistas o magistrados de altas cortes entre otros.

Si eventualmente una norma constitucional en materia de derechos fundamentales, por ejemplo, es aplicable a un caso particular, pero se encuentra una norma inferior que es contraria de manera evidente a la norma superior, se deberá aplicar de forma preferente el artículo de la Constitución, bajo la figura de la "excepción de inconstitucionalidad".

La excepción de inconstitucionalidad es la consecuencia lógica y natural del principio de eficacia de la Constitución, en tanto que norma directamente aplicable, que obliga a todos los órganos del poder público y habilita a los jueces a inaplicar la ley en ciertos casos (Bernal Cano, 2002).

La excepción de inconstitucionalidad es la posibilidad de inaplicar las leyes consideradas como no conformes con la Constitución, pero esta violación no debe ser imperceptible o débil, sino ostensible y evidente. Los jueces y, en algunos casos, los funcionarios públicos y hasta los particulares pueden utilizar este mecanismo de protección de la Carta Política, pero el efecto es reservado únicamente a las partes del caso en cuestión.

Si definitivamente el operador jurídico constata que la Constitución no entrega las respuestas requeridas para resolver la problemática establecida, se debe acudir a la ley, buscando en este caso una norma específica que responda el conflicto normativo.

La primacía de la Legislación como fuente principal del ordenamiento jurídico, es la regla de los estados democráticos y constitucionales que dan prevalencia a las reglas de conducta dictadas por los representantes del Pueblo o el propio Pueblo soberano (C-816 de 2011 M.P. Mauricio González Cuervo).

Dentro del nivel de las leyes, existiría una categorización establecida por la misma Carta Política, en el cual se evidencia que algunas normas tienen un nivel superior debido a la temática que desarrolla. A continuación, se enlista esta categorización:

Tabla No. 6. Categoría de leyes de la República

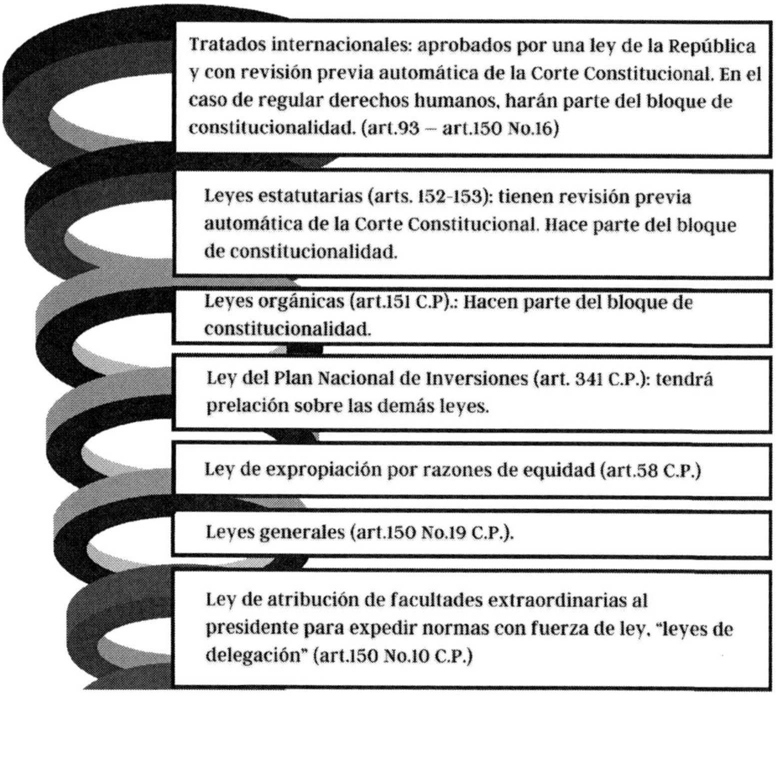

Tratados internacionales: aprobados por una ley de la República y con revisión previa automática de la Corte Constitucional. En el caso de regular derechos humanos, harán parte del bloque de constitucionalidad. (art.93 – art.150 No.16)

Leyes estatutarias (arts. 152-153): tienen revisión previa automática de la Corte Constitucional. Hace parte del bloque de constitucionalidad.

Leyes orgánicas (art.151 C.P).: Hacen parte del bloque de constitucionalidad.

Ley del Plan Nacional de Inversiones (art. 341 C.P.): tendrá prelación sobre las demás leyes.

Ley de expropiación por razones de equidad (art.58 C.P.)

Leyes generales (art.150 No.19 C.P.).

Ley de atribución de facultades extraordinarias al presidente para expedir normas con fuerza de ley. "leyes de delegación" (art.150 No.10 C.P.)

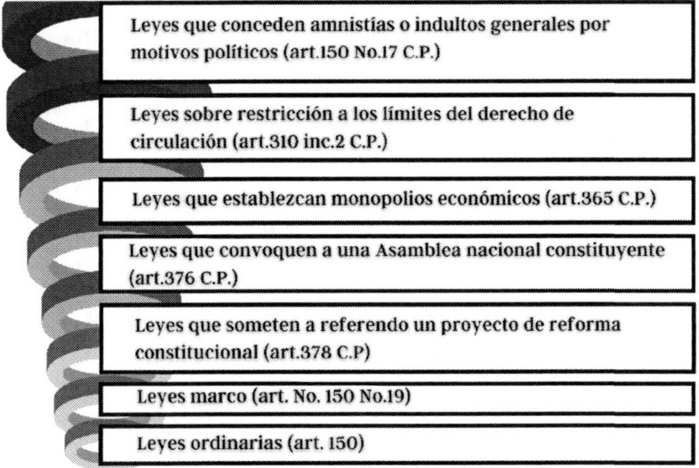

Fuente: Elaboración propia.

El uso o aplicación de leyes según la anterior clasificación se realiza por la adecuación de la norma a la problemática que requiere atención y no en función de la voluntad o capricho del operador judicial.

En el ámbito de las normas de rango inferior, se emplea la técnica de subsunción, la cual implica un proceso básicamente mecánico de encuadrar los aspectos fácticos dentro de los supuestos establecidos por una norma general y abstracta ya existente. De este modo, la resolución del caso emerge de una acción que es puramente "operacional", o que se rige estrictamente por las reglas fundamentales de la lógica deductiva.

Los criterios de solución de los conflictos entre reglas se solucionan mediante el "lex *posterior*" y "*lex superior*", según el caso. La metodología que se aplica para las reglas es la subsunción que opera a través del concepto jurídico de la subordinación, construido mediante una definición que describe en forma exhaustiva los elementos necesarios e imprescindibles para la verificación de dicho concepto, lo que conduce a la comparación por la vía de un juicio de identidad entre la figura normativa y el caso concreto. El conflicto entre reglas se soluciona declarando la invalidez de alguna de ellas.

En tal sentido, las actuaciones de las autoridades administrativas y judiciales se rigen por lo dispuesto en las reglas constitucionales, legales o reglamentarias que conforman el sistema jurídico colombiano (arts. 121 y 123 de la C.P.), en cuya cúspide se encuentra la Constitución como suprema fuente normativa que tiene eficacia directa y es principio de interpretación de todo el ordenamiento.

De esta forma, la idea de Estado de Derecho se concreta para la administración en el principio de legalidad, en virtud de la cual la actividad de la administración pública se encuentra sometida a las normas superiores del ordenamiento jurídico, no pudiendo hacer u omitir sino aquello que le está permitido por la Constitución, la Ley o las normas inferiores pertinentes.

6.4.2. Las fuentes auxiliares de derecho

Una vez explicadas las fuentes principales del derecho se pasará a definir qué se considera como fuente auxiliar. Dicha categoría implica que tales normas permiten interpretar las normas principales (la Constitución y la ley), pues son guías ilustrativas y optativas en el sistema jurídico y no es posible argumentar que se presenta una vulneración del sistema si se les desconocen en situaciones (López, 2006, pág. 43).

Retomando el artículo 230 de la C.P., las normas que la Carta establece como fuente auxiliar son las siguientes:

- La jurisprudencia
- La doctrina
- Los principios generales del derecho
- La equidad

A continuación, se explicarán cada una de ellas.

6.4.2.1. La jurisprudencia

Esta fuente auxiliar comprende el conjunto de decisiones adoptadas por las autoridades judiciales de nivel superior, que desatan casos iguales decididos de manera uniforme, con el fin de darle unidad y coherencia al sistema normativo. Es decir, la finalidad es que los jueces inferiores sigan la interpretación realizada por las altas cortes a través de sus sentencias, con el objetivo de obtener armonía y simetría en la interpretación normativa, materializando así el principio de igualdad.

Es decir, se considera como jurisprudencia el grupo de sentencias en una determinada temática, proferida por órganos de cierre en cada jurisdicción, como lo son la Corte Constitucional, la Corte Suprema de Justicia, el Consejo de Estado, la Comisión de Disciplina Judicial y la Jurisdicción Especial para la Paz (JEP). Todos estos altos tribunales están en el mismo nivel jerárquico y hacen parte de la Rama Judicial.

Gráfico No. 12. Jurisprudencia de las altas cortes

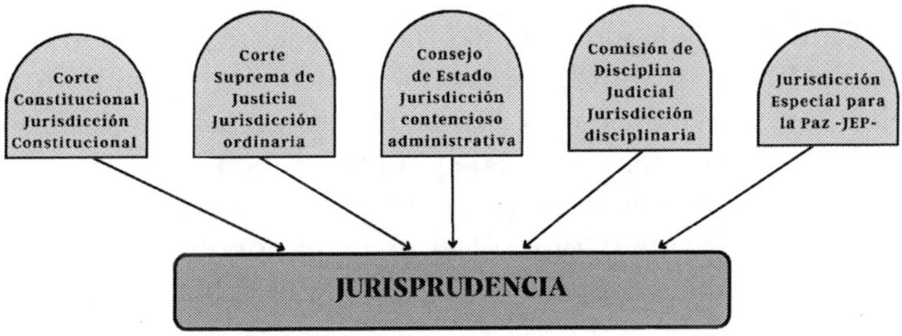

Corte Constitucional Jurisdicción Constitucional
Corte Suprema de Justicia Jurisdicción ordinaria
Consejo de Estado Jurisdicción contencioso administrativa
Comisión de Disciplina Judicial Jurisdicción disciplinaria
Jurisdicción Especial para la Paz -JEP-
JURISPRUDENCIA

Fuente: Elaboración propia.

Si bien la norma constitucional es muy clara al establecer que la jurisprudencia es fuente auxiliar (art.230 C.P.), lo que implica que se debe acudir a ella para interpretar las fuentes principales, es importante precisar que la calificación de criterio auxiliar ha avanzado significativamente, al punto de superar las apreciaciones que consideraban de manera categórica a toda la jurisprudencia como criterio auxiliar de interpretación, para reconocer ahora, la fuerza vinculante de ciertas decisiones judiciales (Corte Constitucional C-284 de 2015 M.P. Mauricio González Cuervo).

Es aquí donde debemos presentar un concepto que en principio puede ser ajeno a la tradición jurídica colombiana, pero por cuenta del desarrollo jurisprudencial de la Corte Constitucional, se ha integrado al mundo jurídico colombiano. Es el término de "precedente judicial".

La Corte Constitucional ha afirmado en múltiples decisiones que el precedente judicial tiene una posición especial en el sistema de fuentes, en atención a su relevancia para la vigencia de un orden justo y la efectividad de los derechos y libertades de las personas. Esto lo ha afirmado con fundamento en la interpretación de los artículos 1°, 13, 83 y 230 de la Constitución Política. En virtud de ello, existe la obligación de seguirlo y, en el caso de que los jueces o magistrados decidan apartarse, deben ofrecer una justificación suficiente (Corte Constitucional, sentencia C-284 de 2015 M.P. Mauricio González Cuervo).

En virtud de lo anterior, habría precedente cuando los problemas jurídicos abordados en la sentencia o en el conjunto de ellas son semejantes a los planteados en un asunto posterior. Es decir, una sentencia dictada por un órgano jurisdiccional de cierre será precedente vertical vinculante y obligatorio cuando sea "pertinente para resolver una cuestión jurídica" (Corte Constitucional, sentencia T-292 de 2006 M.P. Manuel José Cepeda Espinosa).

En el ámbito del derecho comparado, se reconocen dos principales sistemas jurídicos según el rol asignado a la jurisprudencia como fuente de derecho. En el sistema de derecho común, que se caracteriza por su enfoque práctico y empírico, la jurisprudencia constituye la principal fuente de derecho.

En este sistema, los jueces recurren a los precedentes existentes en el conjunto de decisiones judiciales anteriores al emitir sus sentencias. Este método pone un fuerte énfasis en el uso del "precedente" y relega a un plano secundario la importancia de la legislación escrita.

Por otra parte, en el sistema jurídico latino, que se distingue por su carácter más especulativo y teórico, la legislación escrita constituye la fuente primordial de derecho, relegando a la jurisprudencia a un papel secundario. Colombia, que sigue esta tradición jurídica latina, tradicionalmente considera la jurisprudencia como una fuente auxiliar del derecho. Tanto el derecho romano en el ámbito privado como el derecho francés en el administrativo han tenido una influencia significativa en el sistema normativo nacional.

Por esta razón, en Colombia, la jurisprudencia generalmente desempeña un rol de apoyo en el proceso de toma de decisiones judiciales, basándose principalmente en la legislación. No se espera que la jurisprudencia por sí sola constituya el fundamento principal o exclusivo para sustentar una decisión judicial.

Para comprender más el escenario de la jurisprudencia, es importante partir de los artículos 17 y 26 del Código Civil colombiano que reflejan el ideal jurídico de un juez exégeta con poco o ningún vuelo interpretativo.

El artículo 17 del Código Civil expresa:

> *Artículo 17.* Fuerza de las sentencias judiciales. Las sentencias judiciales no tienen fuerza obligatoria sino respecto de las causas en que fueron pronunciadas. Es, por tanto, prohibido a los jueces proveer en los negocios de su competencia por vía de disposición general o reglamentaria.

La intención de limitar al máximo al juez y prevenir que su función terminara en una labor legislativa se repite en el último inciso del artículo 25 del Código Civil al decir que la interpretación sólo tiene efectos "por vía de doctrina",

Y en el artículo 26 confirma que, respecto de la ley, lo único que debe hacer el togado es "buscar su verdadero sentido" sin mayores ambiciones que las que tendría un particular al emplear su propio criterio para resolver asuntos "peculiares".

¿Cómo queda la jurisprudencia hoy?

Frente a un Código Civil redactado en la época de la exégesis (siglo XIX), ¿Cuál debe ser hoy en día el papel del juez? ¿Cómo influyen en la interpretación judicial las nuevas tendencias del llamado "derecho de los jueces"? En otras palabras, ¿Qué queda de la exégesis sugerida por la Ley 153 de 1887?

A pesar del hermetismo de la Ley 153 de 1887, su artículo 10 dejó una puerta abierta a la interpretación judicial al reconocer la fuerza de la jurisprudencia mediante la figura del precedente jurisprudencial:

> Tres decisiones uniformes dadas por la Corte Suprema como tribunal de casación sobre un mismo punto de derecho, constituyen doctrina probable y los jueces podrán aplicarla en casos análogos (...).

De esta disposición se han valido las altas Cortes para postular criterios que han modificado la manera como debe entenderse la ley. Sin embargo, para el caso de la jurisprudencia de la Corte Constitucional, su alcance y desarrollo ha tomado unos caminos muy diferentes a la jurisprudencia tradicional de la Corte Suprema y el Consejo de Estado.

Esto en virtud del papel otorgado por la Carta de 1991 a la Corte Constitucional, como defensora de la supremacía constitucional y de los derechos fundamentales a través de los procesos de revisión de las acciones de tutela. Ante un papel tan importante en el constitucionalismo colombiano, la jurisprudencia de esta Corte tomó un papel obligatorio (en unos aspectos muy concretos), incluidos los jueces y magistrados de todas las jurisdicciones, así como servidores públicos y ciudadanos en general.

De esta forma se puede establecer que, si bien existen similitudes entre la jurisprudencia de la Corte Constitucional y la de las otras cortes, también se pueden deducir unas diferencias de fondo que se presentan en la siguiente tabla:

Tabla No. 7. Semejanzas y diferencias entre la jurisprudencia constitucional y la jurisprudencia ordinaria

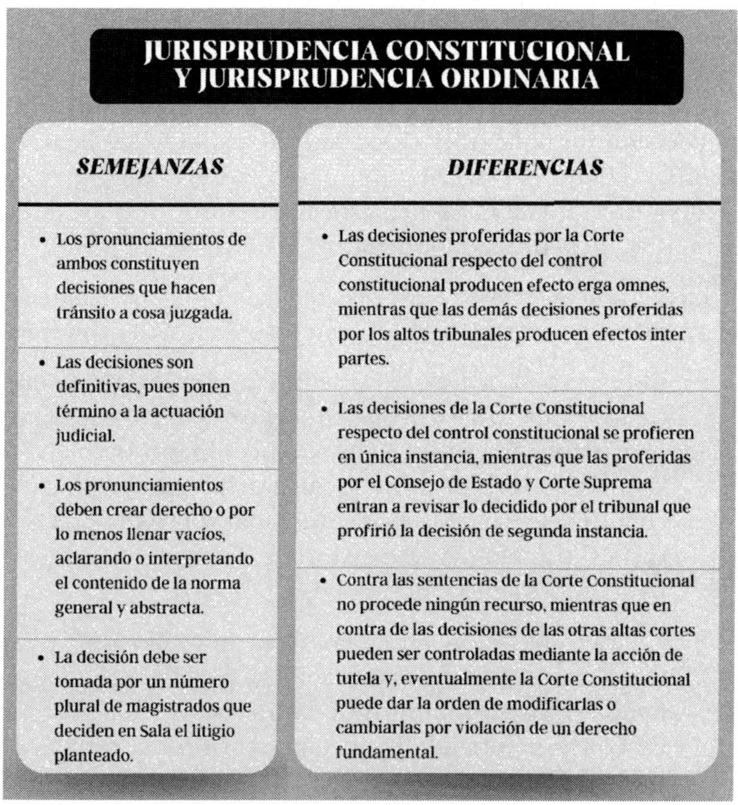

JURISPRUDENCIA CONSTITUCIONAL Y JURISPRUDENCIA ORDINARIA

SEMEJANZAS	*DIFERENCIAS*
• Los pronunciamientos de ambos constituyen decisiones que hacen tránsito a cosa juzgada.	• Las decisiones proferidas por la Corte Constitucional respecto del control constitucional producen efecto erga omnes, mientras que las demás decisiones proferidas por los altos tribunales producen efectos inter partes.
• Las decisiones son definitivas, pues ponen término a la actuación judicial.	• Las decisiones de la Corte Constitucional respecto del control constitucional se profieren en única instancia, mientras que las proferidas por el Consejo de Estado y Corte Suprema entran a revisar lo decidido por el tribunal que profirió la decisión de segunda instancia.
• Los pronunciamientos deben crear derecho o por lo menos llenar vacíos, aclarando o interpretando el contenido de la norma general y abstracta.	• Contra las sentencias de la Corte Constitucional no procede ningún recurso, mientras que en contra de las decisiones de las otras altas cortes pueden ser controladas mediante la acción de tutela y, eventualmente la Corte Constitucional puede dar la orden de modificarlas o cambiarlas por violación de un derecho fundamental.
• La decisión debe ser tomada por un número plural de magistrados que deciden en Sala el litigio planteado.	

Fuente: Elaboración propia.

Desde sus inicios jurisprudenciales, al alto tribunal constitucional colombiano reconoció el valor del precedente judicial de la *ratio decidendi* contenida en sus sentencias tanto de control de constitucionalidad, como de revisión de tutela.

En el fallo C-539 de 2011, emitido por la Corte Constitucional colombiana y con ponencia del magistrado Luis Ernesto Vargas Silva, se destacó la fuerza vinculante del precedente judicial en asuntos de tutela, señalando la obligación de las autoridades públicas, tanto administrativas como judiciales, de adherirse a los precedentes establecidos por la jurisprudencia constitucional.

En un caso anterior, la Sentencia T-439 de 2000, con ponencia de Alejandro Martínez Caballero, la Corte aclaró que, aunque la tutela se aplica únicamente al caso concreto en cuestión, la *ratio decidendi* establecida en la decisión se convierte en un precedente obligatorio para las autoridades públicas. Ella establece la interpretación y aplicación correcta de una norma frente a una situación fáctica específica, formando así la base normativa de la decisión judicial.

La Sentencia C-539 de 2011 reafirma la obligatoriedad de la jurisprudencia constitucional basándose en varios principios:

- El respeto al principio de seguridad jurídica, que implica adherirse a las normas superiores y mantener la unidad y armonía entre ellas. Como órgano de cierre de la jurisdicción constitucional, las interpretaciones vinculantes de la Corte Constitucional sobre los preceptos de la Carta Magna se convierten en fuentes de derecho para autoridades y particulares.
- La diferenciación entre *decisum*, ratio *decidendi y obiter* dicta, reforzando que no solo la parte resolutiva sino también los argumentos de las decisiones en el control de constitucionalidad son obligatorios y constituyen la *ratio decidendi* del fallo.
- La naturaleza de la *ratio decidendi* como fuente de derecho, dado que su alcance trasciende el caso concreto y establece precedentes con fuerza normativa para todos los jueces.

Adicionalmente, la fuerza vinculante de las decisiones de las demás altas cortes provienen de su papel constitucional como órganos jurisdiccionales de cierre, lo que les confiere la responsabilidad de unificar la jurisprudencia en sus respectivas jurisdicciones. Este mandato de unificación jurisprudencial busca asegurar la uniformidad en la interpretación y aplicación judicial del derecho, cumpliendo con el deber de igualdad de trato a todas las personas a través de decisiones judiciales vinculantes (Corte Constitucional, Sentencia C-816 de 2011 M.P. Mauricio González Cuervo).

En lo que respecta a las decisiones del Consejo de Estado, el Código de Procedimiento Administrativo y de lo Contencioso Administrativo ha introducido las denominadas sentencias de unificación jurisprudencial, las cuales poseen un carácter vinculante. Estas sentencias no se limitan únicamente a establecer precedentes verticales para jueces y tribunales inferiores, sino que también tienen un impacto directo en las actividades de la administración pública. Dicha administración, en virtud del principio de legalidad, se encuentra obligada a considerar las decisiones de los órganos de cierre, en las cuales se determina la interpretación y aplicación de las normas pertinentes a casos concretos.

En conclusión, de la jurisprudencia de la Corte Constitucional se puede establecer que si bien todas las sentencias de las altas Cortes son precedente judicial, solo la jurisprudencia de la Corte Constitucional es obligatoria en virtud de lo establecido en los artículos 4°, 86, 93, 94 y 241 de la Constitución, mientras que para las demás sentencias de las otras altas Cortes, serán precedente para decidir casos futuros por parte de los operadores judiciales en los casos similares, pero seguirán siendo fuente auxiliar, lo que significa que si se quieren apartar de estas decisiones lo pueden hacer, pero sustentando y argumentando debidamente.

La fuerza normativa de la doctrina establecida por la Corte Suprema de Justicia, el Consejo de Estado, el Comité de Disciplina Judicial y la Corte Constitucional, en calidad de máximos órganos jurisdiccionales, se fundamenta principalmente en:

- La obligación de los jueces de asegurar la igualdad ante la ley y garantizar un trato equitativo como autoridades judiciales;
- La facultad constitucional atribuida a las altas cortes para ejercer como órganos de cierre en sus respectivas jurisdicciones, con la misión de unificar la jurisprudencia en los ámbitos en los que actúan;
- El principio de buena fe, que comprende la confianza legítima de los ciudadanos en las actuaciones y decisiones de las autoridades del Estado;
- La necesidad de garantizar la seguridad jurídica de los ciudadanos respecto a la protección de sus derechos, lo que implica una previsibilidad razonable en las decisiones judiciales, derivada tanto del principio de igualdad ante la ley como de la confianza legítima en las autoridades judiciales.

Tabla No. 8. Obligatoriedad de la jurisprudencia en las altas cortes

CORTE SUPREMA DE JUSTICIA	CONSEJO DE ESTADO	CORTE CONSTITUCIONAL	COMISIÓN DE DISCPLINA JUDICIAL
Auxiliar	Auxiliar Sin embargo, existen las sentencias de unificación creadas por el CPACA que son precedente.	Obligatoria en su ratio decidendi	Auxiliar
Sin embargo, según la sentencia C-816/2011, la Corte Constitucional expresó que *"el valor o fuerza vinculante, es atributo de la jurisprudencia de los órganos de cierre, quienes tienen el mandato constitucional de unificación jurisprudencial en su jurisdicción.* *Sólo a la jurisprudencia de las altas corporaciones judiciales, en cuanto órganos de cierre de las jurisdicciones - constitucional, ordinaria, contenciosa administrativa y jurisdiccional disciplinaria -, se le asigna fuerza vinculante; y en virtud de ella, las autoridades judiciales deben acudir al precedente jurisprudencial para la solución de casos fáctica y jurídicamente iguales".*			

Fuente: Elaboración propia.

6.4.2.2. La doctrina

El origen de la doctrina se encuentra en la antigua Roma con los llamados "jurisconsultos", cuya labor principal era asesorar al pretor y al juez, pero sin ninguna responsabilidad legislativa o judicial.

La doctrina la podríamos definir como los razonamientos de los juristas y expertos en el derecho, realizada aplicando métodos de interpretación de la normativa constitucional, la ley o la jurisprudencia. Son aquellos desarrollos y explicaciones teóricas, reflexivas y conceptuales de los expertos en la ciencia jurídica sobre las normas, los códigos, la jurisprudencia o las instituciones jurídicas y políticas de un Estado.

La doctrina jurídica en Colombia es elaborada por autores de renombre, como profesores universitarios e investigadores que trabajan en grupos de investigación universitarios sobre diversos problemas jurídicos, sin que estos desarrollos tengan fuerza obligatoria.

La Corte Constitucional colombiana la ha definido así:

> La doctrina hace referencia al conjunto de trabajos científicos que en relación con el Derecho en general, con una de sus áreas, o con un específico ordenamiento jurídico, elaboran autores expertos. Estos trabajos pueden desarrollarse en diferentes niveles y, en esa medida, podrán describir o caracterizar un sector del derecho positivo (dimensión descriptiva), conceptualizar o sistematizar las categorías que lo explican o fundamentan (dimensión analítica o conceptual), o formular críticas a los regímenes jurídicos existentes (dimensión normativa o propositiva). (Corte Constitucional, sentencia C-284 de 2015 M.P. Mauricio González Cuervo).

La Corte ha resaltado la relevancia de este criterio -junto con la jurisprudencia- para identificar lo que se conoce como el derecho viviente y para definir con precisión el objeto de control constitucional. Sin embargo, ha advertido que la consideración de la opinión doctrinal debe hacerse con cautela, ya que por sí sola no es suficiente para configurar el derecho viviente. En este sentido, la Corte ha subrayado que no es equivalente la opinión de un único ensayista a la coincidencia de varios tratadistas, y además, la autoridad académica del doctrinante otorga un peso particular a su criterio. (Corte Constitucional, sentencia C-284 de 2015 M.P. Mauricio González Cuervo).

Algunos autores como Ciuro Caldani (1996) consideran la doctrina como un elemento importante del derecho positivo y añaden que “la doctrina jurídica abarca las fuentes del conocimiento, pero también es una fuente material”.

Aunque en la mayoría de los ordenamientos jurídicos la doctrina no es una fuente directa y primaria del derecho, en muchos casos es la base de decisiones judiciales, ya sea directa o indirectamente. La doctrina puede darle al juez diferentes opciones para la interpretación de una norma. Asimismo, la doctrina contribuye en ocasiones a la formación de la opinión de los redactores de normas jurídicas (Congreso).

En el caso colombiano, la doctrina es una fuente auxiliar, pero juega un papel muy importante en la fundamentación de las decisiones judiciales, de los proyectos de ley que se presentan en el legislativo y en el trabajo de los servidores públicos (como conceptos, políticas públicas, investigaciones administrativas, etc.), debido al rigor, profundidad y objetividad que lo caracterizan en el análisis de una temática jurídica determinada.

Se tiene como doctrina los siguientes:

- Los libros publicados por autores en reconocidas editoriales con el respectivo ISBN (*International Standard Book Number*) que es un código normalizado internacional para libros.
- Los artículos publicados en revistas jurídicas de universidades, instituciones educativas o grupos editoriales que presentan resultados de investigación o una reflexión

sobre una problemática. Se caracteriza porque utilizan la metodología de "doble par ciego" para la evaluación de su contenido y así determinar su calidad. Hoy día los artículos están individualizados con un número internacional llamado DOI (*Digital Object Identifier*).

- Los capítulos de libro que son textos completos de una temática determinada que es desarrollada por un autor y que hace parte de un libro con capítulos escritos por diferentes autores sobre el mismo tema.
- Las ponencias presentadas por investigadores en eventos académicos sobre temáticas especializadas.
- Los *papers* académicos que se pueden definir como textos que tienen como objeto, un tema o un fenómeno específico del cual no se ha realizado una investigación con anterioridad.

No se considera doctrina:

- Los artículos y reportajes periodísticos
- Las columnas de opinión
- Los resultados de preguntas formuladas a las plataformas de inteligencia artificial
- Los libros que transcriben literalmente la normatividad o la jurisprudencia
- Páginas web donde se publican textos aparentemente académicos, pero que no es posible verificar la información contenida, no tiene el respaldo de una institución o editorial, no tiene revisión de evaluador, o simplemente no es fiable, como los foros de preguntas o Wikipedia.

Muchos libros de texto de introducción al derecho no dan importancia a la doctrina como fuente del derecho. Esto podría explicar el arraigado positivismo que aún prevalece en el sistema colombiano.

El diálogo entre los tribunales y la doctrina puede adoptar formas muy diversas: comentarios en una revista jurídica, toma de posición en un órgano de prensa, publicación de un libro, intervención en una conferencia, participación en el procedimiento del propio tribunal como consejo o "*amicus curiae*", entre otros. A estas situaciones se suma aquella en la que uno de los autores se convierte en miembro del Tribunal Constitucional, o incluso en su presidente, y luego en su expresidente.

La doctrina se puede clasificar en:

- *Nacional o internacional*: dependiendo de si el autor o autores son colombianos o extranjeros.
- *General o monográficas*: siendo la primera aquella doctrina que desarrolla textos con una óptica panorámica general, sin entran a detallar o profundizar, mientras que los textos monográficos se centran en una temática determinada.
- *Textos tipo manual y de investigación*: en este caso, los manuales compilan una materia del derecho destinada al proceso de enseñanza-aprendizaje, mientras que los libros de investigación publican los resultados de la ejecución de un proyecto investigativo realizado por investigadores.
- Normativa y casuística: los primeros son los libros que se dirigen a analizar las leyes y normas que componen una materia; la doctrina basada en casuística se refiere al análisis y razonamiento basado en casos donde el aspecto jurídico debe ser central, generalmente fundado en la jurisprudencia.

La doctrina cumple un papel muy importante en la ciencia jurídica pues los jueces, abogados, legisladores y ciudadanos en general, acuden a los libros, artículos o publicaciones de tratadistas con el fin de comprender el alcance de una materia.

Es tanta la influencia, que a pesar de ser fuente auxiliar, directamente puede llegar a incidir en la creación de las fuentes principales como la ley y la jurisprudencia de la Corte Constitucional. Ello se puede constatar en las motivaciones de los proyectos de ley o en las citas bibliográficas que son usadas por la Corte para fundamentar varias de sus posiciones constitucionales.

6.4.2.3. Los principios generales del derecho

Esta tercera fuente auxiliar enunciada en el artículo 230 de la C.P. se puede definir como aquellos enunciados y postulados normativos de carácter general que, a pesar de no haber sido integrados formal o directamente en un ordenamiento jurídico particular, son aplicados en casos y problemas de tipo legal para optar por una respuesta.

Los conceptos o proposiciones de tipo axiológico o técnico que sustentan la estructura, el funcionamiento y el contenido del sistema normativo, así como del derecho en su totalidad, son conocidos como principios generales del derecho. Estos son utilizados por jueces, abogados, servidores públicos, legisladores y juristas en general, tanto para integrar el derecho positivo, como para interpretar normas jurídicas cuya aplicación resulte incierta o conflictiva.

Estos principios se caracterizan por ser directrices fundamentales, universales y abstractas, que irradian todo el sistema jurídico y que permiten otorgar coherencia y sentido a las normas dentro de un ordenamiento legal. En esencia, los principios generales constituyen un recurso interpretativo auxiliar, al cual se puede recurrir en ausencia de una norma aplicable o cuando no se puede aplicar la analogía para resolver un caso específico.

En el ordenamiento jurídico colombiano, los principios generales del derecho están subordinados a la ley y no pueden ser invocados para contradecir o desplazar una norma vigente. Además, el recurso a estos principios no es un mandato obligatorio, ya que las autoridades judiciales pueden recurrir a otros criterios establecidos en la legislación para cumplir con su función.

Es importante destacar que algunos enunciados que en un principio se consideraban como principios generales del derecho, pueden ser incorporados posteriormente en el sistema normativo mediante disposiciones específicas. En estos casos, dichos enunciados adquieren una nueva posición en la jerarquía normativa, en la medida en que se integren al concepto de ley.

En cuanto a la interpretación, la Corte Constitucional ha aclarado que la expresión "principios", contenida en el artículo 230 de la Constitución, no debe ser confundida con su uso en el ámbito estructural para distinguir entre reglas y principios. De igual manera, no todas las normas que presentan una estructura de principio están comprendidas en este artículo, y algunas proposiciones reconocidas como principios generales pueden tener la estructura de una regla, como el principio de que "nadie puede alegar en su favor la propia culpa".

En resumen, los principios generales del derecho son ideas fundamentales que otorgan cohesión y sentido al sistema jurídico, aunque su aplicación y obligatoriedad están subordinadas a la ley vigente. Son una herramienta valiosa para la interpretación del derecho y su aplicación a casos específicos, pero siempre dentro del marco de las normas establecidas por el legislador. (Corte Suprema de Justicia, 2007 M.P. Pedro Octavio Munar Cadena).

Por su parte, la Corte Constitucional ha explicado el alcance de los principios generales del derecho. En la sentencia C-284 de 2015 expresó:

> Una revisión de la literatura permite identificar que a los principios generales del derecho suelen atribuirse diferentes funciones. En algunos casos se advierte que ellos cumplen una función crítica de los ordenamientos. En este caso los princi-

> pios actúan como la imagen de un derecho ideal al que deben apuntar los ordenamientos históricos. Otra perspectiva señala que los principios generales actúan como verdaderas normas jurídicas y cumplen por ello una función integradora. En estos casos, dicha función se activa a falta de ley y, en esa medida, aunque constituyen verdaderas fuentes, tienen una naturaleza subsidiaria. Suele encontrarse vinculada esta caracterización con aquella doctrina que asume que los principios generales del derecho son el resultado de un proceso inductivo que parte de las reglas específicas previstas en el ordenamiento y arriba a la identificación de enunciados generales que las agrupan a todas. Finalmente, una tercera postura advierte que la tarea de los principios consiste en precisar el alcance de las fuentes del derecho, cumpliendo entonces una función interpretativa. En estos casos se acude a los principios únicamente con el propósito de aclarar dudas, o superar las ambigüedades y vaguedades propias de los enunciados jurídicos (Corte Constitucional, sentencia C-284 de 2015 M.P. Mauricio González Cuervo).

Los límites a la aplicación de los principios generales del derecho están determinados, en gran medida, por la manera en que son reconocidos en los distintos sistemas jurídicos. Se pueden identificar dos tipos principales de restricciones. El primer tipo está definido por reglas de jerarquía normativa, las cuales establecen que, en algunos ordenamientos, solo se puede recurrir a los principios cuando no sea posible aplicar la ley o la costumbre. El segundo tipo de límite está relacionado con la función específica que desempeñan los principios en cada sistema. En este caso, su relevancia puede depender de factores como la existencia de una laguna legal, lo que permite que los principios sean empleados para llenar vacíos normativos en situaciones donde no hay una regulación expresa.

A continuación, se citan algunos principios generales del derecho colombiano.

- *Principio de la buena fe:*

Este concepto está relacionado con las acciones que todo individuo debe realizar de manera leal, íntegra y honesta, contrastando con el comportamiento de mala fe, que se caracteriza por la búsqueda de ventajas o beneficios sin la debida corrección.

La Corte Constitucional ha señalado que este principio ha evolucionado de ser un principio general del derecho a convertirse en un postulado de rango constitucional. Su aplicación y relevancia han adquirido nuevas dimensiones, al desempeñar una función integradora dentro del ordenamiento jurídico y regular las relaciones tanto entre particulares como entre estos y el Estado. Este principio exige que tanto los ciudadanos como las autoridades públicas ajusten sus conductas a estándares de honestidad, lealtad y coherencia con lo que se espera de una persona honesta y correcta (*vir bonus*). (Corte Constitucional, sentencia C-1194 de 2008 M.P. Rodrigo Escobar Gil).

En la normatividad interna colombiana, el principio de la buena fe está consagrado en varios cuerpos legales que lo reconocen como un postulado fundamental en las relaciones jurídicas. A continuación, se destacan algunos de los principales:

- Constitución Política de Colombia. Artículo 83: Las actuaciones de los particulares y de las autoridades públicas deberán ceñirse a los postulados de la buena fe, la cual se presumirá en todas las gestiones que aquellos adelanten ante estas.
- Código Civil colombiano. Artículo 768: La buena fe es la conciencia de haberse adquirido el dominio de la cosa por medios legítimos, exentos de fraudes y de todo otro vicio.
- Código Civil. Artículo 1603. Los contratos deben ejecutarse de buena fe, y, por consiguiente, obligan no solo a lo que en ellos se expresa, sino a todas las cosas que emanan de la naturaleza de la obligación, o que por ley pertenecen a ella.
- Código General del Proceso (Ley 1564 de 2012). Artículo 42: En todos los trámites procesales se presume la buena fe.

- Código de Comercio Colombiano. Artículo 871: En materia mercantil, se presume que los actos de comercio se realizan de buena fe, y el principio de la buena fe tiene un papel crucial en la interpretación de los contratos y las relaciones comerciales.

b) Principio de la apariencia de buen derecho

La "apariencia de buen derecho" implica la presunción de la existencia de un sustento legal que respalde la emisión de una medida por parte de un juez. Esto significa que el juez, de manera preliminar, debe tener un conocimiento suficiente del caso para decidir sobre una situación jurídica controvertida o en la que se alega la vulneración de un derecho.

La jurisprudencia ha interpretado este principio como la probabilidad o verosimilitud del derecho que el demandante alega, es decir, que el derecho reclamado tiene una probabilidad razonable de ser protegido en el orden jurídico.

Este concepto fue incorporado en el Código General del Proceso en el artículo 590, dentro del capítulo referente a las medidas cautelares, como base para decretar embargos o secuestros. Para ordenar estas medidas cautelares, el juez debe evaluar la legitimación o interés de las partes, la existencia de una amenaza o vulneración del derecho, así como la apariencia de buen derecho. Además, se deben considerar factores como la necesidad, efectividad y proporcionalidad de la medida, e incluso, si lo considera adecuado, el juez puede optar por una medida menos gravosa o distinta de la solicitada.

- *Principio del no abuso del derecho*

El abuso del derecho se refiere al ejercicio inapropiado o desproporcionado de los derechos de una persona, que, de manera indebida, puede causar perjuicios a terceros. La Corte Suprema de Justicia de Colombia ha señalado que este abuso puede ocurrir en cualquier situación en la que una persona, de manera desmedida, haga uso de sus derechos subjetivos y cause un daño. (Corte Suprema de Justicia, sentencia SO99/98, Sala de Casación Civil y Agraria, 27 de noviembre de 1998 M.P. José Fernando Ramírez Gómez).

Por su parte, la Corte Constitucional ha aclarado que el abuso del derecho tiene lugar cuando, en el ejercicio de un derecho subjetivo, se sobrepasan los límites impuestos por el ordenamiento jurídico, sin importar si se genera un daño a terceros o no. Lo que define al abuso del derecho es la conducta de extralimitación, siendo el daño un elemento accesorio.

El abuso del derecho ocurre cuando se quiebra el propósito original entre el derecho subjetivo y su proyección social, es decir, cuando se usa un derecho de manera desviada para lograr un objetivo que excede lo que el derecho originalmente permite. Este fenómeno suele detectarse en el ámbito judicial cuando se causa un perjuicio a los intereses de terceros que el ordenamiento jurídico no ha previsto ni autorizado, lo que convierte dicha conducta en ilegítima (Corte Constitucional, sentencia SU-631 de 2017 M.P. Gloria Stella Ortiz Delgado).

- *Principio nemo auditur propiam turpitudinem allegans* (nadie puede alegar su propia culpa).

Su formulación explícita no está en la normatividad colombiana, pero a pesar de ello hace parte del sistema jurídico colombiano y, por tanto, un juez puede invocarlo como fundamento de un fallo.

Este principio establece que una persona no puede invocar su propia culpa con el propósito de obtener un beneficio, ya que ello iría en contra de la buena fe. La buena fe se entiende como la actuación sin dolo, con la convicción de que el comportamiento seguido es conforme al derecho, y que los objetivos perseguidos están protegidos por este.

La Corte Constitucional en la Sentencia C-083 de 1995 (M.P. Rodrigo Escobar Gil), preceptuó que, aunque esta máxima del derecho no se encuentra formulada de manera explícita en ningún artículo del ordenamiento colombiano, sí hace parte del sistema positivo, derivándose del artículo 83 superior y materializándose en el artículo 1525 del Código Civil.

El fundamento es el artículo 83 de la Carta que impone la buena fe como pauta de conducta debida, en todas las actuaciones, tanto de las autoridades públicas como de los particulares.

6.4.2.4. La equidad

Esta fuente auxiliar del derecho otorga a los jueces o tribunales la capacidad de tomar en cuenta las circunstancias personales de las partes involucradas al momento de dictar una sentencia, que aunque es individual, debe ser aplicada conforme a una ley de carácter general. Este ejercicio guarda similitud con la noción de epiqueya.

La epiqueya se entiende como un recurso interpretativo que faculta al juez para apartarse de la aplicación estricta de la ley cuando la literalidad de esta no se ajusta adecuadamente a las particularidades del caso en cuestión. Así, se prioriza el espíritu o el propósito de la norma, con el objetivo de garantizar la equidad y la justicia. De esta forma, el juez tiene la facultad de dejar de aplicar de manera literal una ley de derecho positivo si esto condujera a una interpretación contraria al verdadero sentido o justicia de dicha norma.

La Corte Constitucional ha abordado el concepto de equidad, señalando que este principio, aunque no está totalmente definido, ha sido reconocido en la Constitución en varios artículos, como el 20, 95, 226, 230, 267 y 363. En el ámbito de la administración de justicia, la equidad permite llenar los vacíos que el legislador ha dejado y tiene como función evitar que la aplicación de la ley en ciertos casos particulares pueda resultar en una injusticia.

El juez, entonces, se vale de la equidad para corregir la ley cuando su aplicación estricta, genere una injusticia o para llenar vacíos legales no previstos por el legislador. La equidad, en este sentido, actúa como un principio corrector y de integración, garantizando que la aplicación del derecho sea justa y adecuada a las circunstancias específicas del caso. (Corte Constitucional, sentencia C-284 de 2015 M.P. Mauricio González Cuervo).

6.5. LA COSTUMBRE COMO FUENTE DE DERECHO

Uno de los primeros antecedentes históricos se remonta a Roma, donde la costumbre se utilizó como la única fuente de creación del derecho hasta la promulgación de la Ley de las Doce Tablas, redactada en la segunda mitad del siglo IV a.C. En Europa, su uso como fuente principal del derecho se generalizó durante la Edad Media y el Renacimiento, manteniéndose vigente hasta finales del siglo XVIII, momento en el que se dio inicio a la promulgación de los grandes códigos legales (Hernández, 2010).

6.5.1. Concepto de uso y de costumbre

Antes de determinar el concepto de la costumbre, es necesario distinguirla del término "uso" que en ocasiones tiende a ser confundido. François Gény jurista francés, define los usos como prácticas generales, locales o profesionales, que concurren de un modo tácito en la formación de los actos jurídicos, especialmente los contratos. Para el autor, surgen como desarrollo de la autonomía de la voluntad y permiten interpretar o complementar la voluntad de las partes (Gény, 2018).

Una característica importante es que los usos no están investidos de publicidad y uniformidad, pues solamente se trata de conductas que pueden observar las partes en sus contratos.

Du Pasquier lo define como el uso implantado en una colectividad y considerado como jurídicamente obligatorio; es el derecho nacido consuetudinariamente, el *jus moribus constitutum* (Du Pasquier, 2008).

La costumbre la podemos definir como aquellos actos o comportamientos realizados por un grupo humano determinado, que las realiza repetidamente por un lapso de tiempo largo en un territorio concreto, bajo la firme y seria convicción de que sus actos son conformes a la ley y que puede llenar un vacío normativo o complementar una norma previa existente, sin que pueda ir en contra de una ley ni modificarla o cambiarla y en donde el Estado reconoce tales actos como obligatorios.

La costumbre refleja la manera como piensa, obra, o convive un grupo social. Se define como una forma espontánea de hacer derecho, que surge de la observancia constante y uniforme de una regla de conducta por los miembros de una comunidad social acompañada de la convicción de que responde a una necesidad jurídica.

Es evidente que los usos nacen de las costumbres, pues constituyen un punto de partida. Estos dos conceptos funcionan como una relación causa-efecto, de especie a género (León, 2016, pág. 5).

En este concepto existe la convicción de la obligatoriedad de la costumbre que implica que el Estado pueda aplicarla incluso de manera coactiva, tal como si fuera una ley aprobada por el Congreso de la República. Es decir, la costumbre se vuelve ley.

La costumbre jurídica es tal vez la fuente más antigua del derecho, debido a que está ligada a los hábitos e interacciones que el hombre ha tenido con sus comunidades y que les ha posibilitado la convivencia.

En nuestros días y para el caso colombiano el cual pertenece al ordenamiento jurídico de la familia romano-germánica, la costumbre a pesar de mantener importancia como fuente formal del derecho, cede ante el imperio de la ley.

6.5.2. Características de la costumbre

El Código de Comercio en su artículo 3° establece que la costumbre mercantil debe reunir los requisitos de uniformidad, reiteración, publicidad y que no sea contraria a la ley. A continuación, se explican cada una de ellas.

- *Uniformidad*: Los actos repetitivos deben ser espontáneos y uniformes, es decir, los individuos que realizan las acciones son estandarizadas ya que presentan las mismas características y realizadas de manera voluntaria y no impuesta por un agente externo. Las conductas y comportamientos deben ser iguales y de común aceptación.
- *Reiteración*: La práctica que realiza la comunidad deben ser actos repetitivos, mas no escritos. Deben haberse practicado durante un lapso importante de tiempo, sin que se admita su transitoriedad u ocasionalidad.
- *Publicidad*: el grupo humano que realiza los actos repetitivos que constituyen costumbre, debe reconocer tales actos como reglas que los rige; además que debe tener notoriedad y amplio conocimiento para ser aceptada como norma jurídica.
- *Debe ser conforme a la Ley*: la costumbre mercantil tiene la misma autoridad que la ley comercial, siempre y cuando no sea contraria a ella directa o tácitamente.

La costumbre presenta además otras características:

- Se convierte en norma jurídica obligatoria, siempre y cuando cumpla con los requisitos que establezca la misma norma;

- Nace de una realidad social arraigada que se refleja en los actos repetitivos que realiza la comunidad;
- Los actos repetitivos tienen tal relevancia que se convierten en norma legal obligatoria;
- Para que la costumbre sea regla general, la conducta del grupo social debe ser realizada en un ámbito territorial específicos.

6.5.3. Tipos de costumbre

Doctrinariamente se ha hablado de tres tipos de costumbre: *secundum legem* (a favor de la ley), costumbre *contra legem* (contra la ley) y, costumbre *praeter legem* (regula situaciones que la ley no regula).

La Corte Constitucional en la Sentencia C-224 de 1994 M.P. Jorge Arango Mejía ha abordado estas tipologías definiéndolas de la siguiente forma:

- *Costumbre secundum legem:* es aquella normativa que toma su carácter de regla positiva, y, por consiguiente, su fuerza obligatoria, por la expresa referencia que a ella hace la ley. Significa lo anterior que es la costumbre de acuerdo a la ley vigente aprobada con anterioridad por el Congreso y que se ajusta a sus previsiones.
- *Costumbre praeter legem*: es la relativa a un asunto no contemplado por la ley dictada por el legislador. Es decir, es aquella que llena lagunas de la ley. No se opone a la ley. La complementa.
- *Costumbre contra legem* es la norma contraria a la ley creada por el Estado, sea que limite la inobservancia de la misma, o establezca una solución diferente a la contenida en ella. Los dos casos implican que la ley escrita entra en desuso. Esta costumbre es la opuesta a la norma legal.

Sólo tienen calidad de costumbre jurídica las costumbres *secundum legen* y *praeter legem*. De esta forma se evidencia que en los sistemas jurídicos romano-germánico como el colombiano, la ley tiene preponderancia frente a la costumbre.

Gráfico No. 13. Tipos de costumbre

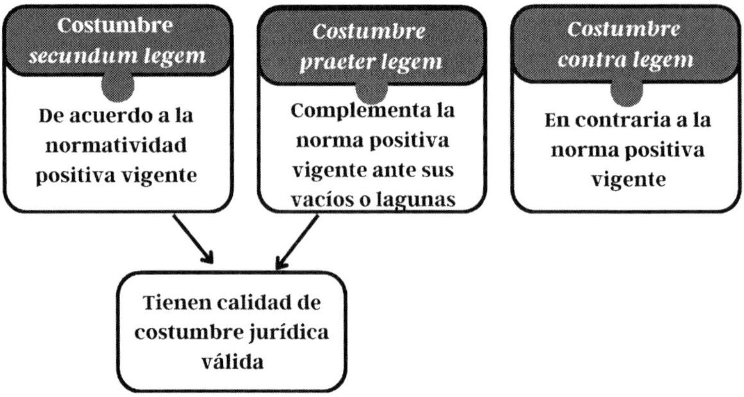

Fuente: Elaboración propia

6.5.4. La costumbre en el Código del Comercio

De acuerdo con la Corte Constitucional, la costumbre en Colombia es reconocida como una fuente formal del derecho. Esto ha sido reiterado en decisiones como las Sentencias C-486 de 1993 y C-284 de 2015, donde se establece que la costumbre forma parte del derecho positivo colombiano, junto con la Constitución y la ley. Sin embargo, su aplicación está condicionada a que sea invocada por la Constitución o la ley y que no contradiga lo dispuesto por las normas imperativas de estas.

En el ámbito del derecho mercantil, la costumbre tiene un carácter accesorio pero válido. Se define como el conjunto de prácticas comerciales repetitivas, uniformes y de carácter público, llevadas a cabo por los comerciantes. Estas prácticas pueden llegar a adquirir la misma fuerza vinculante que las leyes comerciales, siempre que exista un reconocimiento general dentro del grupo o sector económico en el que se aplican.

La costumbre, al cumplir con los presupuestos establecidos por la ley, se convierte en una regla general cuyo uso es jurídicamente obligatorio. En tal sentido, surge de los usos de comercio en un ámbito geográfico determinado, a través de la realización voluntaria y reiterada de actos individuales y colectivos (León, 2016, pág. 5).

Con base en la ley, las Cámaras de Comercio tienen la obligación de recopilar las costumbres mercantiles que prevalecen dentro de sus respectivas jurisdicciones y emitir certificaciones sobre su existencia (artículo 86 del Código de Comercio).

A nivel territorial, la costumbre mercantil tiene un rol clave para llenar vacíos legales en situaciones donde no exista una norma jurídica aplicable directamente o por analogía a un caso específico, y también cuando los contratos o negocios jurídicos celebrados no contienen disposiciones claras (artículos 3° y 4° del Código de Comercio). Esto otorga al sistema jurídico mayor flexibilidad y capacidad de adaptación.

En este contexto, las Cámaras de Comercio de Colombia desempeñan una función esencial al recopilar y certificar las costumbres mercantiles, con base en investigaciones dentro de su jurisdicción. Dichas certificaciones sirven como prueba de la existencia de dichas costumbres, tal como lo establece el artículo 179 del Código General del Proceso.

Estas certificaciones contribuyen a aumentar la seguridad jurídica, ya que reducen los conflictos judiciales, al facilitar la prueba de las costumbres aplicadas en los casos concretos. Además, fomentan una mayor formalidad en las relaciones comerciales, aclarando áreas grises del derecho relacionadas con prácticas comerciales recurrentes entre los comerciantes.

Las normas del Código del Comercio que regulan directamente la costumbre mercantil son 4, las cuales se transcriben a continuación:

> *Art. 3o. Validez de la costumbre mercantil.* La costumbre mercantil tendrá la misma autoridad que la ley comercial, siempre que no la contraríe manifiesta o tácitamente y que los hechos constitutivos de la misma sean públicos, uniformes y reiterados en el lugar donde hayan de cumplirse las prestaciones o surgido las relaciones que deban regularse por ella. En defecto de costumbre local se tendrá en cuenta la general del país, siempre que reúna los requisitos exigidos en el inciso anterior.
>
> *Art. 4o. Preferencia de las estipulaciones contractuales.* Las estipulaciones de los contratos válidamente celebrados preferirán a las normas legales supletivas y a las costumbres mercantiles.
>
> *Art. 5o. Aplicación de la costumbre mercantil.* Las costumbres mercantiles servirán, además, para determinar el sentido de las palabras o frases técnicas del comercio y para interpretar los actos y convenios mercantiles.
>
> *Art. 6o. Prueba de la costumbre mercantil.* La costumbre mercantil se probará como lo dispone el Código de Procedimiento Civil. Sin embargo, cuando se pretenda probar con testigos, éstos deberán ser, por lo menos, cinco comerciantes idóneos inscritos en el registro mercantil, que den cuenta razonada de los hechos y de los requisitos exigidos a los mismos en el artículo 3o.; y cuando se aduzcan como prueba dos decisiones judiciales definitivas, se requerirá que éstas hayan sido proferidas dentro de los cinco años anteriores al diferendo.

Es importante precisar que en las leyes 57 de 1887 y 153 de 1887 que hacen parte del Código Civil, regularon algunos aspectos referidos a la costumbre.

Dice el artículo 8º de la Ley 57 de 1887 lo siguiente:

> *Articulo 8o. Fuerza de la costumbre.* La costumbre en ningún caso tiene fuerza contra la ley. No podrá alegarse el desuso para su inobservancia, ni práctica, por inveterada y general que sea.

Y el artículo 13 de la Ley 153 de 1887 preceptúa:

> Artículo 13. La costumbre, siendo general y conforme con la moral cristiana, constituye derecho, a falta de legislación positiva.

Esta norma fue objeto de revisión por la Corte Constitucional, la cual en la sentencia C-224 de 1994 la declaró exequible. En dicha decisión, la Corte explicó que el carácter obligatorio de la costumbre proviene directamente de la comunidad, es decir, del pueblo, sin que ello implique que este delegue su poder. De la misma forma en que los hechos sociales llevan al legislador a promulgar leyes escritas, en ciertas ocasiones esos mismos hechos pueden constituir una norma por sí mismos. El Tribunal resaltó que sería contradictorio que, dentro de una democracia, se reconozca el valor de la ley hecha por los representantes del pueblo, pero se niegue la validez de la ley creada por el propio pueblo, que es la costumbre.

6.5.5. Procedimiento y ejemplos de costumbre mercantil

La investigación de una costumbre mercantil se realiza por iniciativa de la respectiva cámara comercio que tenga incidencia en el territorio donde se producen los actos repetitivos. Este procedimiento se puede activar por solicitud de cualquier interesado.

Dicho estudio comienza estableciendo la viabilidad jurídica del reconocimiento de la costumbre en la temática solicitada. En una siguiente fase se identifica la necesidad de información y se recolecta en una base de datos de los grupos o sectores económicos que crean la costumbre.

La recopilación de los datos se realiza mediante una encuesta que puede aplicarse a una muestra representativa de la población o a su totalidad. Con este instrumento, se pretende establecer si la práctica motivo de análisis reúne los requisitos exigidos para su posterior certificación.

Cada cámara de comercio utiliza un formato específico para iniciar el trámite y luego ejecuta un procedimiento investigativo para comprobar si existen actos que puedan ser catalogados como costumbre mercantil.

El Código General del Proceso (Ley 1564 de 2012) establece en el artículo 179 los medios de prueba para determinar la costumbre local, nacional o internacional.

Tabla No. 9. Medios de prueba para determinar la costumbre

TRÁMITE EXIGIDO	LOCAL	NACIONAL	INTERNACIONAL
Certificación correspondiente de la cámara de comercio del lugar donde rija la costumbre que se pretende probar.	✓		
Decisiones judiciales definitivas que comprueben su existencia, proferidas dentro de los cinco (5) años anteriores al diferendo.	✓	✓	
El testimonio de dos (2) comerciantes inscritos en el registro mercantil que den cuenta razonada de los hechos y de los requisitos exigidos a los mismos en el Código de Comercio.	✓	✓	
Certificación del respectivo cónsul colombiano o, en su defecto, del de una nación amiga. Para expedir el certificado, solicitarán constancia a la cámara de comercio local o a la entidad que hiciere sus veces y, a falta estas, a dos (2) abogados del lugar especialistas en derecho comercial. También podrá probarse mediante dictamen pericial rendido por persona o institución experta en razón de su conocimiento.			✓

Fuente: Elaboración propia

Las cámaras de comercio siguen una metodología con un enfoque jurídico-investigativo sobre la práctica, con la que hacen un estudio para verificar si las prácticas cumplen o no con la normatividad y la jurisprudencia, específicamente que no contraríe las leyes vigentes o exista regulación sobre la materia. La investigación para comprobar una costumbre mercantil dura aproximadamente un (1) año.

Como ejemplos de costumbre mercantil certificadas en la Cámara de Comercio de Bogotá se tienen las siguientes:

- Se certificó el *check-out* en los hoteles;
- Descuentos en tiquetes aéreos
- Órdenes de contrato en los contratos de transporte
- Valor del IVA incluido dentro del precio cotizado
- Pago de los gastos de traspaso en la compraventa de vehículos particulares usados
- Entre los arrendatarios de locales comerciales, de pagar los cánones de arrendamiento por mensualidades anticipadas durante los cinco (5) primeros días comunes de cada mes.
- En el contrato de corretaje para el arriendo de locales comerciales, que el propietario o arrendador del bien inmueble pague por una vez al corredor una remuneración equivalente a un (1) canon de arrendamiento mensual, cuando por la intermediación del corredor se ha logrado dar el inmueble en arriendo y este no es entregado en administración al corredor.
- En los contratos de compraventa de inmuebles, el pago del impuesto predial unificado causado en el año en que se realiza el contrato, se asuma proporcionalmente por el vendedor y el comprador.

Capítulo 7

Ramas del derecho

7.1. ANTECEDENTES

La clásica división del derecho en público y privado es bastante antigua. Sus inicios se pueden remontar a la antigua Roma, en un breve texto de Ulpiano (170-228 d.C.), dedicado a la enseñanza, que luego sería incorporado a las Institutas[3] y al Digesto[4]. En este documento, Ulpiano afirma que los campos de estudio del derecho se centran en dos aspectos principales: *publicum et privatum.* Sería público el referido al Estado de la cosa romana, y el privado es el que atañe a la utilidad de cada individuo.

Desde las primeras épocas del derecho romano hasta el día de hoy, la clasificación de la ciencia jurídica ha permanecido en virtud del contenido y la finalidad de las normas. Los juristas que apoyaron a Justiniano (527-565 d.C.) en la recopilación

---

3 Proveniente del latín del latín *instituere* que significa enseñar u ordenar, se considera como un conjunto de manuales redactados para la enseñanza introductoria del Derecho romano. La versión original fue escrita por el jurista Gayo (siglo II) y posteriormente por Teófilo y Doroteo que hacen parte del *Corpus iuris civilis* ('Cuerpo de Derecho civil') recopilado por Justiniano (*Iustiniani* o *Institutiones* Justiniani).

4 Esta obra jurídica fue publicada en el año 533 por el emperador bizantino Justiniano I. Denominada originalmente como *Digestum,* significa resumen o compendio. Consta de siete partes: conceptos generales, teoría general de las acciones, los contratos, derecho hipotecario y los mecanismos de prueba, derecho sucesorio, propiedad y a la posesión y por último estipulaciones sobre el derecho penal, el público y privado.

y la clasificación de las costumbres, cuando verificaron que la naturaleza de cada norma era muy diferente, establecieron esta antigua clasificación en derecho público y privado (Rocha, 2015, pág. 145).

Dicha clasificación se constituyó desde la época del derecho romano. Ulpiano, en el Digesto, afirma: "Derecho público es el que atañe a la conservación de la cosa romana; privado, el que concierne a la utilidad de los particulares" (Rocha, 2015, pág. 146).

Desde la resplandeciente época del derecho romano se ha desarrollado esta división que entrega los fundamentos de los derechos público y privado, especificando así la oposición que surge entre los dos campos, es decir, entre el Estado y los particulares. El *jus publicum* regula las relaciones políticas, mientras que el *jus privatum* reglamenta las relaciones entre los ciudadanos las condiciones y sus límites.

Sin embargo, esta distinción se difumina completamente de la literatura jurídica en toda la Edad Media, época dominada por el concepto unitario de derecho común y la autonomía de los derechos particulares (*iura propria*). Defensores del derecho romano y de otra parte canonistas, rehusaron durante muchos años dividir la unidad del derecho con esta bipolaridad (Vergara, 2014, pág 44).

Esta vieja división que se puede calificar como *summa divisio iuris* (la división más alta de la ley), ha tenido un trasegar muy particular en la historia del pensamiento jurídico: nace en Roma, luego desaparece durante la Edad Media y reaparece en la época moderna, permaneciendo de manera ininterrumpida hasta la actualidad.

En la Edad Media se produce una situación singular: desaparece el uso del binomio público-privado, y en cambio aparece el fenómeno estatal, naciendo en este nuevo escenario un nuevo actor: el Estado.

En esa época el concepto de "derecho común" (*ius commune*) era el que dominaba, y en el campo privado imperaba una noción basada en la autonomía, respecto de los derechos particulares (*iura propia*).

Romanistas y canonistas rechazaron durante varios años la partición de la unidad del concepto unitario de "derecho". El díptico derecho privado–derecho público reaparece a mediados del siglo XVII en la literatura jurídica, cuando se redactaron diferentes obras desarrollando y explicando con total naturalidad, de un lado el derecho privado y por el otro el derecho público. Entre los siglos XVIII y XIX esta división coexiste pacíficamente con el surgimiento de los Estados nacionales. Aparece entonces la literatura jurídica especializada de "derecho público" (Vergara, 2014, pág. 57).

Según Eugene Petit, el mismo Derecho Romano, después de dividir el derecho en dos grandes partes, (*jus publicum* y *jus privatum*), decía que el primero comprende el gobierno del Estado y la organización de las magistraturas. La parte referente al culto y al sacerdocio se denomina *jus sacrum*; y la regulación de las relaciones de los ciudadanos con los poderes particulares (*jus privatum*), que se divide a su vez en Derecho natural, Derecho de gentes y Derecho Civil (*jus naturale, jus gentium* y *jus civile*) (Arellano, 2004, pág. 12).

7.2. ¿POR QUÉ LA DIVISIÓN ENTRE DERECHO PÚBLICO Y DERECHO PRIVADO?

La división del derecho en derecho público y derecho privado es una clasificación fundamental en los sistemas jurídicos, pues ayuda a organizar y aplicar las normas legales de manera eficaz, según la naturaleza de las relaciones y los intereses involucrados.

Tabla No. 10. Paralelo entre el derecho público y privado

	Derecho Público	Derecho Privado
Naturaleza de las relaciones	El derecho público regula las relaciones entre los entes estatales y los particulares, así como las relaciones entre los propios entes estatales. Está principalmente orientado a organizar el poder del Estado y garantizar el funcionamiento de los servicios públicos, así como la protección de los derechos fundamentales de los ciudadanos	El derecho privado se centra en las relaciones entre particulares (personas físicas o jurídicas), abordando aspectos como los contratos, la propiedad, y las obligaciones familiares, entre otros
Intereses involucrados	En el derecho público, predominan los intereses generales o colectivos. La ley busca regular comportamientos para proteger el bien público, como la seguridad, la libertad y el orden.	En el derecho privado se enfoca en intereses particulares, protegiendo las necesidades y los deseos específicos de los individuos y entidades privadas.
Grado de autonomía y coerción	El derecho público está caracterizado por un grado más alto de coerción debido a la implicación del Estado y sus facultades regulatorias y punitivas. Los ciudadanos y organizaciones deben acatar las leyes públicas independientemente de su voluntad.	En el ámbito del derecho privado, los individuos tienen mayor libertad para regular sus propios asuntos a través de acuerdos mutuos, siempre que estos no contravengan la ley.
Procedimientos legales y efectos	Las normas del derecho público suelen tener efecto directo y a menudo permiten poco espacio para la negociación o la flexibilidad en su aplicación, dada su naturaleza vinculada a la estructura y funcionamiento del Estado	En contraste, el derecho privado permite y fomenta que las partes diseñen y gestionen sus relaciones contractuales y otros acuerdos legales según sus propios términos, dentro de los límites de la ley

Fuente: Elaboración propia.

Esta división no solo refleja una organización lógica del sistema legal, sino que también asegura que diferentes tipos de relaciones y transacciones sean regulados de manera adecuada, proporcionando un marco legal claro y específico que responde a las necesidades variables de la sociedad.

Gráfico No. 14. Ramas y subdivisiones del derecho

Fuente: Elaboración propia.

Hoy en día el binomio derecho público-derecho privado puede ser muy simple y no alcanza a responder las exigencias de un mundo globalizado, complejo y con una fuerte disrupción tecnológica. Ello lleva a afirmar que existen múltiples ramas del derecho que no sería posible enumerar de forma exhaustiva. Lo que sí cabe señalar es que, para que exista una rama del Derecho, es menester que tal rama jurídica tenga autonomía (Arellano, 2004, pág. 12).

Es decir, para que se nazca una rama del Derecho y se le reconozca, es necesario que tenga un objeto o materia propia definida, ostentar una autonomía científica en cuanto que requiere la adquisición de conocimientos especializados que permitan establecer, analizar y explicar los fenómenos jurídicos propios de esa rama.

También debe poseer autonomía legislativa, reflejada en el hecho de que el legislador en virtud de la naturaleza de sus funciones, crea una normatividad que no se adhiere a ordenamientos pertenecientes a rama distinta.

En esto de las ramas del Derecho sucede algo semejante a lo contenido en una de los pasajes de la mitología griega referente a las cincuenta cabezas y cien brazos del gigante Briareo: el Derecho es uno solo, pero sus ramas son múltiples. Su clasificación nos lo confirma (Peña, 2011, pág. 65).

Dentro del ámbito de la clasificación del Derecho en grandes divisiones y subdivisiones, se debe aclarar que no existe una sola gran división del Derecho, sino que también existen, otras grandes divisiones que pretenden abordar y explicar su naturaleza desde otra perspectiva. Arellano García (2004) cita una clasificación de la cual tomo algunos de sus elementos por considerarlos pertinentes:

a) *Derecho científico y derecho normativo*: si aborda el estudio del derecho desde lo teórico, dogmático y conceptual o se centra en el análisis del derecho positivo.

b) *Derecho interno y derecho internacional*: si centra sus desarrollos en el derecho nacional de un determinado Estado o lo hace de las normas internacionales, o del derecho de otros Estados.

c) *Derecho sustantivo y derecho adjetivo*: el primero aborda el estudio de las normas que establecen derechos y obligaciones de las personas, y que prevén, normalmente, las sanciones que deben aplicarse; el derecho adjetivo o procedimental fijan el procedimiento para efectivizar los derechos.

d) *Derecho teórico y derecho práctico:* el teórico tiene como objetivo esencial, el estudio de conceptos, clasificaciones y contenidos dogmáticos del derecho, y el práctico la aplicación normativa a casos particulares.

e) *Derecho natural y derecho positivo*: referido el primero al estudio de las normas inherentes al ser humano que no han sido escritas y el segundo a las normas aprobadas por el Estado a través de su órgano competente.

f) *Derecho comparado, derecho uniforme y derecho comunitario:* el derecho comparado estudia el derecho mediante la comparación de las diferentes soluciones que ofrecen los diversos ordenamientos jurídicos; el derecho uniforme es el conjunto de normas jurídicas agrupadas mediante un sólo procedimiento, como la celebración de un tratado internacional propio del sistema tradicional; por último, el derecho comunitario agrupa los tratados constitutivos y de adhesión o a la Unión Europea, o también a otros grupos comunitarios como la Comunidad Andina.

7.3. DERECHO PÚBLICO: NOCIÓN Y ALCANCE

Podemos definir el derecho público como la rama del derecho que regula las relaciones entre las personas naturales o jurídicas, con los órganos que ostentan el ejercicio del poder público, cuando estos actúan en ejercicio de sus legítimas potestades públicas, como la administración del Estado, la función jurisdiccional o la legislativa, de acuerdo con la normatividad establecida.

El derecho público ordena las relaciones de subordinación y supraordenación entre el Estado y los particulares, así como entre los distintos organismos que componen al Poder Público.

Concretamente, que el derecho público sea "derecho" o haga parte del él quiere decir, ni más ni menos que el Estado, en tanto que sujeto del derecho, tiene voluntad y despliega acciones a través de organismos, todo dirigido a materializar la premisa de "darle a cada uno lo suyo" (*Suum cuique tribue)*, como consecuencia jurídica de su voluntad y de su acción.

En tanto que derecho verdadero, el derecho público debe también satisfacer la exigencia de justicia. El hecho de que el Estado posea la soberanía no quiere decir que no deba ser justo. Por el contrario, es en el Estado o en el seno de él que la justicia encuentra su lugar de realización.

En tanto que detentor de la soberanía, el Estado es a la vez un poder de dominación y un proveedor de servicios frente a los individuos que son miembros de la sociedad que está sometida al poder del derecho. Entre la exigencia de justicia y la soberanía del Estado, hay una interferencia perpetua. Es el grado de este cruce entre soberanía y justicia que se imprime concretamente las características de tal o cual derecho público en un momento histórico determinado. En consecuencia, el derecho del Estado como poder político, es y debe ser un derecho diferente al derecho privado.

El derecho público y el derecho privado cada uno tienen su propia razón de ser: el derecho público es el derecho del político, mientras que el derecho privado es el derecho de los individuos particulares.

7.3.1. Principios que rigen el derecho público

Una característica primordial del derecho público es que en sus mandatos no prevalece la autonomía de la voluntad, como sí ocurre con el derecho privado. Es decir, sus normas contienen mandatos irrenunciables y obligatorios, debido a que son exigencias emanadas de una relación de subordinación ejercida por el Estado -en virtud de su soberanía y majestad suprema- sobre todas las personas.

Para llevar a cabo la aplicación de las normas que son propias del derecho público, se deben observar los siguientes principios:

- *Principio de legalidad*: preceptúa que toda acción de los poderes públicos debe estar inscrita necesariamente en el orden jurídico vigente, reflejándose allí la seguridad jurídica. La consecuencia es que el Estado y sus funcionarios están sometidos al imperio de la ley y, en consecuencia, no pueden violar las normas.
- *Presunción de legalidad de los actos del Estado:* la administración pública representa el poder estatal que busca la aplicación de la constitución y la ley para asegurar el bienestar de todas las personas. En tal sentido, la administración no requiere que se declare la legalidad de sus actos para su ejecución y cumplimiento. Se presume que tales actos se ajustan a la ley, a menos que un juez determine lo contrario.
- *Competencias de los órganos del Estado*: Se trata de la titularidad que tienen todos los órganos, entidades y dependencias del Estado, para asumir la toma de decisiones sobre un determinado asunto.
- *Principio de jerarquía*: en virtud de la existencia de un orden para la aplicabilidad de las normas jurídicas que han sido graficadas con la célebre Pirámide de Kelsen, este principio otorga el sustento para la solución de las posibles contradicciones entre las normas a raíz de su rango. La constitución preceptuaría y garantizaría la jerarquía normativa. En Colombia en virtud de este principio, la jerarquía normativa se traduciría en la supremacía constitucional sobre cualquier otra norma jurídica, en la preponderancia de la norma escrita sobre la costumbre y los principios generales de Derecho, y en la superioridad de la ley sobre las normas administrativas.
- *Principio de responsabilidad del Estado:* se fundamenta en la obligación que recae sobre el Estado, de reparar los daños causados por el hecho ilícito de sus órganos o

servidores. Este principio se basa en que todo daño causado ilícitamente por el Estado a través de sus funcionarios públicos de cualquier nivel, debe ser reparado de buena fe.

- *Vigencia de los principios y derechos constitucionales:* los principios constitucionales son normas jurídicas que contienen directrices generales que delimitan el alcance axiológico y político del orden jurídico. Ellas forman parte integral del ordenamiento jurídico constitucional, por lo que son obligatorias y tienen eficacia directa, sin necesidad de desarrollos normativos.

Gráfico No. 15. Principios del Derecho público

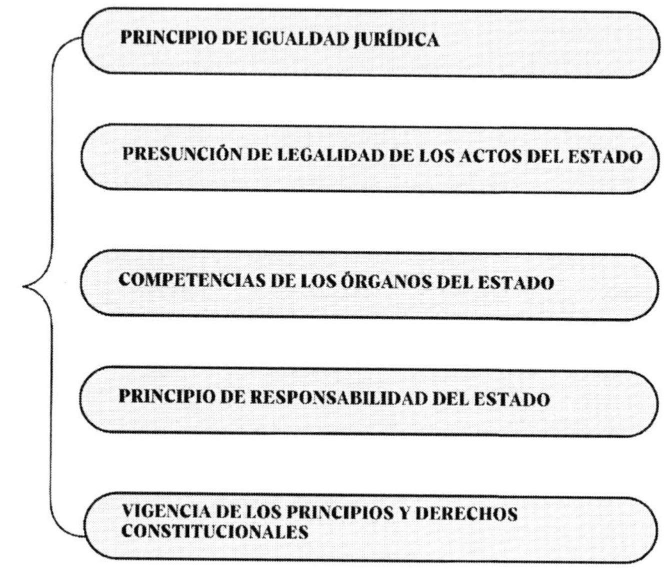

Fuente: Elaboración propia.

7.3.2. Ramas del derecho público

El derecho público, como campo amplio y complejo del derecho, se divide en varias ramas para abordar de manera organizada y efectiva la diversidad de asuntos que afectan directamente a la estructura del Estado, sus relaciones con los ciudadanos, y las funciones que realiza dentro de una sociedad.

Cada rama se especializa en regulaciones y principios específicos que responden a necesidades particulares de la gobernabilidad y la administración pública.

A continuación, se explican algunas de las razones principales por las cuales el derecho público tiene diversas ramas:

- *Especialización y eficiencia*: al dividir el derecho público en ramas específicas, se permite una mayor especialización y profundización en áreas concretas. Esto facilita que los profesionales del derecho y los órganos del Estado desarrollen competencias específicas que mejoran la eficiencia y efectividad en la administración de justicia y la implementación de políticas públicas.
- *Claridad y orden*: tener ramas bien definidas ayuda a organizar el sistema legal de una manera más clara y sistemática. Esto hace que sea más fácil para los juristas, legisladores, administradores y ciudadanos comprender sus derechos y obligaciones bajo la ley.
- *Adaptación a necesidades sociales*: las distintas ramas del derecho público responden a áreas específicas de la vida social y política que requieren regulación. Por ejemplo, el derecho constitucional se centra en la estructura fundamental del Estado y los derechos fundamentales, mientras que el derecho administrativo regula las actividades de los órganos administrativos del Estado y su relación con los particulares.

- *Cobertura y profundidad en la regulación:* diferentes aspectos de las relaciones entre el Estado y los ciudadanos o entre Estados requieren enfoques y regulaciones distintas. Por ejemplo, el derecho penal público aborda la regulación de los delitos y las penas, mientras que el derecho fiscal se ocupa de los asuntos relacionados con la tributación y los recursos financieros del Estado.
- *Dinamismo y adaptabilidad:* la sociedad y sus necesidades legales son dinámicas y cambian con el tiempo. Las distintas ramas del derecho público permiten que el sistema legal se adapte de manera más flexible y dirigida a nuevas realidades, desafíos y tecnologías, como puede ser el caso del derecho ambiental o el derecho de la tecnología y la información.

Las principales ramas del derecho público incluyen, entre otras:

- *Derecho constitucional:* aborda la estructura fundamental del Estado, los derechos y libertades fundamentales y las relaciones entre los poderes públicos.
- *Derecho administrativo:* se ocupa de la organización, funciones y procedimientos de los órganos del Estado, así como de la relación entre estos y los particulares.
- *Derecho penal:* es el conjunto de normas que regulan la potestad punitiva del Estado, asociando hechos determinados por la ley (delitos) como presupuestos de una pena.
- *Derecho fiscal o tributario:* desarrolla normatividad dirigida al recaudo de impuestos y otras contribuciones económicas que sustentan al Estado.
- *Derecho internacional público:* trata sobre las normas y principios que regulan las relaciones entre los Estados

y organismos internacionales, incluidos los tratados y acuerdos internacionales.

Estas especializaciones permiten un manejo más efectivo y especializado de los asuntos legales que inciden en la gobernabilidad y la resolución de los conflictos que surjan con la aplicación de la norma.

7.4. EL DERECHO PRIVADO: NOCIÓN, PRINCIPIOS Y ALCANCE

El derecho privado es un conjunto de normas jurídicas que regulan las relaciones entre personas privadas, ya sean físicas o jurídicas, que actúan en un plano de igualdad, con intereses particulares y sin la intervención directa del Estado como parte en esas relaciones. Su objetivo es organizar y proteger los intereses privados de las personas, así como regular sus interacciones de manera que se preserve el orden y se respeten los derechos de cada parte involucrada.

El derecho privado tiene unos principios de aplicación diferentes al derecho público Estos principios son los fundamentos jurídicos que guían la interpretación, aplicación y creación de las normas que regulan las relaciones entre particulares, proporcionando coherencia y previsibilidad al sistema legal.

Estos principios aseguran que las interacciones y transacciones entre personas privadas se lleven a cabo de manera justa y equitativa. A continuación, se detallan algunos de los principales:

- *Autonomía de la voluntad:* es el principio rector del derecho privado que permite a los individuos la libertad de establecer sus propias reglas de conducta a través de acuerdos y contratos, siempre y cuando no infrinjan la ley.

- *Igualdad jurídica:* todos los sujetos de derecho tienen la misma capacidad para adquirir derechos y contraer obligaciones, y deben ser tratados por la ley sin discriminación. Esto implica que las partes en un acuerdo están en igualdad de condiciones ante la ley, sin privilegios ni discriminaciones.
- *Buena fe*: este principio supone que las partes en una relación jurídica actúan con honestidad, lealtad y confianza mutua, tanto en la formación como en el cumplimiento de los contratos y otras relaciones jurídicas.
- *Conservación del contrato*: se busca mantener la validez y el cumplimiento de los acuerdos alcanzados, promoviendo la estabilidad jurídica y económica, tratando de resolver cualquier ineficacia contractual, de manera que se preserve el acuerdo inicial de las partes.
- *Justicia conmutativa*: se enfoca en el equilibrio de las prestaciones entre las partes, asegurando que no haya un enriquecimiento injusto a expensas de otra parte.
- *Función social de la propiedad y los contratos:* aunque el derecho privado se centra en los derechos individuales, también reconoce que la propiedad y los contratos deben cumplir una función social, es decir, deben respetar el interés público y contribuir al bienestar general.

Estos principios no solo guían la creación y la interpretación de las leyes en el ámbito privado, sino que también proporcionan un marco ético y moral que busca asegurar la justicia y la equidad en las relaciones entre particulares.

Gráfico No. 16. Principios del Derecho Privado

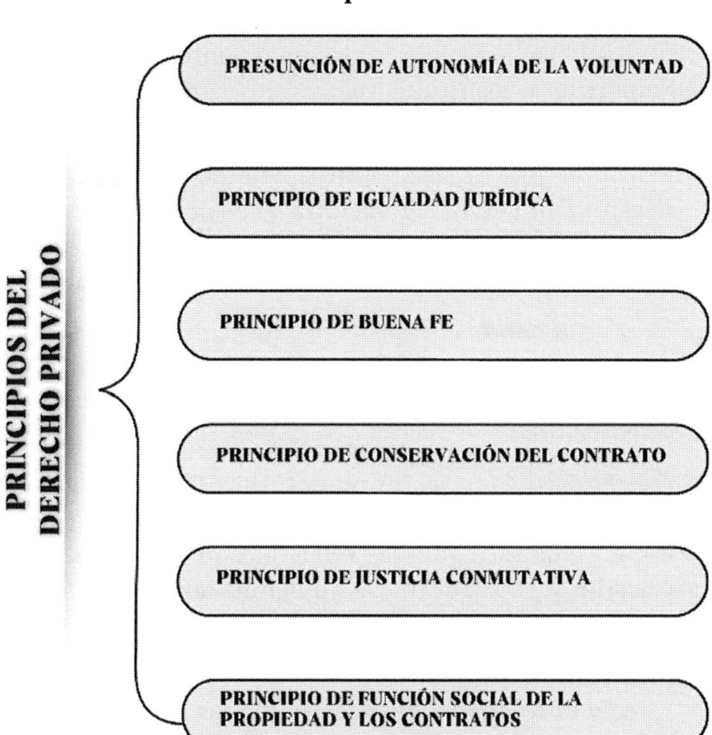

Fuente: Elaboración propia.

Enseguida se desarrollan las principales ramas del derecho privado:

- *Derecho civil*: es la rama más amplia y general del derecho privado. Regula las relaciones personales o patrimoniales entre personas privadas o públicas, actuando en un plano de igualdad. Incluye cuestiones relacionadas con la propiedad, contratos, familia, sucesiones, entre otros.
- *Derecho mercantil o comercial:* desarrolla la normatividad que regula la actividad de los comerciantes, los actos de comercio calificados como tales por el Código de

Comercio, y las relaciones jurídicas derivadas de la ejecución de estos. Incluye temas como el registro mercantil, los libros y papeles del comerciante, las sociedades comerciales, los títulos valores, los contratos mercantiles, entre otros.

- *Derecho de las sociedades:* parte del derecho mercantil que se especializa en la regulación de las sociedades mercantiles, sus formas, constitución, funcionamiento, disolución y liquidación.
- *Derecho del consumidor:* protege a los consumidores en sus relaciones con proveedores de bienes y servicios, asegurando que exista equidad y seguridad jurídica en las transacciones.
- *Derecho laboral privado:* aunque el derecho laboral puede considerarse un híbrido entre derecho público y privado, en cuanto regula las relaciones entre empleadores privados y trabajadores, se menciona aquí por su importancia en la regulación de las condiciones laborales en el sector privado.
- *Derecho internacional privado:* regula las relaciones privadas con elementos extranjeros, como los conflictos de leyes en el espacio y determina la jurisdicción competente, y los problemas de nacionalidad y condición jurídica de los extranjeros.
- *Derecho de la propiedad intelectual:* incluye el conjunto de normas que regulan los derechos de autor y los derechos conexos, así como la propiedad industrial (patentes, marcas, diseños industriales, entre otros).
- *Derecho de la competencia:* regula las prácticas de competencia desleal y monopolística, buscando proteger el correcto funcionamiento del mercado y la libre competencia.

Estas ramas del derecho privado son fundamentales para la regulación de las interacciones entre individuos y empresas, garantizando derechos y estableciendo responsabilidades en un marco de autonomía, legalidad y equidad.

7.5. CRÍTICAS Y PROBLEMÁTICAS EN LA DIVISIÓN ENTRE DERECHO PÚBLICO Y DERECHO PRIVADO

La división entre el derecho público y el derecho privado ha sido objeto de varias críticas y debates dentro del ámbito jurídico. Aunque esta distinción es una de las más antiguas y fundamentales en muchos sistemas legales, ha enfrentado cuestionamientos debido a múltiples problemáticas que se presentan en su concepción y aplicación. Entre las principales problemáticas se tiene:

- *Intersección y solapamiento:* en la práctica moderna, las líneas entre el derecho público y el derecho privado a menudo se solapan, es decir se entremezclan disminuyendo la delineación de cada rama. Por ejemplo, en casos de regulaciones gubernamentales que afectan directamente a las empresas privadas de servicios públicos o de servicios de salud, o cuando las entidades públicas participan en mercados como actores privados. Esto ha llevado a cuestionar si la distinción es demasiado rígida o artificial.
- *Flexibilidad y dinamismo del derecho:* la sociedad y sus necesidades legales son dinámicas y cambiantes. La rigidez en la clasificación del derecho puede no ser suficientemente flexible para adaptarse a nuevas realidades o desafíos, como los avances tecnológicos o los cambios socioeconómicos.
- *Interferencia del Estado en relaciones privadas:* frecuentemente el derecho público regula aspectos del derecho

privado, especialmente en áreas como el derecho laboral, el derecho de familia y el derecho contractual, donde el Estado interviene para proteger intereses públicos o derechos fundamentales. Esto puede generar tensiones sobre hasta dónde debe llegar la intervención del Estado en las relaciones privadas.

- *Influencia del poder público en relaciones privadas:* similar al anterior problema, el Estado interviene en relaciones privadas por razones de interés público, como la protección de los consumidores, el medio ambiente o la equidad social. Esto lleva al desdibujamiento de las líneas entre lo público y lo privado, ya que las normas de derecho público penetran en el dominio tradicionalmente reservado para el derecho privado.
- *Dificultades en la interpretación y aplicación de la ley:* cuando los casos legales involucran elementos de ambos tipos de derecho, puede ser complicado determinar qué normas aplicar y cómo resolver las tensiones entre principios potencialmente contradictorios de los dos cuerpos de derecho.
- *Ineficiencias legislativas y judiciales:* la necesidad de clasificar y tratar por separado el derecho público y privado puede llevar a duplicaciones innecesarias de normas y procedimientos, o a vacíos legales donde no está claro cuál régimen aplicar. Esto puede complicar el trabajo de legisladores, abogados y jueces, y potencialmente llevar a injusticias o a la aplicación ineficiente de la ley.
- *Base teórica:* algunos teóricos argumentan que la base para la división entre derecho público y privado no siempre es clara o teóricamente sólida. Argumentan que todas las leyes, de alguna manera, sirven al interés público, incluso aquellas que regulan las relaciones privadas.

- *Desafíos en la enseñanza del derecho:* la división puede complicar la enseñanza del derecho, ya que obliga a los estudiantes a categorizar y aprender normas y principios en dos marcos separados que, en la práctica, a menudo se cruzan o influyen mutuamente.
- *Innovaciones tecnológicas y nuevos modelos de negocio:* la rápida evolución de la tecnología y los modelos de negocio desafían las categorizaciones tradicionales del derecho. Por ejemplo, en el ámbito del derecho digital o del derecho de la propiedad intelectual, se cruzan constantemente intereses privados y regulaciones públicas, dificultando la aplicación de la clásica división.
- *Aspectos internacionales y de comparación del derecho:* en el contexto globalizado actual, la distinción entre derecho público y privado puede variar significativamente entre diferentes jurisdicciones, lo que puede complicar la comprensión legal internacional y la cooperación en asuntos transfronterizos.

Estas críticas y problemáticas han llevado a algunos juristas y académicos a proponer una visión más integrada o interdisciplinaria del derecho, que pueda adaptarse mejor a las complejidades y realidades de la sociedad contemporánea. Sin embargo, la distinción todavía tiene utilidad práctica y doctrinal en muchos contextos y sigue siendo una herramienta fundamental en la estructura de muchos sistemas jurídicos como el colombiano.

Capítulo 8

El derecho y la inteligencia artificial (IA)

8.1. ANTECEDENTES DE LA IA

Se considera que la Conferencia de Dartmouth de 1956 en Estados Unidos marca el origen oficial de la inteligencia artificial como una disciplina de investigación independiente. Organizado por John McCarthy, quien acuñó el término "inteligencia artificial", en este evento académico se propuso que todos los aspectos del aprendizaje y demás potencialidades de la inteligencia podrían aproximarse con tanta precisión, que sería posible crear una máquina que los simule. El evento congregó a investigadores con intereses en neurociencia, simulación de procesos inteligentes y el potencial de las máquinas (López y Meseguer, 2017).

Desde el año de 1950, emergieron dos visiones preeminentes sobre la naturaleza y funcionalidad de las computadoras. Una de dichas perspectivas, conocida como el "modelo de procesamiento simbólico", postulaba que la mente humana y el ordenador eran manifestaciones diversas de un mismo tipo de dispositivo, el cual generaba comportamientos inteligentes mediante la manipulación de símbolos a través de reglas formales. Desde este punto de vista, tanto la mente como los computadores hacían parte de sistemas físicos con el potencial de crear una representación simbólica del mundo y ejercer conductas basadas en ciertas reglas para el procesamiento de tales imágenes.

La segunda perspectiva vislumbraba al computador como un medio para imitar el cerebro, su arquitectura y la funcionalidad de las conexiones neuronales, siendo denominado "modelo conexionista". Ambas posturas configuraron las dos principales tendencias que han guiado las investigaciones en el ámbito de la "inteligencia artificial" (IA).

Después de Dartmouth en la década de los 60' y 70', hubo algunos avances en el desarrollo de algoritmos y modelos para problemas específicos de IA, como juegos de estrategia y la resolución de problemas matemáticos. En la década de 1980 se produjo un auge inusitado de sistemas diseñados para simular la toma de decisiones de humanos expertos en campos específicos.

Estos sistemas utilizaban reglas que eran manejadas a través de la lógica de programación para simular el conocimiento y el razonamiento analítico humano. En los años siguientes (1990-2000) nació el aprendizaje automático con el aumento en el poder computacional y la disponibilidad de grandes cantidades de datos.

La capacidad de las máquinas para aprender de los datos y mejorar con la experiencia sin ser explícitamente programadas, ofreció nuevas y poderosas maneras de aplicar la IA a una variedad de problemas prácticos, desde el reconocimiento de voz hasta la recomendación de productos.

En las dos décadas del siglo XXI, la IA ha experimentado un renacimiento, impulsado en gran parte por los avances en redes neuronales profundas (*deep learning*), que han permitido avances significativos en tareas como el procesamiento del lenguaje natural y la visión por computadora.

8.2. CONCEPTO DE LA IA

Este nuevo campo de la tecnología aplicado al derecho ha encontrado gran acogida entre los juristas, quienes han aportado prolíficos desarrollos doctrinales, aportados en eventos académicos, foros y en artículos y libros de investigación.

Son muchos los conceptos que desde la tecnología se ha propuesto para la IA. Benítez, Escudero, Kanaan y Masip (2013) lo han definido como "la disciplina académica relacionada con la teoría de la computación cuyo objetivo es emular algunas de las facultades intelectuales humanas en sistemas artificiales".

Escolano, Cazorla, Alfonso, Colomina y Lozano (2003) lo conceptualizan como "la ciencia de construir máquinas para que hagan cosas que, si las hicieran los humanos, requerirían inteligencia".

Boden (2016) expresa que la IA tiene por objeto, que los computadores hagan lo mismo que puede hacer la mente humana con lo denominado como inteligencia, lo cual no es una dimensión única, sino un espacio profusamente estructurado de capacidades para procesar la información.

La inteligencia artificial (IA) se puede definir como la rama de la ciencia de la computación dedicada a la creación de sistemas que exhiben comportamientos que, si fueran exhibidos por humanos, se considerarían inteligentes. Esto incluye habilidades como aprender, razonar, resolver problemas, percibir, entender el lenguaje y tomar decisiones.

Para aproximarnos a una definición más técnica, podríamos acudir al concepto creado por Bernstein y Curtis, quienes la describieron como el diseño y creación de agentes llamados "inteligentes", donde cada uno de ellos es un sistema que observa su entorno y realiza acciones tendientes a lograr sus objetivos de manera exitosa. Estos sistemas pueden ser puramente software, como los algoritmos de búsqueda y optimización utilizados en los motores de búsqueda en la web, o pueden incluir hardware, como los robots.

La anterior definición fue ampliada por un Grupo de Expertos de Alto Nivel de la Comisión Europea, siendo la más utilizada en casi todos los campos de estudio de la IA:

> Los sistemas de inteligencia artificial son sistemas de software y posiblemente hardware diseñados por humanos, que, al darles un objetivo complejo, actúan en la dimensión física o digital, percibiendo su entorno a través de la obtención de datos, interpretando los datos estructurados y no estructurados, razonando o procesando la información que se deriva de tales datos, y decidiendo la mejor acción/es para lograr el objetivo propuesto (Stanford University, 2016).

Existen varios enfoques y métodos que han sido desarrollados en el campo de la inteligencia artificial. Algunos son los siguientes:

- *Aprendizaje automático (Machine Learning)*: es un área dentro de la inteligencia artificial que habilita a los sistemas para adquirir habilidades y optimizar su desempeño mediante la experiencia, sin necesidad de una programación específica. Emplea algoritmos para examinar datos, extraer aprendizajes y, a partir de estos, realizar predicciones o tomar decisiones.
- *Procesamiento del lenguaje natural (NLP)*: se centra en la interacción entre los computadores y los humanos a través del lenguaje natural. El objetivo es que los computadores sean capaces de entender y responder a documentos escritos y voz en un lenguaje humano.
- *Visión por computadora*: trata sobre la capacidad de los sistemas informáticos para identificar y procesar objetos en imágenes y videos de la misma forma que lo hace el ojo humano.
- *Robótica*: con los conceptos de IA, se busca la fabricación de máquinas capaces de realizar tareas complejas de forma autónoma, incluyendo no solo el aspecto físico del movimiento y manipulación, sino también la percepción y la toma de decisiones.

- *Redes neuronales y aprendizaje profundo (Deep Learning)*: se refiere a los modelos y algoritmos que imitan la estructura y funcionamiento del cerebro humano, para mejorar el aprendizaje y la interpretación de grandes cantidades de datos.
- *Sistemas expertos*: son programas informáticos que simulan la toma de decisiones de un experto humano en un campo específico, basándose en un conjunto de reglas y lógicas definidas.

La IA se está expandiendo rápidamente y se aplica en una amplia variedad de campos, desde el análisis financiero y la atención médica hasta el entretenimiento y la seguridad, transformando muchas industrias y aspectos de la vida diaria.

El objetivo principal de esta disciplina no es en sí mismo los programas o el propio computador, sino la denominada "conducta inteligente", específicamente la conducta humana de la máquina.

La inteligencia artificial examina la inteligencia y los procesos cognitivos humanos con el objetivo de comprender cómo funcionan. Este entendimiento se utiliza para fomentar el desarrollo de comportamientos inteligentes mediante sistemas computacionales y software diseñados específicamente para tal propósito.

8.3. LA INTELIGENCIA ARTIFICIAL Y EL DERECHO

La meta de la inteligencia artificial no es imitar exactamente las funciones cognitivas humanas, como las ejecuta el cerebro. Más bien, la IA se enfoca en comprender la estructura y los mecanismos de estas funciones -que incluyen la información, memoria, comprensión, entendimiento, lenguaje, expresión y razonamiento- y en optimizarlas a través de procedimientos computacionales. Posteriormente, estas funciones mejoradas se integran en dispositivos mecánicos que se aplican en situaciones del mundo real (Casanova, 2010).

Existe una distinción clave entre la inteligencia humana y la artificial que aún no ha sido superada por la ciencia: la autoconsciencia. Para que la inteligencia artificial alcance el nivel humano, es esencial que posea autoconsciencia.

Aunque se han desarrollado estructuras y programas que exhiben ciertos niveles de autonomía, las decisiones cruciales se siguen tomando mediante un razonamiento lógico basado en información explícitamente almacenada en la memoria del robot. Por lo tanto, la inteligencia artificial aún no ha conseguido que sus sistemas sean conscientes de sus propios procesos mentales.

Si se logra este avance, los dispositivos equipados con IA alcanzarán un nivel de inteligencia capaz de realizar muchas tareas asignadas por humanos, pero esto también podría conllevar riesgos significativos.

La inteligencia artificial ha empezado a ejercer una influencia significativa en el ámbito del derecho, transformando la forma en que se practica, se estudia y se conceptualiza el derecho.

Algunas de las áreas clave donde la IA ha comenzado a impactar en el derecho se tienen:

- *Automatización de tareas legales:* la IA ha permitido la automatización de tareas repetitivas y laboriosas, como la revisión de documentos y la búsqueda de precedentes. Herramientas como el procesamiento del lenguaje natural permiten analizar grandes volúmenes de texto legal rápidamente, lo que ayuda a los abogados a ser más eficientes y precisos.
- *Apoyo en la toma de decisiones:* los sistemas de IA pueden ayudar a los abogados y jueces al proporcionar análisis

de datos y modelos predictivos. Por ejemplo, algunas aplicaciones de IA pueden prever los resultados de casos judiciales basándose en datos históricos, lo que puede ser útil en la estrategia del litigio.

- *Acceso a la justicia*: la IA también ha contribuido a democratizar el acceso a la justicia mediante la provisión de servicios legales automatizados y más accesibles económicamente. Esto incluye chatbots que proporcionan asesoramiento legal básico y plataformas que ayudan a los usuarios a redactar documentos legales estándar como testamentos, contratos y demandas.
- *E-Discovery:* en el contexto de litigios, la IA ha revolucionado el proceso de e-discovery (descubrimiento electrónico), al hacer posible el manejo eficiente de enormes cantidades de datos electrónicos. Las herramientas de IA pueden identificar rápidamente documentos relevantes y patrones dentro de grandes datasets, lo que reduce el tiempo y el costo asociados con esta fase del litigio.
- *Ética y privacidad:* mientras la IA ofrece numerosas ventajas, también plantea desafíos significativos en términos de ética y privacidad. El uso de IA en la práctica legal debe ser gestionado cuidadosamente para evitar sesgos, garantizar la confidencialidad y mantener la integridad del proceso legal.
- *Formación jurídica y práctica profesional:* la IA está cambiando la forma en que los abogados son formados y practican su profesión. Las habilidades relacionadas con la tecnología y la comprensión de los sistemas de IA se están volviendo cada vez más importantes. Además, la IA plantea nuevas preguntas legales y éticas que los profesionales del derecho deben estar preparados para abordar.

- *Desarrollo de leyes y regulaciones:* con el avance de la IA, también surge la necesidad de desarrollar leyes y regulaciones que aborden las cuestiones relacionadas con la responsabilidad, los derechos de autor, la protección de datos y otros aspectos relevantes. Esto incluye preguntas sobre cómo se regula la propia tecnología de IA y cómo se utiliza dentro del sistema legal.
- *Impacto en los roles y la estructura del sector legal:* la adopción de IA puede cambiar la estructura del mercado legal, afectando tanto a grandes firmas de abogados como a proveedores de servicios legales alternativos. También puede influir en los roles y la carrera profesional en el sector, potencialmente desplazando algunos trabajos mientras crea otros nuevos.

En algunos países se ha empezado a utilizar de forma experimental la inteligencia artificial en el ámbito judicial. La IA ha sido empleada principalmente para ayudar en la administración de justicia, mejorar la eficiencia de los procesos judiciales y, en algunos casos, para apoyar en la toma de decisiones preliminares.

Por ejemplo, China ha sido pionera en la incorporación de la IA en su sistema judicial. El país asiático ha desarrollado "jueces virtuales" que pueden manejar casos menores y tareas administrativas, como la orientación a los litigantes sobre procedimientos legales. Además, sistemas de IA están siendo utilizados para analizar documentos legales y casos pasados para ofrecer recomendaciones de sentencias a los jueces humanos. Los juzgados chinos son frecuentemente atendidos por asistentes robots entrenados en lo legal para resolver preguntas y atender a los ciudadanos (The Technolawgist, 2019).

En Estados Unidos, la IA ha sido aplicada principalmente para tareas como la predicción de riesgos y la ayuda en decisiones de libertad bajo fianza o sentencias. Programas como COMPAS (*Correctional Offender Management Profiling for*

Alternative Sanctions) han sido utilizados para evaluar el riesgo de reincidencia de los delincuentes, aunque este uso ha sido controvertido debido a preocupaciones sobre sesgo y precisión (Neosmart, 2024).

Estonia, mundialmente conocida por su avanzada *e-governance*, ha estado explorando el uso de la IA para resolver disputas menores en un entorno de tribunal virtual. Todos los pleitos donde exista una reclamación judicial que no supere los 7.000 euros están totalmente automatizados. El objetivo es simplificar los procedimientos legales para ciertos tipos de casos civiles, permitiendo una resolución más rápida y menos costosa (Neosmart, 2024).

En Canadá, algunos tribunales han empezado a utilizar herramientas de IA para ayudar en la gestión de documentos y la investigación legal. Aunque el uso de la IA en la toma de decisiones judiciales sigue siendo limitado, se están explorando programas para ayudar a los jueces con tareas administrativas y análisis preliminares.

En el Reino Unido se ha investigado el uso de la IA para ciertas funciones judiciales, como la evaluación de pruebas y la ayuda en la toma de decisiones en casos de bajo riesgo. También se ha propuesto el uso de IA para crear un sistema de "tribunal en línea" para resolver disputas menores de manera eficiente.

En Colombia, se han tomado medidas significativas en este campo. La Corte Constitucional ha implementado un sistema de Inteligencia Artificial llamado Pretoria, diseñado para optimizar el proceso de selección de tutelas. Con la ayuda de este sistema, el tiempo necesario para seleccionar casos urgentes se ha reducido drásticamente, pasando de 96 días a apenas dos minutos, siempre bajo la supervisión de un humano. Pretoria evalúa la urgencia de cada expediente y es capaz de generar hasta 14 documentos requeridos en solo 16 minutos, una tarea que le tomaría a un empleado experimentado aproximadamente 2,40 horas (Mutualidad, 2022).

El anterior panorama bastante general sobre las experiencias de la IA en algunos países, demuestra su desarrollo exponencial en la ciencia jurídica lo cual genera bastante optimismo, pero también preocupaciones por la incertidumbre y los riesgos en sus futuros desarrollos.

La aplicación de inteligencia artificial, capaz de superar las capacidades cognitivas humanas, introduce la posibilidad de nuevas relaciones jurídicas que no están contempladas en los marcos normativos actuales.

Los diversos problemas de carácter jurídico que presenta la IA en el mundo jurídico, más los que se avizoran a corto plazo, están ligados a su rápida expansión, la falta de regulación y el desconocimiento de los efectos de algo que apenas en el mundo está empezando a comprender sus dimensiones.

Es necesario abordar la relación entre la normativa y los avances tecnológicos mediante modificaciones legislativas específicas para cada sector. Esto permitirá resolver los problemas emergentes a medida que la inteligencia artificial se desarrolla y se extiende. Así, el sistema legal podrá ajustarse progresivamente a estos nuevos contextos. En el subtítulo 8.5., se examinarán algunas de las dificultades asociadas al uso de la inteligencia artificial en el ámbito jurídico.

8.4. NORMATIVIDAD Y JURISPRUDENCIA CONSTITUCIONAL SOBRE IA

En Colombia, actualmente no existe una ley específica que regule de manera integral la inteligencia artificial (IA). Sin embargo, hay algunos desarrollos normativos y políticas públicas que abordan temas relacionados con el uso de tecnologías emergentes como la IA en ciertos sectores. Por ejemplo, en el

Plan Nacional de Desarrollo 2022-2026 incluye entre sus objetivos, el fomento de la transformación digital y el uso de nuevas tecnologías, incluida la inteligencia artificial. En cuanto a políticas públicas, el Ministerio de Tecnologías de la Información y las Comunicaciones (MinTIC) ha implementado políticas que fomentan el uso de la inteligencia artificial y otras tecnologías emergentes para transformar digitalmente los diferentes sectores de la economía.

Por el lado judicial, la única alta corte que ha proferido una sentencia sobre la IA es la Corte Constitucional. En la decisión T-323 de 2024 con ponencia del Magistrado Juan Carlos Corte, la Corte abordó por primera vez el uso de la inteligencia artificial en una sentencia judicial.

Expresó que en un sistema de administración la IA no puede reemplazar la labor judicial en la toma de decisiones, sin importar la complejidad del caso sometido a juicio. Sin embargo, consideró que es posible utilizar estas tecnologías en tareas administrativas, documentales, o para apoyar actividades judiciales que no impliquen la creación de contenido, interpretación de hechos o resolución de casos.

Asimismo, la Corte enfatizó que la independencia y la imparcialidad judicial deben preservarse incluso en contextos donde se utilice la IA, de modo que ninguna fuerza, sea estatal o privada, y tampoco una IA, influya en la valoración del caso. Advirtió sobre los riesgos de que las decisiones judiciales puedan estar afectadas por sesgos o prejuicios inherentes a las herramientas de IA, lo que podría generar discriminaciones o decisiones parciales. Igualmente, destacó la importancia de que los jueces garanticen la protección de los datos sensibles de los usuarios del sistema judicial, de modo que el uso de la IA no comprometa derechos como la intimidad y la privacidad.

La Corte concluyó que el uso de la IA en la administración de justicia puede ser válido, siempre y cuando se base en la protección de los derechos fundamentales, la aplicación de principios éticos y el respeto a los mandatos superiores. Además, se estableció que las decisiones judiciales deben estar fundamentadas en la racionalidad humana, mientras que el uso de la IA debe cumplir con los principios de transparencia, responsabilidad y privacidad.

8.5. PROBLEMÁTICAS DEL USO DE IA EN EL DERECHO

La inteligencia artificial está redefiniendo el campo del derecho en múltiples dimensiones, ofreciendo tanto oportunidades como desafíos significativos. La adaptación a estos cambios será crucial para los profesionales del derecho y para el sistema de justicia en general.

La aplicación de la inteligencia artificial (IA) en el derecho presenta numerosas oportunidades para mejorar la eficiencia y accesibilidad de los servicios legales. Sin embargo, también conlleva varios problemas y desafíos que necesitan ser cuidadosamente abordados:

En primer lugar, se podría mencionar el riesgo de sesgos y discriminaciones. Los sistemas de IA dependen de los datos con los que son entrenados. Si estos datos son sesgados o incompletos, la IA puede perpetuar o incluso amplificar estos sesgos. En el contexto legal, esto podría resultar en decisiones injustas o discriminatorias, afectando negativamente a grupos vulnerables.

En segundo lugar, estaría la falta de transparencia y dificultad en la comprensión del mundo de los algoritmos. Muchos de estos, especialmente los basados en aprendizaje profundo, son a menudo considerados como "cajas negras", porque sus procesos de toma de decisiones no son fácilmente comprensibles por los humanos. Esto plantea problemas significativos para el derecho, donde la transparencia y la capacidad de explicar y justificar las decisiones son fundamentales.

En tercer lugar, estaría la incertidumbre en el tema de la responsabilidad legal. Determinar quién es responsable cuando un sistema de IA comete errores o causa daño es un problema complicado. Esto incluye decidir si la responsabilidad recae en los desarrolladores, los usuarios, las empresas que implementan la tecnología o incluso en el sistema de IA mismo.

En cuarto lugar, se podría mencionar la problemática sobre la privacidad y seguridad de los datos. La IA requiere acceso a grandes volúmenes de información, que pueden incluir referencias y contenidos personales sensibles. La gestión inadecuada de estos datos puede llevar a violaciones de la privacidad y aumentar el riesgo de ataques cibernéticos.

En quinto lugar, existe alto riesgo de que la IA genere desempleo y desplazamiento de trabajadores. La automatización de tareas legales a través de la IA puede conducir al desplazamiento de personal en el sector legal. Aunque puede aumentar la eficiencia, también plantea preocupaciones sobre la pérdida de empleos y la necesidad de reentrenamiento profesional.

En sexto lugar, la IA podría originar problemas de acceso y equidad. Mientras que la IA puede mejorar el acceso a los servicios legales al reducir costos, también existe el riesgo de que sólo aquellos que pueden permitirse tecnologías avanzadas tengan acceso a estas nuevas formas de servicios legales, ampliando la brecha entre los que tienen y los que no tienen.

En séptimo lugar, estaría una posible erosión o debilitamiento de las habilidades humanas. La dependencia excesiva en la tecnología de IA podría llevar a una erosión de las habilidades legales tradicionales, como el juicio crítico y la capacidad de negociación, que son vitales para la práctica del derecho.

Por último, la IA genera un aumento en la consistencia de su producto, frente a un desmedro en la personalización. Aunque la IA puede ofrecer decisiones más consistentes, esto puede venir a expensas de la personalización y la sensibilidad al contexto, que son a menudo cruciales en asuntos legales.

La integración de la IA en el derecho debe ser gestionada cuidadosamente para maximizar sus beneficios mientras se minimizan estos riesgos y problemas. Esto requiere una regulación bien pensada, la formación continua de profesionales del derecho en tecnologías emergentes, y un diálogo continuo entre tecnólogos, abogados y reguladores.

En este contexto, la creciente realidad de contar con máquinas equipadas con altos niveles de autonomía y consciencia presenta un profundo desafío filosófico y jurídico que la inteligencia artificial introduce al campo del derecho. La cuestión central, desde la perspectiva de la teoría jurídica, es cómo se gestiona la incorporación de máquinas con inteligencia comparable o superior a la humana, y que poseen ciertas capacidades de autonomía y autoconsciencia, permitiéndoles tomar decisiones independientes bajo ciertas condiciones, las cuales tienen implicaciones legales.

Capítulo 9

Las familias jurídicas

9.1. APROXIMACIÓN A UN CONCEPTO DE FAMILIAS LEGALES

El debate sobre la categorización de las familias jurídicas ha sido intenso y diverso. Existen múltiples criterios propuestos para clasificar sistemas legales y normas, tan variados como los países y ciudades del mundo. Factores como la raza, el idioma, el nivel de desarrollo económico, la ideología, el origen histórico, conceptos sustantivos, instituciones e incluso el clima han sido considerados como posibles bases para la diferenciación. Los esfuerzos más avanzados para desarrollar una taxonomía de familias jurídicas, como los de Zweigert y Kötz, se han centrado en la complejidad de estos criterios, refiriéndose a ellos como "estilos jurídicos" (Twining, 2003, pág. 189).

Zweigert y Kötz, al igual que otros académicos, sostienen que no hay una única manera correcta de clasificar los sistemas jurídicos. Para presentar "los principales sistemas legales del mundo", utilizan varios criterios que resultan en una clasificación en siete categorías: familia romanística, familia germánica, familia nórdica, familia de derecho común, familia socialista, sistemas del lejano oriente, sistemas islámicos y Derecho hindú (Twining, 2003).

El agrupamiento de los numerosos sistemas jurídicos mundiales en unas pocas "familias jurídicas" ha sido un enfoque tradicional en el derecho comparado. Desde el siglo XIX y principalmente en el siglo XX, se propusieron variados criterios para tal clasificación, cada uno conduciendo a diferentes agrupamientos.

Algunos ejemplos incluyen la división del mundo jurídico por Esmein en familias romano-germana, anglosajona, eslava e islámica; la distinción de Sausser-Hall de familias jurídicas indoeuropeas y otras basadas en la raza; la diferenciación de Lévy-Ullmann utilizando las fuentes del derecho; y la identificación por Arminjon, Nolde y Wolff de siete familias jurídicas basadas en características sustantivas internas del derecho. Además, René David, tratadista destacado por su enfoque ideológico, clasificó inicialmente en cinco familias que luego redujo a tres, junto a un grupo flexible de "otros sistemas". Por último, utilizando un enfoque basado en el estilo que incluye cinco factores, Zweigert y Kötz propusieron ocho familias jurídicas (Santos, 1998).

Lo cierto es que el derecho en la época contemporánea es un fenómeno de cultura universal, pero hay diversidad de ordenamientos que se agrupan en sistemas jurídicos o familias jurídicas bajo la forma de derecho positivo o consuetudinario o de pluralismos jurídicos.

En el estudio de la ciencia jurídica es importante abordar con carácter comparatista, el estudio de los sistemas jurídicos organizándolo en familias jurídicas, ejercicio realizado teniendo en cuenta su origen, la naturaleza jurídica, estructura y principalmente su sistema de fuentes.

Si se consulta la doctrina para hacer esta revisión, se constata la existencia de tantas clasificaciones como autores. Sin embargo, en las diferentes categorizaciones se evidencia una coincidencia en ciertas familias que son las más preponderantes y que tienen unos rasgos comunes, las cuales serán las que se desarrollarán en este capítulo.

Para abordar el tema de las familias jurídicas, es necesario precisar el concepto de estilo jurídico, el cual es un factor importante para caracterizar las diferentes familias legales, así como para estar en la posibilidad de determinar la ubicación de un particular derecho nacional dentro de una de aquéllas (Zweigert y Kotz 1992: pags. 63-75).

Los comparatistas alemanes, Konrad Zweigert y Hein Kötz explican que el estilo jurídico está integrado por una serie de características específicas compartidas por un grupo de derechos. Para encontrar el estilo jurídico hay que buscar, valga la redundancia, los rasgos estilísticos distintivos, que deben referirse a las cualidades importantes o esenciales, comunes a varios sistemas jurídicos, más que a las diferencias triviales que en ellos se puedan encontrar (Morineau, 2004, p.101).

En este sentido, un rasgo estilístico característico de la familia europea continental o romano-germánica, serían los antecedentes u orígenes normativos que se remontan a la antigua Roma, o la preponderancia de la dogmática jurídica y los formalismos, mientras que el rasgo estilístico de la familia anglosajona es la importancia de las decisiones de los jueces como fuente creadora de derecho, o de la familia islámica sería la incidencia del libro sagrado del Corán como norma positiva aplicable a los individuos.

Otro concepto similar es el de tradición jurídica que se puede definir como los rasgos que forman parte de una corriente cultural, desde la cual es posible efectuar una agrupación en conjuntos de ordenamientos jurídicos supranacionales que conforman Familias Jurídicas y los demás alcanzan a congregarse en Sistemas Jurídicos.

También estaría el concepto de familia jurídica que sería un conjunto de sistemas jurídicos que comparten determinadas características.

Por último, se tiene el de sistema jurídico que se puede definir como el grupo articulado, coherente y sincronizado de instituciones, métodos, procedimientos y reglas legales que constituyen el derecho positivo de un Estado en un momento histórico determinado.

Gráfico No. 17 Conceptos previos

Fuente: Elaboración propia.

Gráfico No. 18. Ubicación de los sistemas jurídicos

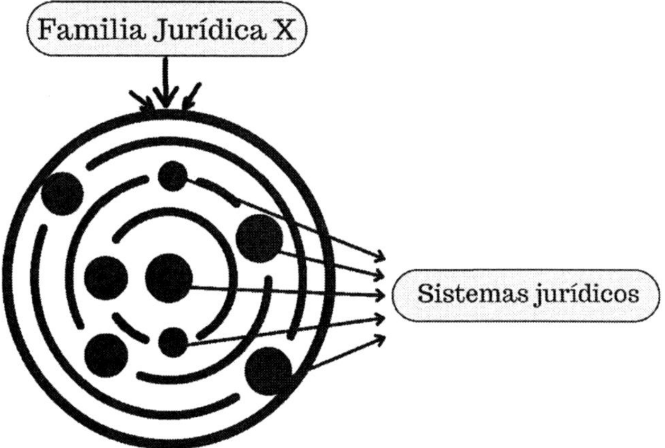

Fuente: Elaboración propia.

La mayor parte de las descripciones que se realizan sobre los sistemas jurídicos, no utilizan los elementos que existen en las teorías jurídicas tradicionales. Tales descripciones tienden a ser convencionales y pragmáticas, basadas en supuestos poco coherentes o a veces confusos y pocos precisos.

Por ejemplo, las descripciones introductorias típicas del sistema jurídico inglés, raramente articulan sus supuestos o sus criterios de selección; no mencionan la norma básica o la regla de reconocimiento, ni utilizan conceptos interpretativos o trabajos jurídicos, ni se toman el tiempo para clarificar qué se entiende por sistema jurídico, institución, proceso, disputa, corte o profesión jurídica (Twining, 2003, pág. 203).

Uno de los inconvenientes que trae y se asigna a las clasificaciones es que ellas forman una visión etnocéntrica en la creación del derecho, en particular visiones eurocéntricas antes y euroestadounicéntricas después. Estás visiones se desarrollan sobre todo a partir de las mutaciones de los sistemas y un análisis conectado con la clasificación de tales sistemas en la medida en que la individualización de los mecanismos a partir de los cuales el derecho supone la individualización de las unidades cuyos cambios se quiere investigar (Barrera, 2011, pág. 53).

9.2. LOS SISTEMAS JURÍDICOS

La génesis de los denominados "sistemas jurídicos" está íntimamente ligada a las distintas culturas que conforman cada sociedad en la que se implementa un cuerpo normativo particular. Las comunidades han plasmado en documentos escritos sus creencias, tradiciones y las normas más cruciales, ya sean de índole religiosa o legal.

Este proceso ha marcado la transición de la tradición oral a la escrita (de la *lex non scripta* a la *lex scripta*), empleada como un mecanismo para el control social. Un sistema jurídico particular comprende la organización y las formas operativas de las entidades, instituciones y actores sociales responsables de aplicar e interpretar las normativas legales, además de aquellos que participan en su elaboración, interpretación y modificación.

Un orden jurídico, lo mismo que una ciudad, constituye un claro ejemplo de lo que es una construcción social, pues refleja creencias, decisiones y prácticas de sus habitantes. Tanto la ciudad como el orden jurídico son compuestos complejos de confusión y orden. Los ordenamientos jurídicos contienen relaciones sociales que conforman redes complejas de ideas, ideologías, conceptos, normas, instituciones, gentes, técnicas y tradiciones (Twining, 2033, pág. 204).

Algunos comparatistas como Arminjon, Nolle y Wolft proponen siete grupos de sistemas jurídicos: francés, germánico, escandinavo, inglés, ruso, islámico e hindú. Varios de estos sistemas ostentan elementos comunes que están bien claros y acentuados, como es la supervivencia de sistemas jurídicos desaparecidos, tales como el derecho romano, el derecho canónico, el derecho natural, las costumbres y los usos comerciales del medioevo europeo.

También se evidencian en algunos sistemas, disposiciones uniformes de sectores específicos, generados como consecuencia de la celebración de acuerdos internacionales. Ejemplo de ellos son los acuerdos sobre propiedad artística e industrial, derecho marítimo, derecho del trabajo y normas sindicales (Barrera, 2011, pág. 48).

Los autores no son unánimes en señalar un esquema desde el cual abordar el estudio de los ordenamientos jurídicos contemporáneos, aunque existen rasgos sobre los cuales se dan aproximaciones.

Para algunos, lo importante es seguir las actitudes arraigadas en la tradición jurídica específica con sus respectivos rasgos distintivos, que en su mayoría forman parte de una corriente cultural; desde la cual es posible efectuar una agrupación en conjuntos de ordenamientos jurídicos supranacionales que conforman familias jurídicas y los demás alcanzan a congregarse en sistemas jurídicos (Barrera, 2011, pág. 48).

De las tradiciones jurídicas se pueden constatar ciertos elementos que permite clasificar un determinado sistema jurídico. Entre estos están los siguientes:

a) Los orígenes históricos

b) Su naturaleza jurídica

c) Su estructura

d) Su operatividad

e) Su tradición intelectual

9.3. CLASIFICACIÓN DE LAS FAMILIAS

Para los efectos de este manual, se tomará la clasificación de Barrera (2011), donde cada sistema jurídico define las fuentes formales que constituyen su objeto y establece al interior de ellas una estructura que determina su aplicación (Barrera, 2011, pág. 107).

a) Familia neorrománica:

   i) Sistemas jurídicos europeo-continentales

   Albania, Alemania, Andorra, Austria, Bélgica, Bielorrusia, Bosnia y Herzegovina, Bulgaria, Chipre, Ciudad del Vaticano, Croacia, Eslovaquia, Eslovenia, España, Estonia, Francia, Grecia, Holanda, Hungría, Irlanda, Italia, Letonia, Liechtenstein, Lituania, Luxemburgo, Macedonia, Malta, Moldavia, Mónaco, Polonia, Portugal, República Checa, Rumania, Rusia, San Marino, Suiza, Turquía, Ucrania, Yugoeslavia.

ii) Sistemas jurídicos latinoamericanos

Argentina, Bolivia, Brasil, Chile, Colombia, Costa Rica, Ecuador, El Salvador, Guatemala, Haití, Honduras, México, Nicaragua, Panamá, Paraguay, Perú, República Dominicana, Uruguay y Venezuela.

iii) Sistemas jurídicos escandinavos

Dinamarca, Finlandia, Islandia, Noruega y Suecia.

iv) Sistemas jurídicos Latino-africanos

Benin, Burundi, Cabo Verde, Congo, Costa de Marfil, Gabón, Guinea, Guinea- Bissa, Guinea Ecuatorial, Madagascar, Mozambique, República Centroafricana, Ruanda, Santo Toné y Príncipe, Tongo y Zaire.

b) Familia del *common law:*

i) Sistemas jurídicos anglosajones

Antigua y Bermuda, Australia, Bahamas, Belice, Canadá, Dominica, Granada, Guyana, Islas Salomón, Jamaica, Kiribati, Nauru, Nueva Zelandia, Papua Nueva Guinea, Reino Unido, Samoa Occidental, San Cristóbal y Nevis, San Vicente y las Granadinas, Santa Lucia, Tonga, Trinidad y Tobago, Tuvalu y Vanuatu.

ii) Sistema jurídico angloamericano

Estados Unidos

iii) Sistemas angloafricanos

Camerún, Ghana, Kenia, Liberia, Namibia, Malaui, Nigeria, Seychelles, Sierra Leona, Tanzania, Uganda y Zambia.

c) Familia socialista:

China, Corea del Norte, Cuba, Laos, Mongolia y Vietnam.

d) Familia islámica:

Afganistán, Arabia Saudita, Argelia, Bahrein, Brunei, Comoras, Djibouti, Emiratos Árabes Unidos, Egipto, Indonesia, Irán, Irak, Jordania, Kuwait, Libia, Maldivas, Malí, Marruecos, Mauritania, Niger, Omán, Pakistán, Qatar, Senegal, Siria, Somalia, Sudán, Túnez y Yemén.

e) Sistemas mixtos:

Angola, Azerbiján, Bangladesh, Bután, Botswana, Burkina Faso, Camboya, Chad, Corea del Sur, Eritrea, Etiopia, Fidji, Filipinas, Gambia, India, Israel, Japón, Kazajstán, Lesotho, Líbano, Malasia, Mauricio, Myanmar, Nepal, Singapur, Sri Lanka, Sudáfrica, Surinam, Suazilandia, Tailandia, Taiwán, Turkmenistán, Uzbekistán, Zimbabwue.

Para los fines didácticos de este texto y con el fin delimitar el área de estudio, nos centraremos en las 4 principales familias: la neorrománica, la del *common law,* la socialista y la islámica.

9.4. FAMILIA JURÍDICA ROMANO-GERMÁNICA, NEORROMÁNICA, O EUROPEA CONTINENTAL

Está conformada por un sistema de normas enraizadas en la tradición jurídica desarrollada en la antigua Roma. También es conocida como romano-canónica, neorrománica, o del *civil law.* Las denominaciones obedecen al énfasis que se le quiere dar: derecho romano, derecho canónico o la influencia de las universidades latino-germánicas. La denominación del *civil law* es el otro nombre dado, con el fin de colocarla en oposición a la tradición del *common law,* debido a que en su evolución se evidencia una preferencia hacia el desarrollo del derecho civil como ramificación muy importante en el derecho romano.

La familia Romano Germánica se caracterizan por la escrituralidad, el formalismo, el dogmatismo, la preponderancia de la ley y por la ritualidad en los procedimientos.

Es crucial destacar que el término "Romano-Germánico" tiene su origen en el Sacro Imperio Romano Germánico, una entidad que nació como un esfuerzo por restaurar el antiguo Imperio Romano. Diversas naciones europeas apoyaron la creación de este imperio, resultando en que el emperador fuese el monarca de uno de los países que reconocían y respaldaban la autoridad imperial.

Es considerada la familia jurídica más antigua de las existentes y de las más difundidas en el mundo occidental, irradiando el continente africano, el espacio latinoamericano y en muchas partes de Asia, incluso en algunos enclaves del mundo del c*ommon law* como Lusiana, Québec y Puerto Rico, pero que muestra individualmente sus particularidades culturales y dan origen a subfamilias jurídicas.

El derecho romano es probablemente de todos los ordenamientos jurídicos, el que menos influencia evidencia de la religión, permaneciendo así durante todo su desarrollo y esplendor.

El derecho romano influyó de manera directa y profunda en el desarrollo de los sistemas jurídicos europeos y, posteriormente, en los latinoamericanos a raíz de la colonización de España y Portugal de gran parte del continente americano. La implantación de sus principios e instituciones fue esencial durante los años que se realizó la codificación normativa en Europa realizada alrededor del siglo XVIII y XIX, periodo durante el cual se promulgaron varios códigos civiles y comerciales de los cuales algunos incluso siguen vigentes como el Código Civil de Napoleón en Francia (1804) y varias de sus réplicas en países latinoamericanos.

El impulso detrás de este esfuerzo de codificación fue la intención de sustituir por completo el derecho consuetudinario local que prevalecía de manera fragmentada en cada nación europea. Durante la codificación del derecho privado en los estados europeos, se utilizó el *Corpus Iuris Civilis* como referencia fundamental. Esto explica la significativa influencia del derecho romano en la estructura, el pensamiento y la terminología de los sistemas jurídicos clasificados como romano-germánicos.

En Francia, el derecho romano se introdujo gradualmente a través del concepto del *ius commune*, empleado por cortes independientes durante los siglos XV y XVI. Esta introducción previa facilitó la aceptación del Código Napoleónico cuando fue instaurado en 1804. En el siglo XIX, el Código de Napoleón se expandió a territorios bajo el dominio napoleónico, incluyendo partes del oeste de Alemania, Bélgica, Suiza, Luxemburgo, el noroeste de Italia y Mónaco. Gracias a su éxito, más tarde se exportó también a Italia y Holanda.

En Alemania, algunos tratadistas alemanes estudiaron con anterioridad el derecho romano hacia el siglo XII. Cuando Francia promulgó su Código Civil, Alemania se encontraba dividido. Luego cuando se fundó el imperio alemán en 1871, inició el trabajo codificado y con la llegada del siglo XX entró en vigor su propio Código Civil *(Bürgerliches Gesestzbuch)*. Este se caracteriza por contener un sistema normativo fuertemente sistematizado y una organización profundamente diferente al Código de Napoleón. Este célebre código fue posteriormente copiado por naciones tan lejanas como Turquía y Japón (Muñoz, 2018).

El ingreso del derecho romano a Latinoamérica se realizó a través de los países colonizadores como España y Portugal. Se aplicaron las normas españolas como las Siete Partidas, que fueron un conjunto normativo compilador de derecho común, específicamente reglas, expedidas en 1348 por el rey Alfonso El Sabio.

En el siglo XIX con la creación del Código Civil español, fueron reemplazadas las históricas Siete Partidas. Con la independencia de las colonias y la creación de los nuevos Estados, comienza un movimiento codificador influenciado por las leyes españolas, las Siete Partidas, el Código Civil francés, el austriaco, el alemán, el suizo, el sardo y el prusiano. Todos ellos tienen en común que en su esencia contiene el *Corpus Iuiris Civilis* (Muñoz, 2018).

El sistema Romano Germánico se expandió territorialmente a través del tiempo y se adaptó a los estados latinoamericanos, en algunos Estados de África y en países de oriente.

Los sistemas jurídicos que se derivan del derecho romano-germánico consolidan sus fuentes formales en la regla escrita, como expresión de la voluntad del Estado.

Para la familia neorrománica las fuentes del derecho son: la ley, la jurisprudencia, la doctrina, la costumbre y los principios generales del derecho.

Gráfico No. 19. Fuentes del derecho – familia neorrománica

Fuente: Elaboración propia.

9.5. LA FAMILIA JURÍDICA ANGLOSAJONA O DEL *COMMON LAW* Y EL DERECHO INGLÉS

El "*common law*" es otra de las más importantes familias jurídicas en el mundo junto con la neorrománica. Su principal característica es que es un derecho cuyo fundamento son las decisiones judiciales, al punto que son fuente normativa al que se acude para resolver los conflictos que se sometan a su consideración, basado son sentencias dictadas por otros jueces en casos similares (Cueto, 1957, pág. 31).

Es por ello que se afirma que el "*common law*" es un derecho judicial o una familia jurídica donde los jueces son los actores principales por su poder de creación del derecho. No se debe tener a los jueces como meros "descubridores" de un derecho preexistente o validadores de la costumbre.

Las decisiones que profieren los jueces, interpretan y aplican las reglas generales que se desprenden de los casos específicos contenidos en sentencias precedentes, después de generalizarlas con la supresión de hechos secundarios. Dichas decisiones nuevas que los jueces profieren, crean un precedente obligatorio para casos futuros.

Cada providencia dictada en una determinada jurisdicción, al momento de adquirir firmeza y obligatoriedad adquiere el valor de fuente normativa, específicamente en la parte denominada como el "*stare decisis*". De allí se explicita la norma jurídica general con la cual los jueces de la misma jurisdicción, de jerarquía coordinada o inferior, deben resolver los casos futuros en los casos en que los hechos ofrezcan cierta similitud con los de la sentencia precedente.

La sentencia que se dicte con fundamento en la aplicación de la decisión precedente se constituye a su turno en un nuevo precedente del que se pueden explicitar nuevas normas jurídicas generales que permitirán fundar otras sentencias en casos futuros similares. Es decir, se genera un sistema entrelazado y firme en el que cada sentencia constituye un eslabón que está atado a una decisión anterior.

"*Common law*" es un apelativo, no sólo de una rama del derecho inglés, sino de toda una familia jurídica, que además del inglés, incluye a otros sistemas jurídicos o derechos nacionales (Morineau, 2004, pág. 22).

La familia jurídica del *Common Law*, junto con la Romano-Germánica, es una de las dos familias jurídicas tienen gran importancia en la actualidad debido a que se han extendido en el mundo y ha sido adoptada por un gran número de países, además de que ha influido en la formación de otros sistemas jurídicos (Morineau, 2004, pág. 35).

Es importante hacer algunas precisiones semánticas tendientes a aclarar el término *Common Law*, ya que tiene diferentes acepciones.

La primera forma de utilización de esta acepción es utilizada de forma restringida para designar a la rama más antigua del derecho inglés, es decir el denominado "derecho común".

La segunda forma, mucho más amplia, incluye también a la otra rama denominada la "*Equity*", la cual es utilizada para referirse al orden jurídico de Inglaterra en su conjunto.

La última forma de utilización tiene una aplicación mucho más extendida, pues es utilizada para referirse a la familia jurídica que se formó cuando se amplió el dominio político del derecho inglés a otros lugares, más allá de los límites de Inglaterra (Morineau, 2004, pág. 36).

Esta gran familia del derecho es muy influyente en la actualidad, debido a que en ella están incluídas potencias políticas y comerciales como Estados Unidos e Inglaterra y países de amplia influencia, riqueza y con fuertes lazos históricos y políticos con Inglaterra, como Gales, Irlanda, buena parte del Canadá, India, Australia, Nueva Zelanda y algunos países de África Central.

Debido a que Estados Unidos pertenece a esta Familia, y en virtud de su poder comercial y geopolítico, este derecho ha influido de forma preponderante en sistemas jurídicos de otros países, incluso en aquellos que pertenecen a otra familia, como es el caso del sistema colombiano.

La teoría convencional ha rechazado la idea de que simplemente las decisiones judiciales constituyan el "*common law*" de una jurisdicción específica. El Derecho no escrito o *lex non scripta* no solo abarca las costumbres generales o "*common law*", sino también las costumbres particulares observadas únicamente en ciertas jurisdicciones y tribunales.

El "*common law*" es una práctica social reiterada, no un compendio de sentencias judiciales de una jurisdicción en particular. Estas partes del Derecho son llamadas *leges non scripta* porque su origen y autoridad no están documentados por escrito, como las leyes del parlamento, sino que obtienen su fuerza y obligatoriedad del uso prolongado e inmemorial y su aceptación general en todo el Reino Unido (Cueto, 1957).

Cada sentencia en el "*common law*" tiene dos dimensiones esenciales: la resolución de un caso específico y la creación de una norma legal general. La singularidad del "common law" radica en la doble función del juez: resolver el caso inmediato de manera justa y, simultáneamente, establecer un precedente para casos futuros similares.

Este dualismo a menudo complica la conciliación entre la justicia inmediata y los intereses generales de la sociedad. Lo que puede ser justo para las partes involucradas podría no ser un buen precedente para situaciones futuras parecidas. En este contexto, el juez debe dictar su fallo de modo que sirva tanto como modelo para casos futuros como para razonamientos analógicos en situaciones donde no existan precedentes adecuados (Cueto, 1957).

El reto se intensifica cuando no hay un precedente directo disponible. En estos casos, el juez debe establecer un principio que no solo resuelva el caso en cuestión, sino que también establezca un precedente para situaciones futuras similares. Es un proceso meticuloso de manipulación de precedentes, similar a probar hipótesis para evaluar su justicia. Si el resultado es equitativo, el precedente se fortalece y evoluciona; de lo contrario, se desecha. Los precedentes no son vistos como verdades absolutas y definitivas.

El "*common law*" no opera de forma amorfa; su evolución sigue una dirección guiada por una filosofía pragmática y empírica. Esta filosofía busca satisfacer la mayor cantidad de deseos e intereses individuales con el mínimo de rechazos, adaptándose a las circunstancias y requerimientos del momento y lugar específicos.

Este cuerpo de "*common law*" también está influenciado por el derecho romano y las costumbres normandas, que básicamente eran de origen germano. El derecho anglosajón tenía una estructura establecida gracias al aporte del arzobispo de Canterbury, Lanfranco, quien alrededor del año 1066, con la colaboración de otros expertos juristas en derecho romano y germánico, formó lo que sería el núcleo del common law (Barrera, 2011, pág. 121).

El derecho inglés estuvo regido entonces por cuatro sistemas normativos:

- *El common law,* aplicado inicialmente por la Corte de Pleitos Comunes (Court of Common Pleas), el Banco del Rey (King's Bench) y el erario de Hacienda (Court of Exchequer)..
- *El Law Merchant,* derecho comercial que comprendía además normas de derecho internacional privado, de derecho marítimo, además los reglamentos de ferias y mercados.

- *La High Court of Admiralty*, para la piratería y el comercio marítimo o informales Pie Powder Courts (tribunales de pies polvorosos), que ironizaban en anglo-francés a sus colegas mercantiles.
- *El derecho canónico.* Que inicialmente fue administrado por la Iglesia desde Roma, acabó por ser absorbido por el *common law*, con la reforma protestante que hizo el rey de Inglaterra como jefe de la Iglesia reformada.

La *equity*, que a diferencia del derecho comercial y eclesiástico continuó siendo aplicada hasta 1873 por un tribunal: la *court of chancery* (Barrera, 2011, pág. 123).

9.5.1. El "Stare decisis"

Las decisiones judiciales anteriores poseen carácter normativo debido al principio del "*stare decisis*", que obliga a los jueces a decidir sus casos basándose en fallos de casos similares dictados por jueces de igual o superior jerarquía dentro de la misma jurisdicción. De acuerdo con el "*stare decisis*", los jueces deben basar sus decisiones en precedentes establecidos por ellos mismos, en decisiones tomadas por la misma jurisdicción y pertenecientes a una jerarquía equivalente o superior sobre situaciones análogas (Cueto, 1957).

La autoridad de los precedentes como fuentes de derecho proviene del principio de "*stare decisis*", que implica una fundamentación lógica y la aplicación normativa. Los precedentes se consideran fuentes normativas solo porque una norma jurídica superior les otorga tal validez.

La aplicación de un precedente judicial a un caso puntual, dependerá del análisis del juez sobre los hechos relevantes del problema jurídico a resolver y del precedente a aplicar en el caso actual. El precedente vendría a ser como el conector entre la norma específica y la norma general implicada, sin que se requiera conservar los detalles fácticos irrelevantes del precedente (como por ejemplo los nombres de los actores o aspectos procesales), para mantener la generalidad de la norma.

Una vez que se ha explicado y formulado la norma general, surge la cuestión de su fuerza obligatoria para casos futuros similares. Dependerá de si los hechos relevantes del caso en espera son idénticos a los del precedente. Si no coinciden, el juez debe buscar otras analogías entre diferentes precedentes (Cueto, 1957, pág. 189).

En el "*common law*", cada caso puede resolverse mediante una norma preexistente, aunque esto no garantiza siempre una resolución justa. No hay límites inflexibles en la búsqueda de analogías o en la categorización de los hechos relevantes. El proceso interpretativo integra la norma dentro del sistema jurídico, permitiendo su coordinación con otras normas necesarias para la resolución del caso (Cueto, 1957, pág. 221).

A pesar de las dificultades teóricas del "*stare decisis*" y la explicitación de normas generales de los precedentes, el "*common law*" funciona con coherencia y eficacia, permitiendo la predicción razonable de los resultados de los casos basados en hechos probados.

En este marco, "*stare decisis*" asegura que los jueces respeten las decisiones anteriores relacionadas con los mismos hechos legales, proporcionando consistencia y reafirmando los principios jurídicos aplicables (Morineau, 2004, pág. 23).

9.5.2. Fuentes del derecho anglosajón

En el sistema anglosajón la fuente principal del derecho está constituida por la jurisprudencia de sus tribunales y jueces y, en consecuencia, sería el precedente judicial el fundamento para la solución de un caso concreto (Giraldo, 1994, pág. 21).

Según Barrera (2011), las fuentes del derecho anglosajón son en orden de importancia.

- *Los usos y las costumbres*: constituyen las fuentes no codificadas del derecho inglés. En un sentido práctico, las costumbres se reconocen como fuentes de derecho sustantivo, mientras que los usos se consideran fuentes de derecho procesal.

En el siglo XIV se puede afirmar que el *common law* absorbe y organiza los usos preexistentes en el territorio británico de tal manera que se puede decir que la costumbre como fuente del derecho fue sustituida por el precedente judicial.

- *La ley:* al núcleo original del *common law* que era el derecho penal y el derecho de la propiedad se añadieron los contratos y la responsabilidad extracontractual (*tors*), estas materias entraron al *common law* y se desarrollaron bajo los conceptos análogos del derecho romano pero deducidas de las acciones *writ of Trepass* que procedían de una época en la que la responsabilidad civil y la penal no se distinguía y que se manifestó durante siglos como "*fertile mother of actions*".

Por esta vía se formaron las actuales normas del *common law* relativas a los contratos, a la propiedad, a la responsabilidad civil y a las normas penales (Barrera, 2011, pág. 129).

La inglesa fue una sociedad en permanente evolución y cambio y no podía tener como derecho la costumbre inmemorial, porque las prácticas mercantiles hacían cambiar y adoptar nuevas normas que no eran inmemoriales. Cuando la sociedad inglesa se hizo muy mercantil, las nociones de costumbres inmemoriales hizo que el derecho consuetudinario perdiera importancia.

El legislador al establecer las normas, se deja guiar por casos jurídicos hipotéticos, pues en la redacción de las normas inglesas, el legislador debe prever en la ley el mayor número de hipótesis posibles. Las leyes inglesas parecen inútilmente complicadas por su extensión, previendo hipótesis dentro de la ley, pero ninguna ley es suficientemente compresible para los ingleses, si no se estudian los antecedentes jurisprudenciales que dieron origen a la nueva ley.

La metodología empleada en la redacción de las leyes difiere entre el derecho continental y el inglés. En el derecho continental, se prefiere una redacción concisa que permite al juez aplicar la norma a una amplia variedad de situaciones específicas. Por el contrario, el legislador inglés debe detallar exhaustivamente los casos y circunstancias que desea regular, consciente de que cualquier omisión de un caso particular no será compensada por el juez extendiendo la aplicación de la ley a partir de su categoría más general.

El juez, por el contrario, verá en este silencio legislativo el elemento técnico que le permite inaplicar la disposición legislativa, continuando en cambio la aplicación del *common law* a aquel caso concreto.

Entonces, cuando un jurista inglés acude a "una regla de derecho", tiene que estudiar primero si esa regla de derecho se desprende de un contenido anterior de jurisprudencia, formando un sistema completamente suficiente para cubrir todas las eventualidades jurídicas. Esto es lo que conforma el llamado *common law.*

La función que cumple la ley en el sistema del *common law*, es la de dar adiciones o derogaciones impuestas a las nuevas necesidades preestablecidas en este sistema, por lo que para algunos: "las leyes son las adiciones y la fe de erratas del *common law*". Entonces en la tarea de aplicar el derecho, el jurista inglés, cuando no encuentra solución "al problema jurídico" en las colecciones de jurisprudencia es cuando consulta las compilaciones de legislación para preguntarse si "el punto que le interesa" ha sido resuelto o no (Barrera, 2011, pág. 131).

Es así que en la época actual no es exacto decir que el derecho anglosajón sea de estirpe consuetudinaria o es un derecho consuetudinario (Barrera, 2011, pág. 130).

Los precedentes judiciales: constituyen un aspecto fundamental del Derecho británico, que se caracteriza por ser una creación mayoritariamente judicial, conocido como derecho jurisprudencial. Esta tradición es reconocida en la historia constitucional de Inglaterra como la doctrina del precedente, la cual establece una conexión entre las decisiones actuales de los jueces y las de sus antecesores, remontándose a tiempos muy antiguos.

Los precedentes judiciales, es decir, las decisiones tomadas en casos anteriores similares al que se está analizando, constituyen una fuente de derecho no codificada en el sistema anglosajón. Es por esto que se utiliza el término *common law* para referirse a un derecho no escrito, en contraposición al *Statute law*, que es el derecho formulado por el Parlamento a través de leyes (Barrera, 2011).

- *Restatements of the Law*: Traducido como "reformulaciones del derecho", este término hace referencia a una serie de tratados que abordan diferentes áreas del derecho, proporcionando a jueces y abogados una guía sobre los principios generales del derecho consuetudinario. Actualmente, existen cuatro series de *Restatements*, publicadas por el *American Law Institute*, una organización de jueces, académicos y profesionales del derecho fundada en 1923 en Estados Unidos.

Los volúmenes individuales de los *Restatements* son esencialmente compilaciones de doctrina derivada de la jurisprudencia estadounidense, desarrolladas progresivamente mediante el principio del stare decisis (precedente).

Aunque los *Restatements* no tienen carácter vinculante, son altamente persuasivos debido a su desarrollo basado en años de aportaciones de académicos, jueces y abogados en ejercicio.

Su objetivo es reflejar un consenso en la comunidad jurídica de Estados Unidos sobre lo que constituye el derecho y, en algunos casos, proponer cómo debería evolucionar.

Cada *Restatement* intenta reunir y sintetizar la jurisprudencia sobre un tema, organizarla y presentar las "reglas" extraídas de los casos. Estas "reglas" son el intento del Instituto de proporcionar "leyes escritas". Cada área temática *Restatement* se divide en capítulos y, a su vez, en temas y secciones; las secciones representan las "leyes escritas". Las secciones típicas contienen la regla de derecho, comentarios e ilustraciones utilizados para aclarar la regla y las principales excepciones a la regla.

El juez puede, por lo tanto, examinar los *Restatements* y utilizarlo como base para tomar una decisión fundamentada sobre cómo aplicarlos al caso que está considerando. Aunque los tribunales no están formalmente obligados a seguir los *Restatements* como si fueran ley, a menudo lo hacen porque estos documentos suelen reflejar con precisión el derecho vigente en esa jurisdicción o, en casos novedosos, proporcionan una referencia persuasiva sobre las tendencias que siguen otras jurisdicciones.

Fuera de Estados Unidos, en otras jurisdicciones de *common law*, los *Restatements* no son tan comunes. En su lugar, se recurren con mayor frecuencia a informes legales que cumplen una función similar.

- *Principios de equidad (Equity):* Originalmente, la equidad era un cuerpo de reglas desarrollado por la Corte de Cancillería en Inglaterra cuando el *Common Law* resultaba demasiado rígido o injusto. Hoy en día, los principios de equidad están completamente integrados en el sistema de *Common Law* y proporcionan remedios y principios que complementan las reglas más antiguas y rígidas del *Common Law.*

- *Tratados Internacionales y Derecho Internacional*: En la era de la globalización, los tratados internacionales y las normas de derecho internacional también juegan un papel importante, especialmente en áreas como los derechos humanos y el comercio internacional.

Gráfico No. 20. Fuentes del derecho en la familia anglosajona

Fuente: Elaboración propia.

9.5.3. Antecedente histórico del Common Law

La Corona estableció tres importantes tribunales en la Sala de Tribunales de Westminster, en Londres: el Tribunal del Tesoro (*Court of Exchequer*), dedicado a asuntos fiscales; el Tribunal del Banco del Rey (*Court of King's Bench*), con competencias en materias civiles y penales; y el Tribunal de Causas Comunes (*Court of Common Pleas*), enfocado en cuestiones civiles. Estos tribunales necesitaron identificar elementos comunes en las costumbres locales para desarrollar un cuerpo unificado de normas, que inicialmente se basaron en dichas costumbres y posteriormente evolucionaron hacia lo que se conoce como *Common Law*, o *comune* ley, como fue denominado por los normandos (Morineau, 2004, pág. 15).

La familia jurídica del *Common Law* se originó a partir de la expansión del derecho inglés, primero en las islas británicas y luego internacionalmente (Morineau, 2004, pág. 134).

El "*case method*" es un enfoque pedagógico que se adapta a las características del *Common Law*. Este método enseña a los estudiantes a analizar casos como lo haría un juez, determinando la "*ratio decidendi*" y su aplicabilidad basándose en los hechos pertinentes del precedente y del caso en cuestión. Bajo la supervisión de un profesor, se instruye a los estudiantes no solo a pensar como jueces, sino también a argumentar desde las perspectivas de diferentes partes involucradas en un litigio (Cueto, 1957, pág. 308).

Los jueces del *common law* tienen amplia autonomía interpretativa, valorando los hechos relevantes, tanto en los precedentes como en los casos actuales. Este proceso interpretativo y valorativo es intrincadamente complejo, mezclando interpretación y valoración de manera continua y esencial (Cueto, 1957, pág. 220).

El sistema jurídico es efectivo en la medida en que jueces, funcionarios, abogados y juristas lo activan y aplican. La interpretación judicial es necesaria ya que las normas no poseen un significado unívoco y requieren ser contextualizadas en función de los conflictos sociales y los hechos de los casos (Cueto, 1957, págs. 223-224).

A pesar de su libertad teórica, los jueces en este sistema enfrentan desafíos al aplicar leyes de significado abstracto y general, prefiriendo trabajar con casos concretos y buscando analogías relevantes. Esta búsqueda de casos similares limita su libertad interpretativa, guiada por una aguda percepción de las conexiones entre los diversos casos (Cueto, 1957).

9.5.4. El derecho angloamericano

Una de las características del derecho angloamericano es la presencia del llamado "derecho legislado" (*statutory law*), que está integrado por las leyes aprobadas por el Congreso, las legislaciones de los estados que conforman la unión (dada la organización federal, estatal y local), y los concejos de las ciudades o de los condados.

Cuando exista un conflicto en la aplicación de las leyes, será sometido a la revisión de los jueces.

En el lenguaje jurídico, se conoce que la denominación de normas del derecho legislado federal y estatal es el de acta (*act*) o estatuto (*statute*).

El termino Código (*code*) significa una recopilación de actas y estatutos sistematizados temáticamente o cronológicamente, no es un cuerpo normativo unitario, como ocurre con los ordenamientos neorramanicos; en el derecho local, el derecho legislado por los concejos y los condados se conocen como ordenanzas (*ordinances*).

También es importante observar el derecho reglamentado (*administrative law*), que es una especie de derecho administrativo, construido de manera muy particular, integrado por las órdenes ejecutivas (*executive orders*), que dicta el presidente con reglas y regulaciones de las agencias administrativas (*rules and regulations*), asi como la ordenes que dictan las autoridades locales. Se considera que el derecho reglamentado es particularmente complejo, dados los altos niveles de especialización y recursos técnicos, para su normatividad. Los asuntos administrativos, pueden ser conocidos por los jueces, para resolver conflictos; pero la exigencia es que el ciudadano agote todos los recursos disponibles a su alcance antes de acudir a esa instancia judicial (Barrera, 2011).

Las principales fuentes del derecho angloamericano son:

- *El precedente:* en lo jurídico, es el juez quien tiene la última palabra para determinar qué es el derecho; y que se deriva de una decisión judicial, la cual se construye sobre la doctrina del *stare decisis.*

- *La legislación*: en el sistema jurídico angloamericano, la legislación guarda diferencias frente al sistema anglosajón, en cuanto a la construcción de la ley. Dada la organización política republicana federal de los Estados Unidos, esta puede ser federal, estatal o local, pues en un sistema político como el federal, cohabitan, varios ordenamientos jurídicos, que se deben coordinar, en consecuencia es posible observar, la vigencia de la Constitución Federal, con la Constitución de cada Estado de la Unión, una ley Federal y las leyes estatales en cada uno de los 50 Estados de la federación según sea la materia regulada.

La regulación administrativa: propia del ordenamiento de los Estados Unidos. Se refleja en la prolífica expansión de la normatividad administrativa. En el nivel federal, las agencias administrativas creadas por el Congreso, realizan el grueso de este tipo de regulación. A las agencias se les crean "estatutos", y se le atribuyen facultades como las de crear "reglas" (*rules*), y regulaciones (*regulations*). Por regla se entiende las interpretaciones de estatutos, actas, órdenes ejecutivas y ordenanzas, que serían las mismas que desarrollan las agencias administrativas.

- *Los tratados internacionales:* la Constitución de los Estados Unidos contempla en la cláusula de supremacía, que los tratados firmados por la Federación, son considerados "ley suprema" del país, con efectos legales equiparables a la legislación federal. En consecuencia, un tratado internacional en los Estados Unidos, puede reemplazar en el derecho interno a un estatuto federal.

Los tratados internacionales, son suscritos por el presidente de los Estados Unidos y ratificados en el Congreso por el Senado, con un quórum de dos tercios 2/3 de los 100 senadores, lo que dificulta dicha aprobación, dada la composición bipartidista de dicha cámara. En virtud de lo anterior, existe una figura similar al tratado llamado "los acuerdos" o *agreements*, suscritos por el presidente y ratificados por la mayoría simple del Congreso, lo cual flexibiliza las competencias de negociación del ejecutivo en materia internacional.

- *La doctrina*: esta fuente no tiene una importancia relevante como la que ocupa en los ordenamientos de la familia jurídica neorrománica, pues el ordenamiento jurídico estadounidense considera como doctrina, las opiniones emanadas de las decisiones judiciales. Las opiniones de autores, que en ocasiones se cita, se identifican como *persuasive authority*. Con ellas los autores aportan análisis y críticas a decisiones judiciales y legislaciones recientes (Barrera, 2011).

9.5.5. El derecho inglés

Los estudiosos del derecho inglés sostienen que este se caracteriza por su "continuidad histórica", libre de influencias foráneas o discontinuidades significativas, a diferencia de los sistemas jurídicos del continente europeo, donde eventos como la adopción del derecho romano o los procesos de codificación han sido comunes (Morineau, 2004, pág. 11).

El derecho inglés ha evolucionado de manera independiente, manteniéndose fiel a lo largo del tiempo a los principios del *Common Law* y la *Equity*.

Los cancilleres, conocidos como *chancerys*, ejercieron un gran poder y, hasta la época de Enrique VIII, también desempeñaron roles clericales como miembros de la Iglesia Católica. Este hecho es significativo en el contexto de la historia del derecho inglés, dado que estaban al frente del Tribunal de la Cancillería, conocido como Court of Chancery.[5], resolvían los

5 El Tribunal de la Cancillería, o *Court of Chancery*, fue un órgano judicial de Inglaterra y Gales que surgió en el siglo XIV. Este tribunal fue creado como una respuesta a la resistencia y la rigidez del derecho común, o *common law*, establecido en Inglaterra durante el reinado de Enrique II en el siglo XII. La *Court of Chancery* (Tribunal de la Cancillería) tuvo un impacto significativo en el desarrollo del derecho inglés, principalmente a través de su enfoque en la equidad, que complementaba el sistema más rígido y limitado del derecho común (*common law*). Los principales aportes fueron: la introducción del principio de la Equidad para alcanzar la justicia en casos donde la aplicación estricta del derecho común podría resultar en un resultado injusto o inadecuado; la Cancillería podía emitir órdenes de cumplimiento específico (*specific performance*), prohibiciones (*injunctions*) y otros remedios que requerían que una parte actuara de cierta manera o se abstuviera de hacerlo; protección de fideicomisos e intereses de personas vulnerables, como menores de edad y personas con incapacidades mentales; desarrollo del derecho procesal con su propio conjunto de procedimientos que eran más flexibles y adaptados a las necesidades de casos de equidad, influenciando la evolución del derecho procesal en Inglaterra. La *Court of Chancery* finalizó su existencia independiente con la *Judicature Acts* de 1873-1875, que reformaron el sistema judicial inglés. Estas leyes fusionaron los tribunales de equidad y los tribunales de derecho común bajo una sola entidad, la *Supreme Court of Judicature.* El objetivo era eliminar las inconsistencias y duplicidades entre los sistemas de derecho común y de equidad, proporcionando un marco unificado que podía administrar tanto el derecho común como la equidad de manera coherente y eficiente. Estas reformas marcaron el fin de la *Court of Chancery* como un tribunal separado, aunque sus principios de equidad continúan siendo un componente integral del derecho inglés moderno, ahora administrados por los tribunales unificados.

casos de su competencia, recurriendo con frecuencia al derecho canónico en busca de alguna solución, derecho estrechamente vinculado al derecho romano. Es así fue que algunos elementos de este último se introdujeron, inevitablemente, en el derecho inglés (Morineau, 2004).

Es correcta la concepción inglesa acerca de la "continuidad histórica" de su derecho. Entendiendo que esto quiere decir que en su evolución el derecho inglés no muestra rupturas ni influencias extranjeras.

El sistema jurídico inglés es predominantemente jurisprudencial, habiendo sido desarrollado y continuamente influenciado por la práctica judicial. Los jueces y abogados, centrados en los procedimientos legales, han sido los principales arquitectos de este cuerpo de derecho, elaborando un sistema autónomo con técnicas y terminologías específicas sin depender de instituciones romanas (Morineau, 2004).

- *Las fuentes*: son las maneras en las que el derecho se manifiesta en Inglaterra, pudiendo enumerar entre ellas a la jurisprudencia, la ley, la costumbre y la doctrina.

En cuanto a las fuentes del derecho inglés, estas incluyen la jurisprudencia, las leyes, las costumbres y lo que se denomina doctrina. La ley, referida en inglés como *statute, act*, y también como *law*, constituye junto con la jurisprudencia las fuentes primordiales del derecho inglés (Morineau, 2004, pág. 23).

En lo que respecta a la doctrina, no como doctrina per se sino como libros de autoridad, son textos considerados parte de las fuentes del derecho, especialmente aquellos de antigüedad reconocida, en contraste con obras más modernas que no se clasifican como fuentes formales del derecho.

La costumbre, especialmente la antigua y generalmente inmemorial, está estrechamente vinculada con el *Common Law*. Aunque históricamente significativa, su relevancia como fuente independiente ha disminuido, ya que ha sido incorporada en gran medida por el derecho legislado y la jurisprudencia.

- *La justicia en el derecho inglés:* la estructura del sistema judicial inglés puede categorizarse en dos niveles principales: la "justicia alta" y la "justicia baja". Las cortes superiores manejan la primera, mientras que la segunda es responsabilidad de las cortes inferiores y algunos entes semi-judiciales (Morineau, 2004).

En cuanto a la *Equity*, esta otorgaba a los jueces de la Cancillería una considerable flexibilidad y se basaba en principios de equidad. Surgió como un complemento al *Common Law*, diseñado para abordar casos que este rígido y formal sistema no podía resolver. Así, la *Equity* se expandió para incluir situaciones que el *Common Law* no abarcaba.

Respecto a la relación entre el *Common Law* y la *Equity*, estos dos sistemas comenzaron siendo independientes, el primero originándose en los tribunales reales y el segundo en la Cancillería. A pesar de las fricciones iniciales, con el tiempo ambos comenzaron a coexistir pacíficamente y se complementaron mutuamente, lo que llevó a un desarrollo más coherente del sistema legal inglés (Morineau, 2004).

Este proceso de fusión culminó con la creación de la *Supreme Court of Judicature*, un cuerpo unificado que absorbió tanto a los tribunales reales como al Tribunal de la Cancillería. Además, se estableció que todos los tribunales podrían manejar casos tanto del *Common Law* como de la *Equity*.

Es crucial entender que el *Common Law* y la *Equity* no fueron rivales, sino más bien partes complementarias de un sistema legal cohesivo. La abolición de la *Equity* habría dejado al sistema cojo, aunque los principios fundamentales del Common Law habrían continuado protegiendo los derechos básicos y asegurando el cumplimiento de contratos. La *Equity*, por su parte, sirvió para suavizar y corregir las rigideces del *Common Law* hasta que ambos se fusionaron en el siglo XIX, contribuyendo a la rica tradición de la jurisprudencia inglesa (Morineau, 2004, pág. 19; 133).

9.6. LA FAMILIA JURÍDICA SOCIALISTA

El triunfo de la Revolución Rusa en 1917 y el establecimiento del sistema socialista soviético trajo de la mano el surgimiento de una nueva familia jurídica y una organización política llamada la Unión de Repúblicas Socialistas Soviéticas y de la que forman parte todos aquellos países cuyo sistema político se perfila sobre las bases del marxismo-leninismo.

Al sistema jurídico se le denominó Familia de los Derechos Socialistas, con coexistencia paralela a la familia neorrománica y la del *Common Law*. La característica distintiva de esta familia jurídica radica en su enfoque hacia la salvaguarda del régimen jurídico-político establecido. Así, el sistema legal en su conjunto se alinea con una ideología específica y busca primordialmente preservar aquellos valores que se consideran fundamentales (Barrera, 2011, pág. 137).

Hoy sobreviven los ordenamientos jurídicos pertenecientes a la familia jurídica socialista los siguientes: China, Corea del Norte, Cuba, Laos, Mongolia y Vietnam.

Dado que la mayoría de estos ordenamientos jurídicos, siguieron el modelo trazado por el derecho soviético, es pertinente observar el sistema de fuentes que este derecho trazó, especialmente la Constitución de 1936 de la Unión Soviética.

Es claro advertir que esta familia jurídica, se conforma de ordenamientos jurídicos provenientes de cepas jurídicas derivadas del derecho romano, como ocurre con los territorios dominados por la influencia de esa cultura. Es el caso de Rusia y de Cuba y de otros bajo la hegemonía de la civilización islámica, situación que se verifica con los territorios ubicados al margen del asía oriental meridional, pero que por razones ideológicas asumen el modelo propuesto por el marxismo-leninismo, para integrar la familia jurídica socialista (Barrera, 2011).

9.6.1. Fuentes

En la estructura del derecho socialista se observa la herencia y la tradición neorrománica, que se expresa en una fuerte codificación, la preeminencia de la norma legislada y la valoración suprema de la Constitución como norma suprema.

De ahí que se diga que la mayoría de los ordenamientos jurídicos socialistas, admitan una jerarquización en sus fuentes señalando la preeminencia de la constitución como norma fundamental. Serían entonces fuentes del derecho socialista:

- *La constitución:* En la mayor parte de los sistemas jurídicos socialistas existe la jerarquización, de sus fuentes, por lo que la Constitución es considerada la norma de normas. Ella establece la estructura del Estado y la construcción del "nuevo derecho", a fin de contar con herramientas para la nueva justicia que impone la ideología socialista.
- *La legislación*: en estos sistemas existe una clara necesidad de respetar el derecho que se debe obedecer porque hay un derecho justo y la necesidad de un respeto condicionado, en la medida en que sirva a los intereses de la política socialista.
- *Las sentencias judiciales*: no son consideradas en estricto sentido fuentes del derecho, ya que son concebidas como la interpretación de la norma por parte de la autoridad del intérprete, de suerte que las interpretaciones judiciales son aquellas que proporcionan los tribunales y que se relacionan con un caso concreto.

Por regla general, se considera la independencia de los jueces quienes están subordinados únicamente a la ley, por los que sus resoluciones judiciales debían limitarse a la aplicación mecánicamente de la norma. Sin embargo, el nombramiento de los jueces tiene un tinte político, pues deben ser afines ideológicamente al partido de gobierno.

Por ejemplo, en Cuba, se establece teóricamente que el Poder Judicial es una entidad independiente del gobierno. Sin embargo, está subordinado a la Asamblea Nacional y al Consejo de Estado, que preside el presidente, lo que impide que se le considere imparcial. En China, por otro lado, la designación de los jueces recae en las asambleas populares, que finalmente están influenciadas por el Partido, y requieren una ratificación de sus nombramientos por parte del poder legislativo.

- *La costumbre*: En el sistema jurídico cubano, la costumbre generalmente no se considera una fuente de derecho de manera directa. Cuba opera bajo un sistema de derecho civil, donde las leyes codificadas y los reglamentos son las fuentes primarias de derecho. La Constitución de la República de Cuba y las leyes aprobadas por la Asamblea Nacional del Poder Popular son las máximas expresiones del derecho en el país. Sin embargo, aunque la costumbre por sí misma no tiene la misma fuerza legal que en los sistemas de *common law*, en la práctica jurídica puede influir en la interpretación de las leyes en casos donde la legislación no es explícita. No obstante, para que una costumbre sea considerada en el contexto legal, generalmente debe estar respaldada de alguna manera por la legislación o reconocida específicamente por los tribunales.

9.7. EL SISTEMA JURÍDICO ISLÁMICO

Los sistemas derivados de las llamadas culturas jurídicas formadas desde las religiones como ocurre con el islámico del Corán, el derecho canónico de la Biblia y las encíclicas papales, el hindú de los vedas y el judaico de La Torá, sobresale el sistema islámico, el cual es bastante significativo e influyente dadas las particularidades y los giros que soporta.

Con relación al islamismo, se habla de un derecho preislámico, que tiene sus antecedentes en el año 622 cuyo origen se remonta a Arabia, cuando Mahoma huye a Medina y se inicia el calendario musulmán.

El islamismo se originó en el siglo VII, cuando Mahoma, a la edad de 40 años, comenzó a recibir revelaciones divinas en el año 610 d.C. Estas manifestaciones fueron posteriormente recopiladas en el Corán, que se convirtió en el texto fundamental del islamismo (Barrera, 2011).

El islamismo también se identifica como un movimiento que tiene dimensiones políticas, sociales y religiosas, y que aboga por el retorno a una sociedad que se rige por los principios de la Sharia o ley islámica, dentro del contexto del mundo musulmán. A partir de la década de 1970, el término ha venido a referirse principalmente a la vertiente más radical y violenta del movimiento, a menudo llamada fundamentalismo o integrismo islámico.

Como cualquier otro fundamentalismo religioso, el islamismo promueve una adherencia estricta al texto de su libro sagrado, el Corán. Los islamistas sostienen que la conducta de los musulmanes debe alinearse con los mandamientos encontrados en el Corán, así como en la Sunna y el Hadit, que son las palabras y enseñanzas de Mahoma. Abogan por una sociedad basada en la igualdad, tomando como ideal la *umma*, o comunidad musulmana (Barrera, 2011).

9.7.1. Hibridaciones y mezclas del derecho musulmán con otros sistemas

El sistema legal musulmán constituye un régimen autónomo de derecho religioso, fundamentado primordialmente en el Corán. Sin embargo, debido a múltiples factores internos y geopolíticos, muy pocos países tienen un sistema puro en el que las normas de este documento religioso rija de manera exclusiva en un determinado país.

En el análisis se constata que los sistemas clásicos y más influyentes como el *common law* y el Romano-germánico han tenido una incidencia en ciertos Estados musulmanes, por lo que se ha dado un fenómeno de hibridación o mezcla dando lugar a un resultado particular. A continuación, se presenta este resultado.

- *Derecho musulmán puro:* Arabia Saudita, Afganistán y las Islas Maldivas.
- *Confluencia entre el derecho musulmán y el derecho civil europeo*: Siria, Argelia, Líbano, Egipto, Libia, Mauritania, Palestina, Comoras, Irán, Iraq, Marruecos y Túnez.
- *Confluencia entre el derecho musulmán y el common law:* Pakistán, Singapur, Sudán y Bangladesh.
- *Derecho musulmán aplicado con el derecho consuetudinario:* Emiratos Árabes Unidos.
- *Hibridación entre derecho musulmán, derecho consuetudinario y derecho civil europeo:* Kuwait, Djibouti, Omán, Eritrea, Jordania, Indonesia y Timor Oriental.
- *Confluencia entre* d*erecho musulmán, derecho consuetudinario y common law:* Gambia, Brunei, Kenya, India, Nigeria y Malasia.
- *Combinación del derecho musulmán, derecho civil europeo, common law y derecho consuetudinario:* Qatar, Bahrein, Yemen y Somalia.
- *Mezcla del derecho judío, derecho civil europeo, common law y derecho musulmán:* Israel.

9.7.2. Fuentes

La ley islámica se fundamenta en cuatro pilares esenciales. Las dos fuentes principales son el Corán y la tradición (*Umma* referida a la comunidad islámica o conjunto de seguidores del islam). La tercera fuente, conocida como la *"opinión individual responsable"*, entra en juego cuando ciertos problemas no se abordan directamente en el Corán o la Sunna. En estos casos, los juristas pueden emplear un razonamiento analógico, o *qiyás* (en árabe, analogía, comparación o silogismo), para llegar a una solución.

Este tipo de razonamiento se originó cuando los juristas y teólogos islámicos en territorios recién conquistados, necesitaban amalgamar las leyes y costumbres locales con las prescripciones del Corán y la Sunna. Sin embargo, en periodos posteriores, las autoridades islámicas comenzaron a ver este enfoque innovador como una amenaza para las enseñanzas tradicionales, lo que llevó a la imposición de restricciones severas a su uso. No obstante, debido a los cambios significativos en la comunidad musulmana global en las últimas décadas, se ha revitalizado el interés en la *ijtihad*, el pensamiento jurídico innovador.

La cuarta fuente es el consenso comunitario o *ijma (Ĳymā' o iyma referido al consenso ideal de la Umma)*, que se alcanza mediante un proceso de eliminación gradual de ciertas opiniones y la aceptación de otras. Dado que el islam carece de una autoridad dogmática central, este proceso tiende a ser informal y puede extenderse por largos períodos (Barrera, 2011).

El derecho islámico está integrado por unas denominadas fuentes primarias y por una serie de fuentes subsidiarias provenientes del asentimiento de la comunidad.

Las llamadas fuentes primarias la integran fundamentalmente: el Corán, la tradición sacra (sunna), y la exégesis textual. Las fuentes subsidiarias la conforman los asentimientos de la comunidad (ichma), el razonamiento analógico (quiyas), los usos (orf), la jurisprudencia y las decisiones del soberano (amal), y fuentes no divinas del derecho (Barrera, 2011).

Gráfico No. 21. Fuentes del derecho del sistema jurídico islámico

Fuente: Elaboración propia.

9.7.3. La Sharia

También conocida como ley islámica, es el sistema legal basado en los principios del Corán y la Sunna, que son las tradiciones y prácticas del profeta Mahoma. En árabe, significa literalmente "el camino claro hacia el agua". Es una combinación de preceptos religiosos y normas de conducta que regula aspectos de la vida diaria de los musulmanes, abarcando desde rituales religiosos y moralidad personal, hasta asuntos legales más amplios como el matrimonio, el divorcio, las herencias, los negocios y las transacciones financieras. (Roca Fernández, 2011).

La implementación de la Sharia puede variar considerablemente dependiendo de la interpretación local y la influencia de las escuelas jurídicas dentro del islam. En algunos países, la Sharia se aplica en conjunto con el sistema legal civil o se utiliza principalmente en casos que involucran derecho de familia o asuntos religiosos. En otros, como Arabia Saudita e Irán, la Sharia forma la base del sistema legal del Estado y regula todos los aspectos de la vida judicial y civil.

Además, algunos países tienen sistemas legales híbridos donde ciertas áreas están regidas por la Sharia mientras que otras se rigen por leyes seculares. Por ejemplo, en países como Malasia y Nigeria, la Sharia se aplica principalmente a los musulmanes, particularmente en asuntos de familia y herencia, mientras que las leyes civiles se aplican en otros contextos.

Es importante señalar que la interpretación y aplicación de la Sharia puede ser objeto de significativos debates y diferencias dentro de las comunidades musulmanas, reflejando la diversidad de interpretaciones y prácticas en el mundo islámico.

Concretamente, la Sharia, o ley islámica, se fundamenta en cuatro pilares principales: el Corán, que se considera una revelación divina; el Hadiz, que recoge dichos y hechos del profeta Mahoma; el Ijma, que representa el consenso de la comunidad; y el Ijtihad, que es el esfuerzo individual por interpretar los textos sagrados. Estos elementos constituyen la base de un sistema legal que en muchos países musulmanes se aplica principalmente a cuestiones de estatuto personal.

Dentro de la ley islámica se encuentran los delitos conocidos como *hadd*, que son sancionados con severas penas físicas, incluyendo la lapidación, flagelación o amputación. Estos delitos abarcan actos como las relaciones sexuales ilícitas, el consumo de alcohol y el robo. Sin embargo, la severidad en la aplicación de estas penas varía significativamente entre los distintos países islámicos.

La Sharia también impone una serie de obligaciones y prohibiciones que afectan diversos aspectos de la vida diaria, desde la indumentaria y la participación en ciertas festividades hasta las prácticas cotidianas como la oración y el consumo de ciertos alimentos (Roca Fernández, 2011).

En los estados más ortodoxos como Arabia Saudita, Irán y, recientemente, Afganistán bajo el régimen talibán, la Sharia se invoca como el fundamento jurídico primordial, impidiendo cualquier ley o práctica que la contravenga.

Existen varias escuelas de pensamiento dentro de la jurisprudencia islámica, cada una con su propia interpretación de la Sharia. Esto significa que no hay una única Sharia, sino múltiples interpretaciones que dependen del contexto cultural y jurídico específico.

Además, la Sharia categoriza los delitos en dos tipos principales: los delitos *hadd*, que tienen penas preestablecidas, y los delitos *tazir*, donde la pena es determinada por el juez. Este sistema dual permite cierta flexibilidad en la administración de justicia, pero también implica que la interpretación y aplicación de la ley pueden variar considerablemente.

La práctica de la Sharia no es uniforme y está sujeta a la interpretación de juristas calificados, quienes emiten *fatwas* o dictámenes legales que guían la conducta de los fieles. La influencia de los códigos tribales y las tradiciones locales también juega un papel crucial en la forma en que se interpreta y aplica la Sharia en diferentes regiones.

En resumen, la Sharia es un complejo sistema legal con profundas raíces históricas y religiosas, cuya aplicación puede variar enormemente dependiendo de la interpretación jurídica y el contexto cultural.

9.8. LA GLOBALIZACIÓN DEL DERECHO

9.8.1. Concepto

La globalización del derecho representa un fenómeno crucial para aquellos interesados en introducir nuevas teorías jurídicas dentro de un país. Este proceso histórico del derecho resalta varios problemas que comúnmente no son considerados por la teoría jurídica tradicional, incluyendo la transmisión de discursos jurídicos, la imposición de ciertas culturas jurídico-políticas sobre otras, y su mutua interacción. Además, aborda la capacidad de comparar, integrar y generalizar estas culturas jurídicas, y examina cómo la rápida y esporádica expansión del capitalismo moderno podría afectar la capacidad de culturas políticas, jurídicas y sociales tradicionales o marginales para mantener su identidad y supervivencia (Twining, 2003).

El término "globalización" describe las tendencias y procesos que están convirtiendo al mundo en un espacio más interconectado. Independientemente de cómo se interprete la globalización (siendo fuerte, débil o neutral), es evidente que este proceso tiene implicaciones significativas para el campo del derecho y la teoría jurídica como su componente conceptual.

Según Giddens, la globalización implica "una intensificación de las relaciones sociales globales que conectan localidades distantes, de modo que eventos locales son influenciados por eventos que ocurren lejos y viceversa". Además, critica la confianza de los sociólogos en la idea de "sociedad" como un sistema definido (Santos, 1998).

La globalización no es un fenómeno reciente, como tampoco lo son las relaciones jurídicas transnacionales. Durante siglos, el comercio, la diplomacia y el intercambio han sido transnacionales, desarrollando medios de comunicación efectivos, como el reconocimiento de lenguas francas y el desarrollo de vocabularios especializados y esquemas conceptuales (Twining, 2003).

Se puede definir la globalización como un proceso mediante el cual una condición o entidad local se expande globalmente, adquiriendo la capacidad de designar como locales a entidades o condiciones rivales. Este proceso no puede entenderse completamente sin considerar los procesos de relocalización que ocurren en paralelo y entrelazados con él. Por ejemplo, la globalización del inglés como *lingua franca* desplazó a su rival, el francés, que también aspiraba a ser una lengua global (Santos, 1998).

El cosmopolitismo refleja la compleja jerarquía y las relaciones de poder e interdependencia del sistema mundial. Las dinámicas de dominación no impiden que naciones, regiones, clases y grupos sociales organizados transnacionalmente defiendan intereses comunes y aprovechen las oportunidades para la interacción transnacional que el sistema mundial facilita. Esta organización busca mitigar los impactos negativos de las formas dominantes de globalización y se basa en el reconocimiento de nuevas posibilidades para la creatividad y solidaridad a nivel global. Incluye diálogos y organizaciones Sur-Sur, organizaciones laborales mundiales, filantropía transnacional, redes internacionales de servicios jurídicos alternativos, organizaciones de derechos humanos y movimientos literarios y artísticos que buscan valores alternativos y no imperialistas (Santos, 1998).

El derecho regula las interacciones entre entidades y personas en múltiples niveles, no limitándose únicamente a las interacciones dentro de una nación, estado o sociedad.

Estos niveles pueden describirse, predominantemente en términos geográficos, de la siguiente manera:

- *Global*: incluye cuestiones como los asuntos ambientales globales, el posible *ius humanitatis*, por ejemplo, los derechos sobre minerales en la luna, extendiéndose al derecho espacial.

- *Internacional:* refiere a las relaciones entre estados soberanos y abarca temas más amplios como los derechos de los refugiados.
- *Regional:* como ejemplo está la Unión Europea, la Convención Europea sobre Derechos Humanos y la Organización para la Unidad Africana.
- *Transnacional:* abarca sistemas como el derecho islámico, hindú, judío y gitano, arbitraje transnacional, la presunta *lex mercatoria*, derecho de internet, y la gestión interna de multinacionales y la Iglesia Católica.
- *Intercomunal*: relaciones entre diversas comunidades religiosas o grupos étnicos.
- *Territorial-estatal*: involucra los sistemas legales de estados nacionales y jurisdicciones subnacionales como Florida, Groenlandia, Quebec e Irlanda del Norte.
- *Subestatal:* incluye legislación local y reconocimiento oficial limitado de derecho religioso dentro de sistemas legales plurales.
- *No estatal:* contiene los derechos de pueblos subalternos como los nativos americanos y maoríes, y órdenes jurídicos ilegales como el derecho en áreas controladas por grupos no estatales.

Según la globalización, este proceso puede ser percibido como altamente destructivo para identidades y equilibrios únicos, o como el inicio de una nueva era de solidaridad e igualdad a nivel global o incluso cósmico (Santos, 1998).

La globalización es un proceso contradictorio y desigual que ocurre dialécticamente, donde nuevas formas de globalización coexisten con nuevas o revitalizadas formas de localización.

A medida que la interdependencia y la interacción global se intensifican, las relaciones sociales tienden a desterritorializarse, facilitando el acceso a nuevas opciones y la transgresión de fronteras tradicionalmente protegidas por aduanas, nacionalismo, lenguaje e ideología. Sin embargo, emergen nuevas identidades regionales, nacionales y locales que reafirman los derechos a las raíces, adoptadas a menudo por comunidades translocalizadas (Santos, 1998).

La globalización no debe equipararse con homogenización o uniformidad; va de la mano con antiguas y nuevas formas de localización; la desterritorialización de las relaciones globales coexiste con su reterritorialización; y la difusión cultural se enfrenta con frecuencia a sincretismos en el extremo receptor.

El derecho internacional, basado en el consentimiento estatal y defendido como un "derecho real", puede ser visto como apologético, ya que justifica y legitima las acciones estatales. Contrariamente, si se considera que contiene normas independientes del consentimiento estatal, entonces el derecho internacional puede percibirse como no cumplido o utópico.

Actualmente se vive una etapa en la que se intensifica cierta tendencia globalizadora, que afecta en distintos grados a la totalidad de individuos, sociedades y Estados del planeta, pero no revisten el mismo significado para las naciones desarrolladas, los países en transición y las naciones periféricas. Se espera que al ir avanzando en la adopción de un Estado Global, se presenten ciertos inconvenientes de orden social, económico y ecológico que pueden ser resueltos por ahora desde el Estado-nacional, pero que se espera la organización de un "nuevo orden mundial" para lo solución de esos problemas y de los otros que vayan surgiendo (Barrera, 2011).

En conclusión, se puede afirmar que la globalización es una realidad de la cual no podemos escapar, pues se trata de un proceso histórico y transformación permanente que no sabemos en que momento logre concretarse, ni que otras tendencias desarrolle bajo los efectos de los nodos de interacción que atan al mundo.

La globalización demanda la aplicación del derecho comparado, lo que destaca la complejidad y la variedad de aspectos -económicos, sociales y culturales- que deben considerarse desde un enfoque interdisciplinario. Este fenómeno global promueve una uniformidad que, si bien sincroniza ciertos aspectos del comercio, la producción y el derecho, tiende a suprimir la diversidad cultural en el proceso.

En cuanto a las consecuencias de la globalización, la reestructuración de la división internacional del trabajo, junto con un enfoque económico centrado en el mercado, ha reformado profundamente el sistema interestatal y la estructura política del mundo contemporáneo. Los estados dominantes, ya sea directamente o a través de organismos internacionales que manejan, especialmente las instituciones financieras, han restringido la autonomía política y la soberanía de los estados menos poderosos con un alcance sin precedentes, aunque la capacidad de estos estados para resistir y negociar varía considerablemente.

Además, ha surgido una inclinación hacia los acuerdos políticos regionales y supranacionales que a menudo implican ciertas cesiones de soberanía, como en el caso de la Unión Europea. Esencialmente, el estado-nación está perdiendo su rol tradicional como el principal impulsor de iniciativas económicas, sociales y políticas. Las interacciones y prácticas transnacionales están erosionando la habilidad de los estados para controlar los flujos de bienes, personas y capital como en el pasado.

La globalización ha intensificado los intercambios transfronterizos de mercancías, capital, trabajo y cultura, fomentando convergencias y sincretismos entre diversas culturas nacionales. Sin embargo, estos procesos no necesariamente apuntan hacia una cultura global homogénea, ya que la cultura emerge de la interacción entre lo universal y lo particular.

Críticos de la globalización y el neoliberalismo, como Luis Carlos Bresser, argumentan que para mitigar los efectos adversos de estos fenómenos, es crucial reconstruir el Estado y redefinir el espacio público de manera más amplia. De esta manera, la globalización y el mercado podrían alinearse con los principios de democracia y equidad, en lugar de actuar en su detrimento.

Tal vez el crítico más radical a la actual globalización sea Ignacio Ramolet, para quién el Estado ya no controla los cambios ni los flujos de dinero (Barrera, 2011).

9.8.2. Pluralismos Jurídicos

Cuando se habla de pluralismos jurídicos, hacemos referencia a aquellos sistemas normativos que se desarrollan por fuera del control del Estado y que nacen de comportamientos humanos, al margen de la legalidad, entendida como las formas regulares de crear el derecho, esto es, no nacen desde la esfera de la legalidad, y que tienen su origen en prácticas o creencias culturales diversas y que pueden coexistir en el ámbito del mismo Estado.

Cuando se habla de pluralismo jurídico, es entendido como la convivencia y concomitancia de distintos sistemas normativos coactivos, que tienen su origen en prácticas o creencias culturales diversas y que pueden coexistir en el ámbito del mismo Estado (Barrera, 2011).

9.8.3. Desafíos de la globalización:

- Reta a las denominadas "teorías de caja negra", las cuales consideran a los Estados-Nación, sociedades, sistemas jurídicos y regímenes legales como entidades aisladas y cerradas, susceptibles de ser analizadas de forma independiente.

- Cuestiona la noción de que el estudio del derecho y de la teoría jurídica debe limitarse exclusivamente a dos categorías de sistemas legales: el derecho estatal y el derecho internacional público, este último enfocado en las interacciones entre Estados-Nación (Twining, 2003).

9.8.4. Transposiciones del derecho

Santos describe un fenómeno de "localismo globalizado" como un proceso cultural donde una cultura local dominante consume y digiere otras culturas subalternas, similar a un acto caníbal. Esta dinámica es evidente en la reciente ola de "derecho y modernización" en regiones periféricas y semi-periféricas, que se expande a medida que estas áreas se integran más profundamente en la economía capitalista global (Santos, 1998).

9.8.5. La transnacionalización del derecho

Es el evento en el que se observa que los cambios legislativos en un país específico han sido influidos significativamente por presiones internacionales, ya sean formales o informales, ejercidas por otros estados, organismos internacionales o actores transnacionales. Estas influencias suelen ejercerse de manera similar o con objetivos comparables en distintas partes del sistema interestatal (Santos, 1998).

Entender completamente los procesos actuales de transnacionalización legal requiere considerar la diversidad de culturas jurídicas históricas y los estilos legales prevalentes en los distintos países y regiones del mundo. Estas culturas pueden pertenecer a la modernidad occidental o haber existido antes de esta y haber evolucionado en interacción, conflicto o complementariedad con las tradiciones legales occidentales. Estas culturas legales están profundamente arraigadas en la historia y en la práctica de las sociedades del sistema mundial (Santos, 1998).

Una comprensión adecuada de los procesos de transnacionalización del derecho implica tres factores explicativos: la posición del país en la jerarquía del sistema mundial; su trayectoria histórica hacia y a través de la modernidad; y sus conexiones específicas con otras tradiciones legales globales. Esta estrategia comparativa multinivel es desafiante, ya que requiere combinar tres posiciones en el sistema mundial con cuatro trayectorias hacia la modernidad y ocho culturas legales globales (Santos, 1998).

Aunque la transnacionalización del derecho estatal no se limita solo al ámbito económico, es aquí donde encuentra su mayor relevancia. Las políticas de "ajuste estructural" abarcan una amplia gama de intervenciones estatales en los sectores económico, comercial y social, causando turbulencias en extensas áreas legales e institucionales.

Hoy existen claros ejemplos de transnacionalización que se refleja en varias industrias multinacionales como las de las comunicaciones, las tecnologías, los alimentos o las energéticas. La tendencia es la primacía del libre mercado con regulaciones estatales, lo que genera presiones por parte de los países centrales industrializados y de empresas transnacionales con grandes poderes económicos, sobre los países periféricos para que adopten o se adapten a los cambios jurídicos impuestos por los países del centro económico y político mundial.

9.8.6. La penetración del derecho inglés en el mundo

La recepción del derecho inglés se debió, inicialmente, a la colonización, ya que los ingleses trasplantaron su derecho a los diferentes lugares en donde ejercieron su dominio, tanto en las islas británicas como fuera de ellas ((Morineau, 2004).

Cabe aquí aclarar que la recepción de un derecho extranjero no es uniforme, sino que muestra especificidades, que tienen mucho que ver con el grado de desarrollo del país receptor, lo cual queda de manifiesto de manera muy clara, cuando se estudia la recepción del derecho inglés, como veremos más adelante.

Lo anterior puede servir para explicar la supervivencia del derecho autóctono, así como la convivencia en un mismo lugar de distintas familias jurídicas, como es el caso de la provincia de Quebec en Canadá, o del estado de Luisiana en los Estados Unidos, lugares en los que hasta el día de hoy, coexisten normas del *Common Law*, con aquellas de origen roma-no-germánico, aunque estas últimas en menor proporción (Morineau, 2004).

Esta convivencia, de normas procedentes de distintas familias jurídicas, ha dado lugar a lo que algunos especialistas designan como sistemas jurídicos mixtos o híbridos que a su vez se pueden considerar como subsistemas, dentro de alguna de las grandes familias jurídicas.

Es importante recordar la división histórica del derecho inglés entre *Common Law* y *Equity* para señalar, que ambas ramas fueron trasplantadas a los Estados Unidos. Cada rama tenía sus propias reglas, sus propios procedimientos y sus propios tribunales y así fueron recibidas en los Estados Unidos, para fusionarse más tarde, al igual que sucedió en Inglaterra. Así tenemos que en el siglo XIX casi todos los estados de la Union americana modificaron sus sistemas de procedimiento para abolir la división. Desde entonces el mismo tribunal conoce de los litigios derivados del *Common Law* o de *Equity*, y casi todas las distinciones entre uno y otro sistema han desaparecido (Morineau, 2004).

Friedman argumenta que las variaciones en la práctica jurídica impiden afirmar que existe una uniformidad completa en el sistema jurídico de los Estados Unidos, exceptuando el ámbito del derecho federal. Sugiere que, aunque las leyes de un estado puedan ser similares a las de otro, esta similitud no necesariamente resulta de una imposición obligatoria. Más bien, podría ser el resultado de condiciones parecidas en ambos estados, ya sea de manera intencional o no.

El *Common Law*, originario de Inglaterra, fue transplantado a América, un continente con condiciones sociales y económicas distintas, lo que obligó a su adaptación y a la introducción de cambios significativos en él. En Inglaterra, el desarrollo del principio de precedente judicial requería de un sistema jurídico altamente especializado, con jueces y abogados expertos. Sin embargo, en los Estados Unidos coloniales, la situación era diferente. A pesar de ello, con el tiempo, el derecho estadounidense se desarrolló en un sistema complejo y altamente profesionalizado.

En Estados Unidos, se estableció la costumbre, aún vigente, de seleccionar o elegir a los jueces entre figuras prominentes de la vida pública. Esta práctica lleva a que las decisiones judiciales no solo se basen en argumentos técnicos, sino que también incluyan consideraciones de índole ideológica y política, a diferencia de los jueces ingleses, cuya principal influencia sigue siendo técnica.

La recepción de un derecho extranjero no es uniforme y muestra especificidades que tienen mucho que ver con el grado de desarrollo del país receptor, como se hace evidente al estudiar la recepción del derecho inglés (Morineau, 2004).

Capítulo 10

Escuelas de interpretación

Las escuelas de interpretación del derecho son conjuntos de corrientes doctrinales o enfoques teóricos que proponen diferentes maneras de interpretar las normas jurídicas. Estas escuelas desarrollan metodologías, principios y criterios que los jueces, abogados y estudiosos del derecho utilizan para entender desde la teoría dichas corrientes, que buscan dar sentido a los textos legales y aplicarlos de manera coherente a casos concretos.

Cada escuela de interpretación tiene una visión particular sobre cómo debe abordarse el proceso de interpretación de la ley, cuál es la fuente principal del derecho, y cuál debe ser el papel del intérprete (ya sea el juez, el abogado o el legislador). Las escuelas de interpretación son cruciales para resolver problemas como la ambigüedad, los vacíos o las contradicciones en las normas jurídicas.

Las escuelas de interpretación del derecho tienen varias funciones clave entre las que están:

- *Orientar el proceso interpretativo*: ofrecen herramientas y criterios a los jueces y abogados para que puedan entender y aplicar las leyes de manera coherente. Al interpretar una norma, es esencial saber cómo abordar el texto legal, y las escuelas proporcionan enfoques metodológicos para hacerlo.
- *Proporcionan coherencia y consistencia*: ayudan a mantener la coherencia en la aplicación de las leyes, ya que un sistema jurídico en el que cada norma se interprete de manera completamente diferente podría generar

inseguridad jurídica. Al seguir principios de una escuela de interpretación, los tribunales pueden garantizar una interpretación consistente.

- *Facilitan la adaptación del derecho a nuevas realidades*: permiten adaptar las normas a las realidades sociales, políticas y económicas en constante cambio. A través de enfoques flexibles, como la interpretación teleológica o realista, se puede adaptar la aplicación de las leyes a nuevas circunstancias que no habían sido previstas cuando se promulgó la norma.
- *Solucionan ambigüedades y vacíos legales*: proporcionan métodos para resolver problemas de ambigüedad o lagunas en el texto legal. A través de diferentes enfoques, el intérprete puede llenar esos vacíos utilizando la analogía, el contexto o los principios generales del derecho.
- *Permiten una interpretación justa y equitativa*: las escuelas de interpretación, especialmente las que priorizan el contexto o la finalidad de la norma (como la escuela teleológica o el realismo jurídico), permiten que las leyes se apliquen de manera que se alcance la justicia material. En lugar de una interpretación rígida, se busca aplicar las normas para que produzcan resultados justos.
- *Ayudan a interpretar el derecho de manera dinámica*: permiten que el derecho no sea visto como un conjunto de normas estáticas, sino como un sistema dinámico que puede evolucionar con el tiempo. Algunas escuelas, como la histórica o la hermenéutica, proponen interpretar las leyes en función de la evolución de la sociedad y los cambios en la cultura.

A continuación, se presentan las principales escuelas de interpretación del derecho, sus características y enfoques fundamentales.

10.1. ESCUELA DEL IUSNATURALISMO

La escuela iusnaturalista, también conocida como derecho natural, se basa en la idea de que existen principios de justicia universales, inmutables y anteriores al derecho positivo (leyes creadas por el ser humano). Este enfoque sostiene que el derecho no se limita a normas creadas por los legisladores, sino que se fundamenta en principios éticos y racionales que provienen de la naturaleza humana y del orden natural del universo.

El iusnaturalismo se apoya en la idea de que el derecho tiene una dimensión moral intrínseca, que no depende de la voluntad del ser humano, sino de principios superiores que pueden ser divinos, racionales o naturales, según las diferentes vertientes de esta corriente. Los principios del derecho natural son considerados universales, válidos en todo tiempo y lugar, y accesibles a la razón humana. Estos principios servirían como guía para crear el derecho positivo y actuarían como un límite para este último, lo que significa que cualquier norma o ley que contradiga estos principios naturales sería injusta e inválida.

Esta escuela desarrolló las características del iusnaturalismo las cuales son:

- *Universalidad*: los principios del derecho natural son universales, aplicables en todo lugar y momento, independientemente de las leyes locales o del contexto histórico.
- *Inmutabilidad:* el derecho natural es eterno y no cambia con el tiempo, a diferencia del derecho positivo, que se modifica según las necesidades de cada sociedad.
- *Racionalidad*: el derecho natural puede ser comprendido a través de la razón humana. Se considera que todos los seres humanos, al usar su razón, pueden descubrir y comprender los principios del derecho natural.
- *Preeminencia sobre el derecho positivo*: para los iusnaturalistas, el derecho positivo (el derecho creado por el Estado)

debe estar alineado con el derecho natural. Si una ley positiva contradice el derecho natural, no debería ser considerada una ley válida.

- *Fundamento moral:* el iusnaturalismo sostiene que las leyes justas deben estar basadas en principios éticos y morales universales. El derecho no es solo un conjunto de normas impuestas, sino que debe tener un componente moral que garantice la justicia.

El debate sobre la existencia del derecho natural fue uno de los primeros problemas abordados por la filosofía del derecho. En la antigüedad, la mayoría de las corrientes y pensadores cuestionaron la existencia de un derecho inherente a la naturaleza humana (jus-naturales), pero no se puede decir que haya existido una corriente consolidada de iusnaturalismo en ese entonces. Lo que suele denominarse "iusnaturalismo antiguo" es, en realidad, una amalgama diversa de teorías sobre la justicia que, en ocasiones, apoyan y en otras contradicen los principios del derecho natural (Carrillo de la Rosa, 2014).

El iusnaturalismo racionalista, por su parte, fundamenta sus principios en una comprensión de la naturaleza humana, pero no en una naturaleza empírica o histórica. Se basa en una concepción racional, abstracta y atemporal, lo que permite establecer reglas universales sobre el comportamiento humano. Las variaciones dentro de las corrientes iusnaturalistas racionalistas dependen del modo en que se define esta naturaleza ideal (Carrillo de la Rosa, 2014).

Se consideran como uno de los primeros exponentes de esta escuela a Platón (427-347 a.C.) que, aunque no desarrolló una teoría formal del derecho natural, su obra filosófica contiene la idea de que existe un mundo de ideas perfectas y eternas, y que el orden social y las leyes deben basarse en esos principios ideales.

También Aristóteles (384-322 a.C.) con su distinción entre el derecho natural y el derecho positivo, consideraba que el derecho natural es el resultado de la naturaleza del ser humano y su tendencia hacia el bien, y que las leyes deben basarse en la justicia natural.

Por su parte Cicerón (106-43 a.C.), desarrolló la idea de que el derecho natural es un conjunto de normas basadas en la razón, que todos los seres humanos pueden conocer. Para él, la ley natural es superior a cualquier ley escrita o humana.

Santo Tomás de Aquino (1225-1274) es uno de los principales exponentes del iusnaturalismo medieval. En su obra Summa Theologica, sostiene que el derecho natural es parte de la ley divina y que es accesible a la razón humana. Para él, el derecho natural deriva de la ley eterna de Dios, y es la base de todo derecho justo.

John Locke (1632-1704) argumentaba que existen derechos naturales inalienables, como el derecho a la vida, la libertad y la propiedad, que son anteriores a la creación de cualquier sociedad política. Consideraba que el gobierno debía respetar estos derechos y que cualquier ley que los violara era ilegítima.

Hugo Grocio (1583-1645) considerado uno de los padres del derecho internacional, defendió la existencia de un derecho natural que existiría incluso si no hubiera Dios, basado en la razón y la naturaleza humana.

El francés Jean-Jacques Rousseau (1712-1778) defendía la idea de que en el estado natural los seres humanos vivían en libertad e igualdad, y que las leyes solo eran legítimas si se basaban en la voluntad general y respetaban esos derechos naturales.

El iusnaturalismo sostiene que existe, o debe existir, una conexión conceptual ineludible entre el derecho y una moral crítica o ideal, lo que implica que no es posible definir o conceptualizar el Derecho sin tener en cuenta la moral. Asimismo, los defensores del iusnaturalismo argumentan que esta corriente representa una visión no reductiva del derecho, ya que sostienen que la validez jurídica no puede ser entendida únicamente en términos de hechos no normativos (Massini, 2019).

En conclusión, esta escuela resalta el impacto significativo del iusnaturalismo en la teoría del derecho, especialmente en la justificación de los derechos humanos y en la crítica de sistemas legales injustos. La idea de que hay principios superiores al derecho positivo ha sido una fuente de inspiración para movimientos de reforma y resistencia frente a regímenes opresivos, así como una base para el desarrollo de las nociones modernas de derechos fundamentales y dignidad humana.

10.2. ESCUELA DEL FORMALISMO JURÍDICO

Como corriente del pensamiento jurídico, esta escuela sostiene que el derecho debe entenderse como un sistema cerrado y autónomo de reglas, y que el papel de los jueces es simplemente aplicar las normas de manera literal y objetiva, sin hacer valoraciones o interpretaciones subjetivas. Según esta escuela, la ley es el producto de la voluntad del legislador y, por lo tanto, los jueces no deben involucrarse en la creación o modificación de la ley, sino limitarse a aplicarla de acuerdo con su significado textual.

Hans Kelsen es considerado como el mejor representante del formalismo jurídico. Una de las primeras acepciones de formalismo, es aquella que hace referencia a que lo justo está de conformidad con la ley (Bobbio, 2015).

También ha tomado el nombre de "normativista", en el que la norma es el simple recipiente que contiene hechos, actividades o prohibiciones, cuya aplicación se realiza en un momento determinado adquiriendo sentido.

Por su parte, Schauer (2016) reconoce que las estrategias formalista y particularista pueden convivir dentro de un mismo sistema jurídico, tal como ocurre en el derecho estadounidense, donde se evidencia la coexistencia entre el derecho legislativo y el *common law*. Este último, en ciertos momentos de su evolución histórica, se ha compuesto de reglas que se reiteran en cada fallo judicial.

Finalmente, Schauer señala que aún es válido hablar de formalismo y de decisiones basadas en reglas, incluso cuando estas no sean completamente impermeables a las justificaciones subyacentes o a consideraciones externas, es decir, cuando la aplicación de una regla no sea absoluta, sino presuntiva. Es decir, las reglas serán aplicables en la mayoría de los casos, salvo en aquellos donde la aplicación de la norma conduzca a resultados absurdos, injustos o irracionales, lo que justificaría apartarse de ella en favor de una justificación de fondo.

De manera distinta, Schauer sostiene que el formalismo puede integrarse con un enfoque flexible que, en circunstancias específicas, permite que las reglas se vean superadas por consideraciones externas, especialmente cuando se trate de situaciones excepcionales (Pintore, 2017).

Tanto Schauer como Jori coinciden en su crítica hacia aquellos que niegan o disimulan la libertad de interpretación, rechazando la idea de que las normas proporcionen una solución definitiva para cada caso sin margen para la interpretación. Esto introduce una visión diferente del formalismo, que algunos llaman "formalismo interpretativo".

Por su parte, Jori subraya la diferencia entre el formalismo interpretativo, que considera una ideología, y el formalismo práctico, entendido como una técnica. Critica que el formalismo interpretativo, al fomentar una imagen errónea de un intérprete absolutamente ligado a la literalidad de la ley, en realidad termina otorgándole una mayor libertad, permitiéndole evadir las restricciones impuestas por el formalismo práctico.

Respecto al formalismo práctico, Jori argumenta que el uso de las normas como herramientas para tomar decisiones no es exclusivo del derecho, sino que se trata de un enfoque común en varios ámbitos. Sin embargo, en el campo jurídico, este formalismo se complejiza y se amplía, ya que las normas no solo son utilizadas para decidir, sino que a su vez son producto de elecciones basadas en criterios estandarizados, conocidos como metanormas, que establecen las fuentes del derecho (Pintore, 2017).

En el ámbito jurídico, el formalismo basado en el contenido deductivo y el relacionado con competencias y procedimientos suelen estar interrelacionados de diversas maneras. Por un lado, el derecho puede disponer que una norma deducida de una metanorma tenga validez, solo si es emitida por personas con competencia normativa y bajo procedimientos específicos.

Esto limita la "libre razón práctica", ya que el valor jurídico de la norma dependerá de si la deducción fue realizada por las autoridades competentes siguiendo los procedimientos previstos, incluso si la deducción resulta defectuosa por algún motivo (excepto en casos de impugnaciones o revisiones, por ejemplo). Aquí prevalece la certeza sobre principios opuestos como la justicia sustancial o la equidad.

Por otro lado, los procedimientos y competencias pueden otorgar a ciertas autoridades poder discrecional, ya sea parcial o total, cuando estas no están obligadas a emitir normas o decisiones con contenido normativo previamente establecido o, cuando las obligaciones son muy imprecisas ("actuar en el interés general", entre otras) (Pintore, 2017).

El derecho es particularmente señalado con el calificativo de formalista, aunque no es el único ámbito donde se emplea esta técnica. De hecho, el formalismo se aplica también en otros contextos, como ciertas religiones institucionalizadas o en organizaciones políticas con una estructura burocrática.

La razón por la que se percibe al derecho como el principal blanco del formalismo es que, en este campo, estas técnicas se muestran de manera más clara, visible y accesible. A diferencia de lo que ocurre en instituciones como la Iglesia católica, donde las decisiones de las autoridades se presentan como infalibles, el derecho no oculta el papel decisorio de las autoridades.

En consecuencia, el ordenamiento jurídico puede entenderse como una red de normas y metanormas conectadas por el uso de estas técnicas formalistas.

Schauer, por su parte, alude al concepto de "dominio limitado" (*limited domain*), lo que implica que no todas las normas, fuentes o argumentos empleados en la sociedad son parte del derecho, sino solo aquellos que el propio sistema jurídico reconoce como válidos. El derecho, entonces, se presenta como un mecanismo de razonamiento que selecciona y adopta solo las razones admitidas, descartando todas las demás (Pintore, 2017, pág. 58).

Cuando la constitución se analiza desde la perspectiva del formalismo práctico, se observa que, aunque introduce ciertos límites de contenido, incluso para el legislador, esto se ha hecho a costa de expandir significativamente los poderes interpretativos de los órganos encargados de aplicar la ley y de controlar la constitucionalidad.

Podrían emplearse técnicas formalistas para restringir este poder, siempre que se considere dicho objetivo como deseable. No obstante, resultaría ingenuo revivir el ideal ilustrado de tener pocas leyes, claras y sencillas. En el ámbito de los textos constitucionales, tampoco parece viable maximizar el control de los contenidos con un lenguaje jurídico más preciso. Lo que podría ser más realista sería la implementación de instrumentos jurídicos que, de manera indirecta, promuevan un mayor autocontrol en los jueces, incluso en los jueces constitucionales, exigiendo mayor independencia de la política, un mayor rigor argumentativo y una jurisprudencia más estable en el tiempo.

Atienza (2013, pág. 23) sostiene que el derecho es un sistema completo y coherente, sujeto a cambios mínimos y basado en reglas generales presentes en los textos jurídicos. Este sistema tiene su propia lógica y se desarrolla a través de deducciones subjuntivas.

Finalmente, Langdell atribuye al derecho cuatro características: i) conceptualismo, donde el derecho es visto como un conjunto de reglas y principios; ii) sistematicidad, refiriéndose a la coherencia interna entre esas reglas y principios; iii) objetivismo, que implica que las reglas y principios están determinadas por leyes, precedentes o doctrina, garantizando certeza en su aplicación; y iv) autonomía, que significa que el derecho no depende de conceptos morales, políticos o religiosos (López Hernández, 2001).

Entre las principales características de esta escuela están:

- *La autonomía del derecho*: El derecho es un sistema cerrado que no debe ser influido por factores externos, como la moral, la política o la economía. El sistema legal debe auto-interpretarse y auto-aplicarse.
- *Interpretación literal*: La labor del juez es simplemente aplicar la ley tal como está escrita, sin involucrar sus propias opiniones o criterios morales. Se rechaza la idea de que el juez pueda interpretar la norma en función de sus resultados o consecuencias.
- *Neutralidad judicial*: Se defiende la idea de que los jueces son meros aplicadores de las normas, y no deben ejercer funciones legislativas o creativas. Esto garantiza la seguridad jurídica, pues los fallos se derivan directamente del texto de las leyes y no de la discrecionalidad del juez.
- *Legalismo estricto*: El derecho se compone de reglas claras y precisas, por lo que las decisiones judiciales deben ser coherentes y predecibles, basándose exclusivamente en el lenguaje del legislador.

Aunque el formalismo jurídico tenido fuerte influencia, ha sido también ampliamente criticado, especialmente por escuelas como el realismo jurídico. Los críticos argumentan que el formalismo ignora el contexto social, político y económico en el que se aplican las normas y que el derecho no puede ser completamente objetivo o autónomo, ya que los jueces siempre llevan consigo algún grado de interpretación y subjetividad en sus decisiones.

El formalismo jurídico representa una visión del derecho que enfatiza la seguridad jurídica y la predictibilidad, proponiendo que las normas legales deben ser aplicadas literalmente y sin interferencias externas. Aunque sus principales exponentes, como Kelsen y Langdell, promovieron la neutralidad judicial y la objetividad en la aplicación de las normas, esta corriente ha sido criticada por su alejamiento de la realidad social y por subestimar el papel interpretativo de los jueces.

10.3. ESCUELA DEL POSITIVISMO NORMATIVISTA

También conocida como positivismo jurídico o normativismo jurídico, es una corriente de pensamiento jurídico que sostiene que el derecho es un conjunto de normas creadas por una autoridad competente, y que el estudio y la interpretación del derecho deben centrarse exclusivamente en el análisis de esas normas. Esta escuela se caracteriza por hacer una clara distinción entre el derecho y la moral, así como por priorizar el derecho positivo (el derecho escrito y formalmente sancionado) como la única fuente válida de derecho.

La escuela del formalismo jurídico y la escuela del positivismo normativista son corrientes que, aunque tienen puntos en común, se diferencian en su enfoque y en la concepción que tienen sobre el derecho y su interpretación.

De una parte, el formalismo jurídico sostiene que el derecho es un sistema cerrado y autónomo de normas, que los jueces deben aplicar esas normas sin involucrar su subjetividad o valoraciones externas y se interpreta desde una perspectiva literal y textual, mientras que el positivismo normativista, también ve el derecho como un sistema normativo autónomo, pero su enfoque es más teórico y filosófico. Kelsen desarrolló la idea de la "pirámide normativa", donde el derecho es un conjunto de normas jerárquicas, y la validez de cada norma depende de su conformidad con una norma superior, hasta llegar a la "norma fundamental" (en alemán, *Grundnorm*).

A diferencia del formalismo estricto, el positivismo normativista no está centrado únicamente en la aplicación literal de la ley, sino en el análisis del derecho desde una perspectiva estructural. Kelsen separa estrictamente el derecho de la moral y otros elementos externos, pero su interés radica en cómo las normas jurídicas interactúan y se jerarquizan entre sí.

El positivismo normativista no niega el papel de la interpretación, pero plantea que esta debe realizarse dentro del sistema normativo en sí, respetando la estructura jerárquica del derecho.

En el formalismo, se concibe el derecho como una ciencia en la que las reglas se aplican de manera casi mecánica, sin considerar el contexto social o los efectos de las decisiones judiciales. Los defensores de esta escuela creen que, al seguir estrictamente el texto de la ley, se garantiza la seguridad jurídica y la estabilidad en el sistema legal.

El positivismo normativista tuvo su desarrollo más significativo en el siglo XX, siendo su exponente más influyente el jurista austriaco Hans Kelsen, quien formuló la teoría pura del derecho, centrada en el análisis normativo del sistema jurídico y en la separación absoluta entre el derecho y otros ámbitos como la ética o la política.

Desde la perspectiva del derecho positivo, tanto omitir el texto de la ley para ajustarse a la supuesta voluntad del legislador, como adherirse estrictamente a la letra de la norma sin considerar la intención de quien la promulgó, tienen implicaciones similares (García, 1940).

Uno de los elementos clave que contribuyeron a la aparición del positivismo legalista y formalista en Francia fue la codificación del derecho. Este proceso hizo del código una herramienta esencial para el jurista, quien podía hallar soluciones sin grandes esfuerzos. De este modo, el código se convirtió en una vía rápida y sencilla para resolver controversias, desplazando a otras fuentes del derecho.

Sin embargo, las corrientes sociológicas y las críticas socialistas del siglo XIX comenzaron a exponer las limitaciones de este enfoque. Según Perelman, hacia finales del siglo XIX y en línea con la escuela histórica de Savigny, el derecho comenzó a verse desde una óptica más funcional. Los teóricos del derecho sociológico defendían que, aunque la ley seguía siendo el centro del derecho, no podía considerarse una mera forma vacía de contenido, como sugería el positivismo legalista (Carrillo De La Rosa, Y., & Carrillo, A. 2011).

En cuanto al positivismo, aunque la validez del derecho proviene de la Constitución, es evidente que la inclusión de los derechos fundamentales introduce un fuerte contenido moral en los sistemas jurídicos constitucionalizados. Este hecho desafía la tesis positivista de la separación entre derecho y moral, sugiriendo que en la identificación del derecho válido se debe considerar, al menos en parte, aspectos morales.

Schauer denomina "positivismo jurídico presuntivo" a esta forma de aproximación al derecho, no como una tesis teórica o conceptual sobre la naturaleza del derecho, sino como una explicación empírica de cómo los juristas toman sus decisiones habitualmente (Pintore, 2017).

Esta corriente ofrece una visión del sistema jurídico estadounidense en el que el formalismo y el particularismo se entrelazan, no solo en el *common law*, sino también en el derecho legislativo.

Figuras contemporáneas del positivismo, como Joseph Raz y Andrei Marmor, han intentado abordar las críticas a esta teoría proponiendo una doctrina que mantiene la tesis de las fuentes sociales, pero evita la falacia del ser-deber ser. Introducen el concepto de "autoridad" como intermediario entre los hechos sociales y las normas jurídicas, proporcionando al proceso de validación la dimensión deontológica necesaria (Massini, 2019).

En conclusión, el formalismo jurídico se preocupa principalmente por la interpretación literal y la seguridad jurídica, mientras que el positivismo normativista presta atención a la validez y coherencia dentro de un sistema normativo jerárquico, aunque ambos ven el derecho como un sistema autónomo.

10.4. ESCUELA DE LA EXÉGESIS

La Escuela de la Exégesis nace bajo la influencia de un grupo de juristas franceses que, a lo largo del siglo XIX, especialmente entre 1804 y 1890, dedicaron sus esfuerzos al análisis del Código Napoleónico. Un estudio notable y una de las críticas más importantes sobre este periodo de la ciencia jurídica francesa se debe a Bonnecase, quien divide el desarrollo de la Escuela de la Exégesis en tres etapas: fundación (1804-1830), apogeo (1830-1880), y decadencia (a partir de 1880). Cabe destacar que el fenómeno de la codificación, que marcó el panorama jurídico del siglo XIX, generalmente conlleva, como reacción inmediata e instintiva, la interpretación exhaustiva y detallada de los nuevos textos legales.

Su objetivo principal era encontrar el sentido exacto de la ley a través de una interpretación estrictamente literal y sistemática de los textos legislativos, con el fin de evitar interpretaciones arbitrarias o creativas por parte de los jueces.

El fundamento de esta escuela se basa en la idea de que la voluntad del legislador es suprema y se encuentra plasmada de manera clara y completa en la ley escrita. Según la exégesis, el papel de los jueces y los intérpretes del derecho se limita estrictamente a descubrir y aplicar esta voluntad sin alterarla o agregar nuevas interpretaciones. Se asume que el legislador ha previsto todas las situaciones posibles en el marco de la ley y, por tanto, la interpretación debe centrarse en lo que la ley dice expresamente.

Esta escuela resaltó las características de la exégesis en el proceso de interpretación del derecho, entre las cuales se encontraba:

- *Interpretación literal*: promovía una interpretación literal del texto de la ley. Se considera que las palabras empleadas por el legislador son claras y precisas, por lo que el juez o intérprete no tiene margen para modificar el sentido del texto.
- *Autoridad del legislador:* partía del principio de que la voluntad del legislador la cual era absoluta y la ley era su expresión más perfecta. Por lo tanto, la misión del juez es aplicar la ley tal como está escrita, sin hacer valoraciones o interpretaciones que se aparten de la intención del legislador.
- *Rechazo de la creación judicial:* la escuela de la exégesis rechaza cualquier tipo de activismo judicial o creación de derecho por parte de los jueces. Se critica cualquier interpretación que vaya más allá del texto literal de la norma, ya que el derecho debe ser hecho exclusivamente por el legislador, y los jueces solo deben aplicarlo.
- *Uso limitado de la analogía y los principios generales*: si bien el juez exegético podía recurrir a la analogía o a los

principios generales del derecho en casos donde la ley no previera una solución directa, esta posibilidad estaba limitada a casos excepcionales. La principal herramienta de interpretación seguía siendo el texto de la ley.

Los principales teóricos de la escuela de la exégesis fueron los franceses, entre los que estaban Jean-Étienne-Marie Portalis, principal redactor del Código Civil francés y un gran defensor de la interpretación estricta de la ley. También estaban los franceses Charles Aubry y Frédéric Charles Rau quienes defendieron la exégesis en Francia y ayudaron a consolidar la idea de que el Código Civil debía ser interpretado de manera literal y sistemática.

Igualmente estaba el francés Alexis de Tocqueville, conocido principalmente por su obra política, quien también tuvo influencia en el campo del derecho y su análisis sobre la función de los jueces en las democracias es relevante para comprender la limitación del papel judicial dentro del marco de la exégesis.

Con el paso del tiempo, esta corriente fue criticada por su rigidez y por la creencia en la perfección absoluta de la ley escrita. Los críticos argumentaban que el derecho, al ser una ciencia social, debía adaptarse a las realidades cambiantes de la sociedad, algo que la exégesis, con su enfoque estático, no permitía. Estas críticas dieron paso a la aparición de corrientes como el realismo jurídico y el positivismo sociológico, que buscaban darle un mayor papel a la realidad social y a la interpretación judicial en la aplicación del derecho.

10.5. ESCUELA DEL REALISMO JURÍDICO

La escuela del realismo jurídico es una corriente del pensamiento jurídico que surgió a principios del siglo XX, principalmente en Estados Unidos y Escandinavia. A diferencia del formalismo y el positivismo, que se centran en el derecho como un sistema de normas abstractas o jerárquicas, el realismo jurídico sostiene que el derecho debe entenderse a través de su aplicación práctica y de sus efectos en la vida real.

Esta corriente se centra en identificar la realidad concreta sobre la cual se asienta el derecho vigente en un país y en un momento específico de su historia. Se afirma que el derecho real es lo que determina el órgano jurisdiccional en cada caso particular. Esto supone una crítica al enfoque tradicional que ve la sentencia como un simple silogismo jurídico. Lo relevante no es únicamente lo que el juez expresa en la sentencia, sino lo que efectivamente decide y hace.

Las disposiciones recogidas en leyes, reglamentos o la fundamentación de las sentencias se denominan "normas en el papel", mientras que las que resuelven el caso de manera concreta se denominan "normas efectivas". Generalmente, el análisis se enfoca en la conducta del juez y su evaluación de las pruebas. El derecho no es un sistema inmutable, homogéneo o estático; al contrario, es cambiante y debe ajustarse a las nuevas circunstancias y contextos. La seguridad jurídica puede verse alterada en favor de un cambio progresivo, dado que el derecho tiene un carácter flexible y adaptable.

Desde una perspectiva realista-empirista, el derecho no es más que un conjunto de hechos, expresiones lingüísticas y prácticas interpretativas que provienen de las autoridades judiciales y de los operadores del derecho, es decir, los jueces y juristas.

Esta escuela de interpretación considera que el derecho no es simplemente un conjunto de reglas que se deben seguir, sino que es un fenómeno social que se manifiesta a través de las acciones de los tribunales, jueces, policías y otras instituciones. Es decir, lo que realmente importa no es lo que dicen las normas escritas, sino cómo se aplican en la práctica.

Los realistas jurídicos sostienen que las normas legales son inherentemente indeterminadas, y que su aplicación depende de factores subjetivos, como las creencias personales de los jueces, la política, la economía y el contexto social. Así, la interpretación de la ley no es una actividad neutra o mecánica.

Asimismo, pone especial énfasis en el estudio de las decisiones judiciales para entender el derecho. Los realistas argumentan que los jueces no simplemente aplican la ley de manera neutral, sino que toman decisiones con base en múltiples factores, incluidas sus propias preferencias ideológicas y las circunstancias del caso.

Los realistas promueven un enfoque empírico del derecho, sugiriendo que el comportamiento judicial y legal debe ser estudiado a través de la observación de lo que ocurre en la realidad, en lugar de limitarse a la teoría normativa. Ellos insisten en que se investigue cómo se aplican realmente las leyes y cómo las personas responden a las mismas.

Los partidarios de esta escuela rechazan la idea de que el derecho sea una ciencia exacta, como afirmaban los formalistas, o que exista una "verdad" jurídica independiente del contexto. Más bien, el derecho es visto como una herramienta política o social que varía según las circunstancias.

Entre los principales exponentes está Oliver Wendell Holmes Jr. (The Path of the Law, 1897), Karl Llewellyn (The Bramble Bush, 1930), Jerome Frank (Law and the Modern Mind, 1930), Alf Ross (On Law and Justice, 1958) y Karl Olivecrona (Lenguaje Jurídico y Realidad, 1968).

En conclusión, el realismo jurídico busca entender el derecho no desde una perspectiva teórica o puramente normativa, sino desde una óptica pragmática y empírica, poniendo énfasis en cómo el derecho es aplicado en la realidad. A través del estudio de las decisiones judiciales y de los factores sociales que influyen en la administración de justicia, los realistas proporcionan una visión más dinámica del derecho.

10.6. ESCUELA TELEOLÓGICA

La escuela teleológica del derecho es una corriente de pensamiento que sostiene que las normas jurídicas y el derecho en general deben interpretarse y aplicarse en función de sus fines o propósitos. Esta escuela pone un énfasis especial en la finalidad o el objetivo que busca la norma jurídica, y no tanto en su literalidad o en su formulación técnica. El término "teleología" que proviene del griego telos, que significa "fin" o "propósito", propone que la interpretación y aplicación del derecho deben orientarse hacia la consecución de los objetivos sociales, políticos o económicos que se pretendan lograr con la norma.

Entre las principales características se encuentran:

- *Finalismo jurídico:* el enfoque de esta escuela está orientado hacia los resultados que se esperan lograr con la aplicación de una norma. No se centra exclusivamente en el texto de la ley, sino en los efectos prácticos y sociales que se derivan de su aplicación.
- *Interpretación dinámica*: la interpretación teleológica del derecho busca adaptar las normas a las circunstancias y necesidades actuales, considerando los cambios sociales, políticos y económicos, a fin de cumplir con los objetivos para los que fueron creadas.
- *Flexibilidad normativa*: a diferencia de las escuelas que abogan por una interpretación estricta y literal de las normas, la teleología permite una mayor flexibilidad, ya que se preocupa más por los resultados prácticos que por la forma literal de la norma.

- *Valoración del contexto*: los teleologistas consideran que las normas jurídicas no pueden ser comprendidas de manera aislada, sino dentro de su contexto social y de los fines que persiguen. Esto incluye el análisis de las circunstancias históricas, sociales y políticas en las que fue promulgada la norma.

Los principales exponentes de esta escuela fueron Gustav Radbruch quien afirmaba que el derecho no puede entenderse solo como un conjunto de normas formales, sino como un instrumento para alcanzar la justicia y la protección de valores fundamentales como la dignidad humana. Radbruch promovió una interpretación del derecho orientada hacia la consecución de fines éticos y sociales. (Radbruch, 2019).

Por su parte Rudolf von Ihering con su obra "El fin en el derecho" (Der Zweck im Recht), defendió que el derecho es un instrumento para alcanzar fines sociales y políticos, y que debe adaptarse a las necesidades de la sociedad, apartándose del formalismo jurídico y proponiendo una visión más pragmática y funcional del derecho.

Otros autores como Philippe Nonet y Philip Selznick con su obra "Derecho y sociedad en transición", también abogaron por un enfoque teleológico del derecho, argumentando que el derecho debe responder a las necesidades sociales y adaptarse a las condiciones cambiantes.

En conclusión, la escuela teleológica se enfoca en los propósitos o fines de las normas jurídicas y destaca la importancia de interpretarlas y aplicarlas para cumplir esos objetivos, manteniendo una perspectiva flexible y adaptativa. Se aleja de una interpretación estrictamente formalista, buscando siempre que el derecho sea un instrumento efectivo para la consecución de los objetivos de justicia y equidad en la sociedad.

10.7. ESCUELA DE LA LIBRE INVESTIGACIÓN CIENTÍFICA

La Escuela de la libre investigación científica es una corriente de pensamiento en la teoría jurídica que surgen a fines del siglo XIX y principios del siglo XX, como una respuesta a las limitaciones del formalismo jurídico y de las escuelas más conservadoras que defendían una interpretación estrictamente literal y mecanicista del derecho.

Esta escuela fue impulsada por el jurista francés François Gény, quien en su obra *Méthode d'interprétation et sources en droit privé positif* buscaba una forma de interpretación que permitiera mayor flexibilidad en el análisis de las leyes. Gény realiza una feroz crítica al sistema tradicional de codificación francesa, la cual se caracterizaba en el siglo XIX por ser inmóvil, que pretendía solucionar todas las controversias jurídicas apoyada en la interpretación literal de la ley, pero dando lugar a un derecho artificioso.

El autor resalta la ventaja del método tradicional, pero hace énfasis en los inconvenientes que puede abrir las puertas al "subjetivismo más ordenado", en la medida en que el órgano judicial en el intento de permanecer fiel a un texto legislativo, no proporciona solución a un supuesto planteado. La libre investigación científica otorga gran libertad de actuación al juez para que este adapte el derecho al hecho, pues la ley se muestra incapaz de prever todas las situaciones que puedan surgir en la vida de las personas.

El fundamento teórico de esta Escuela se basaba en la idea de que el derecho no debe limitarse únicamente a la interpretación literal y estricta de los textos legislativos, sino que debe buscar sus raíces en una investigación científica de la realidad social y económica. Según esta visión, las normas jurídicas deben interpretarse a la luz de los hechos sociales y deben ser adaptadas a las cambiantes condiciones de la sociedad.

El enfoque de esta escuela se distancia del positivismo jurídico más rígido, ya que entiende que las normas jurídicas no contienen todas las respuestas necesarias para resolver los problemas de la vida social, y que el derecho debe interpretarse teniendo en cuenta la realidad social, económica y científica que lo rodea. Los jueces y juristas, por tanto, deben investigar más allá de la letra de la ley y recurrir a otros medios (ciencia, economía, ética, moral, costumbres) para formular una solución justa a los casos concretos.

Entre las características de esta escuela se encuentra:

- *Rechazo del formalismo legal:* critica la rigidez del formalismo jurídico que se basa exclusivamente en la interpretación literal de las normas. Afirma que los textos legislativos no pueden prever todas las situaciones posibles.
- *Investigación científica del derecho*: para llenar las lagunas y resolver los casos en los que la ley no ofrece una solución clara, la interpretación jurídica debe fundamentarse en una investigación científica de las realidades sociales, económicas y culturales que son relevantes en cada caso.
- *Flexibilidad en la interpretación*: defiende que los jueces y juristas deben tener la libertad de utilizar otros métodos de interpretación, más allá de las normas escritas, para poder hacer frente a las situaciones cambiantes de la vida social.
- *Uso de criterios extrajurídicos*: la interpretación del derecho, según esta escuela, debe incluir factores éticos, sociales, económicos, históricos y culturales para asegurar que las decisiones judiciales sean justas y adecuadas a la realidad.
- *Adaptación a la realidad social*: considera que el derecho debe estar en constante adaptación a los cambios en la sociedad y que la investigación científica debe desempeñar un papel fundamental en esta adaptación.

Entre los principales exponentes, además de su mayor exponente François Gény (1861-1959), se encuentra Eugen Ehrlich (1862-1922), quien argumentó que el derecho no se limita a lo que está escrito en los códigos legales, sino que incluye también el derecho vivo, que se manifiesta en las costumbres y en la práctica social.

A pesar de su flexibilidad y el enfoque adaptativo, la Escuela de la libre investigación científica fue criticada por algunos sectores que consideraban que otorgaba demasiado poder a los jueces y juristas, lo que podría llevar a decisiones arbitrarias y a la inseguridad jurídica. La crítica principal es que, al dar demasiado margen para la interpretación de la ley, se pone en riesgo el principio de seguridad jurídica y la previsibilidad de las decisiones judiciales.

Esta escuela tuvo un gran impacto en la evolución del derecho contemporáneo, ya que ayudó a cuestionar el formalismo jurídico predominante y abrió el camino para nuevas corrientes de pensamiento, como el realismo jurídico. Además, contribuyó a la comprensión de que el derecho es un fenómeno social y no simplemente un conjunto de normas abstractas.

10.8. EL ESCEPTICISMO JURÍDICO

La escuela del escepticismo jurídico, también conocida como el realismo escéptico dentro del ámbito del derecho, es una corriente que cuestiona la objetividad y universalidad del derecho, así como su capacidad para ofrecer respuestas definitivas y absolutas a los conflictos legales. Este enfoque se caracteriza por una visión crítica sobre la manera en que se aplica e interpreta el derecho, enfatizando que las decisiones judiciales están influenciadas por factores subjetivos y extrajurídicos, y que las normas jurídicas no siempre proporcionan soluciones claras o predecibles.

Se basa en la premisa de que el derecho no puede ser entendido como un sistema objetivo y neutral. Desde esta perspectiva, las normas legales no tienen un significado intrínseco o claro que pueda ser simplemente "descubierto" a través de la interpretación. Más bien, los jueces y operadores jurídicos son influenciados por sus propios prejuicios, ideologías, contextos sociales, y experiencias personales al momento de interpretar y aplicar el derecho.

Los escépticos legales consideran que el derecho es indeterminado y que, en última instancia, las decisiones judiciales son el resultado de múltiples factores externos que pueden no tener relación directa con el texto normativo, como las creencias políticas, las influencias culturales, y las presiones sociales o económicas.

Era una teoría general sobre las reglas (o normas), pero se invalida a sí misma cuando debe necesariamente detenerse ante las reglas que definen quiénes son los jueces. Particularmente, no parece que este sea el enfoque con el que los jueces perciben el contenido del derecho ya que, al referirse a dicho contenido, los jueces no se centran ni realizan anticipaciones sobre lo que dirán sus compañeros al respecto (Arena, 2012, pág. 14).

Esta escuela resalta entre otras características las siguientes:

- *Indeterminación del derecho*: para los escépticos, las normas jurídicas no son claras ni precisas, lo que permite múltiples interpretaciones. La indeterminación del derecho implica que, en muchos casos, no hay una única "respuesta correcta" para un problema jurídico.
- *Subjetividad judicial*: los jueces no aplican las normas de manera mecánica ni objetiva. Sus decisiones son, en gran medida, el producto de sus propias inclinaciones personales, sociales o morales.

- *Desconfianza en la predictibilidad del derecho*: según esta corriente, el derecho no siempre es capaz de ofrecer previsibilidad en los resultados de las controversias legales. Debido a la subjetividad en su aplicación, el resultado de los casos legales puede variar dependiendo del juez o del contexto.
- *Influencia de factores extrajurídicos*: el escepticismo jurídico sostiene que factores externos, como las presiones sociales, económicas o políticas, juegan un papel crucial en la toma de decisiones judiciales. Estos factores pueden influir tanto en los jueces como en los demás actores del sistema judicial.

Esta escuela critica la idea de que el derecho es un conjunto neutral y objetivo de reglas. Los escépticos consideran que el derecho refleja intereses de poder y que, por tanto, no puede ser imparcial.

Los principales exponentes del escepticismo jurídico son entre otros, Oliver Wendell Holmes Jr. (1841-1935) que aunque no fue directamente parte del escepticismo radical, sus ideas sentaron las bases para esta corriente. Holmes criticó la concepción tradicional del derecho como un sistema de principios inmutables, argumentando que el derecho debe ser entendido como algo que cambia con la experiencia y las circunstancias sociales.

Guastini busca presentar una versión moderada del escepticismo ante las reglas que intenta sortear ciertas dificultades asociadas a enfoques más extremos. Su propuesta, según el autor, distingue entre el formalismo y otras teorías como la teoría ecléctica, así como de lo que comúnmente se conoce como escepticismo radical. Por ello, llama a su versión "escepticismo moderado".

La tesis principal del escepticismo ante las reglas, en la interpretación de Guastini, radica en que los enunciados interpretativos no pueden ser valorados en términos de verdad o falsedad. Es decir, no tiene sentido afirmar que un juez se ha equivocado al otorgarle un significado particular a un texto jurídico, ya que no existe una única interpretación correcta de las normas. Para Guastini, lo que importa es que los jueces están investidos con la autoridad de interpretar las normas, y su interpretación es incuestionable desde el punto de vista jurídico (Guastini, 2018).

En su obra "Interpretar y Argumentar" (*Interpretare e argomentare*), Guastini explica el escepticismo jurídico, afirmando que los enunciados interpretativos no pueden ser valorados en términos de verdad o falsedad, ya que no hay un único significado verdadero en los textos normativos antes de la interpretación.

Sostiene que la interpretación jurídica no se puede reducir a una simple determinación objetiva de lo que dicen las normas, pues siempre hay un margen de decisión y valoración por parte del intérprete, generalmente un juez. Así, cada interpretación es una decisión auténtica que crea derecho, lo que significa que no existe una única respuesta correcta o verdadera, sino varias posibles interpretaciones.

Esta postura se diferencia del formalismo y otras teorías que intentan restringir la actividad interpretativa de los jueces a lo que está explícitamente establecido en las normas jurídicas.

El escepticismo ante las reglas implica que no hay una respuesta correcta única en los problemas interpretativos, lo que deriva en la inevitable discrecionalidad interpretativa de los jueces. Esto conlleva la idea de que todas las interpretaciones judiciales son auténticas, en el sentido kelseniano, es decir, que crean derecho. De esta forma, se niega la posibilidad de clasificar las decisiones judiciales como correctas o incorrectas, ya que el derecho permite múltiples interpretaciones de un mismo texto.

En su trabajo, Guastini también expone diversas distinciones clave que fundamentan su teoría de la interpretación, entre ellas la diferencia entre interpretar en abstracto o en concreto, y entre interpretación como actividad cognitiva, decisoria o creativa. En conclusión, la base de su escepticismo no radica en la falta de significado inherente a las normas antes de su interpretación, sino en el reconocimiento de que siempre es posible interpretar un texto de múltiples maneras, sin un criterio de verdad para validar dichas interpretaciones.

El escepticismo jurídico tuvo una influencia considerable en la teoría del derecho, particularmente en el realismo jurídico, que fue una corriente muy popular en Estados Unidos durante el siglo XX. Los escépticos jurídicos han ayudado a desmitificar el derecho como un sistema completamente racional y objetivo, promoviendo un enfoque más pragmático y realista en la interpretación de las leyes. Sin embargo, también ha sido objeto de críticas, especialmente por aquellos que ven su enfoque como excesivamente relativista, lo que podría socavar la estabilidad y la coherencia del sistema legal.

Capítulo 11

Aplicación, interpretación e integración del derecho

11.1. GENERALIDADES

El estudio de la aplicación, interpretación e integración del derecho es fundamental para entender la forma como operan las normas jurídicas en la realidad y cómo se resuelven los vacíos legales o ambigüedades que pueden surgir en un ordenamiento jurídico determinado como el colombiano.

La aplicación del derecho consiste en la ejecución práctica de las normas jurídicas destinadas a la resolución de situaciones concretas que se presentan en una comunidad determinada. Esta labor recae, principalmente, sobre los jueces y las autoridades que, al conocer un caso específico, deben aplicar las normas que correspondan al asunto. La correcta aplicación implica que se respeten ciertos valores esenciales del derecho, como la igualdad ante la ley y la justicia.

Por su parte, la interpretación del derecho implica reconocer que las normas jurídicas, como todo texto lingüístico, pueden ser ambiguas o tener múltiples interpretaciones. De ahí que la interpretación del derecho sea clave para comprender el sentido de las leyes.

En cuanto a la interpretación del derecho, existen diversas técnicas, como la literal (centrada en el texto de la ley), la sistemática (que examina la norma dentro del contexto del ordenamiento jurídico) o la teleológica (que busca entender el propósito o fin de la norma), entre otras. Los jueces, al interpretar las leyes, deben asegurarse de dar sentido a las disposiciones normativas de una manera coherente y ajustada a los principios jurídicos.

Por último, en lo que se refiere a la integración del derecho, es bastante común que los jueces se enfrenten a situaciones donde no existe una norma jurídica específica que regule el caso, lo que se conoce como un "vacío legal". Para solucionar estos problemas, es necesario recurrir a la integración del derecho. Esta labor consiste en utilizar diversas fuentes, como los principios generales del derecho, la analogía o la jurisprudencia, para suplir el vacío normativo y garantizar que se dé una respuesta jurídica coherente y justa.

Tener claridad sobre las anteriores categorías es muy importante, ya que garantizan la operatividad del sistema jurídico en cualquier contexto, permiten adaptar las leyes a nuevas circunstancias y resolver problemas que no fueron previstos por el legislador.

11.2. APLICACIÓN DEL DERECHO

La aplicación de la norma jurídica es el proceso mediante el cual, una norma legal es interpretada y puesta en práctica para resolver una situación o conflicto concreto. Este proceso implica varios pasos y principios fundamentales que guían a los operadores jurídicos (jueces, abogados, funcionarios públicos) en la correcta utilización de la norma en cada caso.

11.2.1. El silogismo jurídico

Para el proceso de aplicación normativa se acude al denominado silogismo jurídico. Este se puede definir como un método de razonamiento mediante el cual, a través de dos premisas, se llega a una conclusión que por lo general es verdadera (Lanner, 2006, p.88).

En lenguaje aristotélico, "el silogismo es un razonamiento formado por tres juicios tales que, dados los dos primeros, el tercero resulta necesariamente por el mero hecho de ser dados aquellos".

Esta herramienta lógica aplicada en el ámbito del derecho, se basa en la estructura clásica del silogismo aristotélico, que consta de tres partes: una premisa mayor, una premisa menor y una conclusión. En el ámbito jurídico, esta estructura se utiliza para conectar una norma general con un hecho particular y extraer de allí una consecuencia jurídica.

Se suele afirmar que los silogismos están precedidos de interrogantes acerca de si un predicado determinado conviene o no a un sujeto determinado. El silogismo es la forma clásica de la inferencia deductiva. Aunque venido a menos frente a las nuevas formas deductivas de la lógica moderna, todavía conserva vigencia y practicidad en el lenguaje normal y en los razonamientos del derecho. (Barros, 1994, p. 80).

Un ejemplo de silogismo sería el siguiente:

- *Premisa mayor:* sería la norma jurídica que establece una consecuencia jurídica general para un supuesto de hecho. Representa la regla de derecho aplicable al caso.

Ejemplo: "Toda persona que comete un hurto será sancionada con pena de prisión".

- *Premisa menor:* correspondería al conjunto de hechos referidos a un caso concreto relacionado con la premisa mayor. Corresponde a la situación particular que debe resolverse.

Ejemplo: "Juan ha hurtado un automóvil".

- *Conclusión:* es el resultado de aplicar la norma (premisa mayor) al hecho particular (premisa menor). Es la consecuencia jurídica que se deriva de la subsunción del caso concreto en la norma.

Ejemplo: "Juan será sancionado con pena de prisión".

Para aplicar el silogismo se aplica una serie de pasos lógicos para resolver el caso.

- En primer lugar, se debe identificar la norma jurídica (premisa mayor) que sería la norma aplicable que describe las consecuencias jurídicas para una situación similar a la que se está juzgando. Esto requiere interpretar correctamente el texto legal y determinar qué norma general regula la situación.
- En segundo lugar, se debe determinar los hechos del caso (premisa menor), estableciendo los hechos del caso concreto mediante la recolección de pruebas y realizando una evaluación de la situación. Esto implica analizar si esos hechos encajan en el supuesto descrito por la norma.
- En tercer lugar, se debe realizar un ejercicio de subsunción bajo la norma jurídica. Esto significa verificar si la situación descrita en la premisa menor (los hechos) cumple con las condiciones previstas en la premisa mayor (la norma).
- Por último, se debe deducir la conclusión. Si los hechos del caso corresponden a los supuestos de la norma jurídica, entonces se obtiene una conclusión lógica que es la consecuencia jurídica que debe aplicarse.

Aunque es una herramienta fundamental para la aplicación del derecho, el silogismo jurídico podría conllevar ciertas limitaciones que lo llevan a ser inaplicado en ciertos casos, principalmente en los complejos. En efecto, en situaciones jurídicas complicadas o en las que hay un conflicto de normas, el silogismo puede no ser suficiente para resolver el caso, ya que no considera aspectos subjetivos o valorativos.

El intérprete también se puede encontrar con normas jurídicas que no son claras o son ambiguas, lo que dificulta la identificación de la premisa mayor. En estos casos, es necesario interpretar la norma.

Por último, el silogismo se caracteriza por ser rígido, pues no siempre permite adaptar el derecho a circunstancias particulares o excepcionales que podrían requerir un enfoque más flexible o equitativo.

11.2.2. Situaciones de retiro o inaplicación de la norma

11.2.2.1. La inconstitucionalidad de la norma

La inconstitucionalidad de una norma jurídica se refiere a la contradicción entre una norma infraconstitucional (ley o decreto) y la constitución política de un Estado determinado. Una norma es declarada inconstitucional cuando se considera que viola de forma directa y flagrante las disposiciones establecidas en la Carta Política, la cual es el marco jurídico supremo en un ordenamiento legal.

Este concepto de inconstitucionalidad surge con la consolidación del constitucionalismo moderno, especialmente con la promulgación de la Constitución de los Estados Unidos de Norteamérica y, específicamente, con la sentencia de identificada como el caso de Marbury vs. Mádison proferida por la Corte Suprema de dicho país en 1803. Allí se estableció el principio del control judicial de la constitucionalidad de las leyes, es decir, la facultad de los jueces para declarar la nulidad de una norma si contradice la Constitución

En este contexto, la Constitución comienza a ser vista como ley suprema que limita el poder de los gobernantes y garantiza derechos fundamentales. La posibilidad de que una norma sea declarada inconstitucional aparece como una forma de proteger la supremacía constitucional y evitar que el poder legislativo o ejecutivo actúen de manera arbitraria.

Cuando una norma es declarada inconstitucional, es eliminada del ordenamiento jurídico o queda inhabilitada para aplicarse en el caso específico que se esté analizando. Dependiendo del sistema judicial del país, la declaración de inconstitucionalidad puede tener efectos generales por lo que la norma se elimina por completo.

En el ámbito constitucional colombiano, los términos "inconstitucionalidad" e "inexequibilidad" están estrechamente conectados, pues se refieren a aspectos distintos relacionados con el control de constitucionalidad de las normas. Sin embargo, la inconstitucionalidad se refiere al conflicto o contradicción de una norma jurídica inferior con la Constitución Política, mientras que la inexequibilidad es un término utilizado por la Corte Constitucional colombiana para declarar la inconstitucionalidad de una norma, por lo que no puede continuar en el ordenamiento jurídico.

Sobre la inexequibilidad, la Corte expresó:

> La declaratoria de inexequibilidad proferida por la Corte Constitucional es una orden para que ni las autoridades estatales ni los particulares la apliquen o, en otros casos, una facultad para que dejen de aplicarla. Es decir, es la de restarle efectos a la disposición inconstitucional (Sentencia C-329 de 2001 M.P. Rodrigo Escobar Gil).

En virtud de lo anterior, la inexequibilidad es una consecuencia directa de la declaración de inconstitucionalidad de una norma, por lo que se produciría la expulsión de la norma del ordenamiento, de tal modo que no siga surtiendo efectos hacia futuro. Se exceptúan ciertos casos en los que la Corte puede proferir sentencias con efectos retroactivos o diferidos hacia futuro.

11.2.2.2. La nulidad de la norma

La nulidad de una norma jurídica se refiere a la declaración realizada por un juez o tribunal, de que una norma o disposición legal es inválida o carece de efectos jurídicos debido a su incompatibilidad con normas de jerarquía superior, principios constitucionales, o porque no cumple con los procedimientos legales establecidos para su creación. Cuando una norma jurídica es declarada nula, deja de producir efectos jurídicos y no puede ser aplicada en los casos para los cuales fue creada.

Para Kelsen todas las nulidades son constitutivas, porque no son actos de pura aplicación sino actos mixtos de aplicación y creación. (Martínez, 2020, p. 3).

La nulidad, como tal, es una consecuencia jurídica que se produce una vez se hayan realizado ciertos supuestos establecidos por el ordenamiento jurídico, para la aplicación de la regla de exclusión llamada anulación o nulidad. (Martínez, 2020, p. 4).

En el caso colombiano, la nulidad de una norma se aplica para normas de carácter reglamentario (generales o particulares), no para leyes de la República. Es decir, un decreto, acuerdo, ordenanza, circular o cualquiera que sea el acto administrativo, puede ser objeto de una revisión judicial que puede llevar a producir su nulidad cuando viola una norma superior de carácter constitucional o legal.

La nulidad por falta de aplicación de las normas se produce según el Consejo de Estado, cuando el juzgador parte de la existencia ineficaz de la norma en el mundo jurídico, porque, a su parecer, no tiene validez en el tiempo o en el espacio. (Consejo de Estado, sentencia 76001-23-31-000-2006-01049-01(17141) (17945) del 23 de agosto de 2012).

Una norma jurídica puede ser declarada nula por diversas razones, como por vicios de forma, violación de la constitución, contradicción de normas superiores o defectos en la competencia.

Los vicios de forma se producen cuando la norma no cumple con los procedimientos legales establecidos para su creación, promulgación o publicación. Esto puede incluir la falta de aprobación por parte del órgano competente o la omisión de procedimientos esenciales, como la consulta previa en ciertos casos.

Si una norma contradice disposiciones o principios consagrados en la Constitución, puede ser declarada nula a través del control de constitucionalidad. Si la norma fue emitida por un órgano que no tenía competencia para legislar sobre la materia, también puede ser declarada nula.

11.2.2.3. La derogación y derogabilidad de la norma

Derogación y derogabilidad son dos conceptos independientes relacionados con la vigencia de la norma que no se deben entender como sinónimos. Derogación es el acto concreto, mientras que derogabilidad es la posibilidad o aptitud de ser objeto de dicho acto.

La derogación es el acto mediante el cual, una norma jurídica deja de tener vigencia, debido a que una nueva norma la reemplaza integral o parcialmente. La derogación puede ser expresa (cuando una nueva ley señala explícitamente que se está eliminando la anterior) o tácita (cuando la nueva ley es incompatible con la anterior y, por lo tanto, esta última queda sin efecto sin necesidad de mencionarla explícitamente).

La Corte Constitucional colombiana expresó que "derogación proviene del latín *derogare* que significa la revocación parcial de la ley, que se distingue de la abrogación que alude a la supresión completa de una ley. Su consecuencia es la cesación de la vigencia de una disposición como efecto de la expedición de una norma posterior" (Corte Constitucional, sentencia C-580 de 2013 M.P. Jorge Ignacio Pretelt Chaljub).

Según el artículo 71 del Código Civil colombiano, "la derogación de las leyes podrá ser expresa o tácita. Es expresa, cuando la nueva ley dice expresamente que deroga la antigua. Es tácita, cuando la nueva ley contiene disposiciones que no pueden conciliarse con las de la ley anterior. La ley también podrá realizar derogación total o parcial".

El artículo 72 del mismo Código expresa que "la derogación tácita deja vigente en las leyes anteriores, aunque versen sobre la misma materia, todo aquello que no pugna con las disposiciones de la nueva ley".

La Corte Suprema de Justicia colombiana explicó estos tres tipos de derogación en la sentencia de casación civil de marzo 28 de 1984. Allí colocó en relación los artículos 71 y 72 del Código Civil con el 3° de la Ley 153 de 1887 y explicó la derogación expresa, tácita y orgánica. Dijo lo siguiente:

> Es de la primera especie cuando la nueva ley suprime formalmente la anterior; es de la segunda, cuando la norma posterior contiene disposiciones incompatibles con las de la antigua; y es de la tercera, cuando una ley nueva regule íntegramente la materia a que la anterior disposición se refería. (Corte Suprema de Justicia, Sala de Casación Civil, 28 de marzo de 1984).

En el mismo sentido, la Corte Constitucional se pronunció sobre los tres tipos de derogación, explicando que la derogación expresa es aquella en la que el legislador indica de manera precisa, el retiro del ordenamiento jurídico de uno o varios artículos, por lo que no es necesario hacer algún proceso de interpretación. (Corte Constitucional, sentencia C-580 de 2013 M.P. Jorge Ignacio Pretelt Chaljub).

Por otra parte, la derogación orgánica se refiere a los casos en que una nueva ley regula integralmente determinado tema, bajo el supuesto de que la nueva ley es mejor que la ley antigua, o que la nueva es más adecuada para la sociedad y que, por tanto, responde mejor al ideal de justicia. La nueva ley debe ser lo más amplia posible para que desaparezcan las situaciones que el propio legislador ha querido remediar (Corte Suprema de Justicia Sala de Casación Civil, 28 de marzo de 1984).

Otra definición dada a la derogación orgánica fue la realizada por la Corte Constitucional, quien expresó que se refiere a aquella que se produce cuando una ley normaliza toda la materia regulada por una o varias leyes precedentes y para que dicha derogación tenga lugar, es menester que la nueva ley reglamente en forma completa una materia. (Corte Constitucional, sentencia C-1121 de 2008 M.P. Mauricio González Cuervo).

Por último, la derogación tácita obedece a un cambio de legislación, a la existencia de una incompatibilidad entre la ley anterior y la nueva ley, lo cual hace indispensable la interpretación de ambas leyes para establecer la vigente en la materia o si la derogación es parcial o total. Tiene como efecto limitar en el tiempo la vigencia de una norma, es decir, suspender su aplicación y capacidad regulatoria, aunque en todo caso el precepto sigue amparado por una presunción de validez respecto de las situaciones ocurridas durante su vigencia. (Corte Constitucional, sentencia C-571 de 2004 M.P. Rodrigo Escobar Gil).

La determinación de si una materia está o no enteramente regulada por la nueva ley, depende especialmente, de la intención revelada por el legislador de abarcar con las nuevas disposiciones toda una materia.

Un ejemplo de derogación expresa es la Ley estatutaria 1729 de 2014 que en su artículo 1° derogó la Ley Estatutaria 1157 de 2007 que desarrolla el artículo 227 de la Constitución Política de Colombia con relación a la elección directa de Parlamentarios Andinos.

Un ejemplo de derogación tácita en Colombia se puede observar en la Ley 1150 de 2007, que reformó el sistema de contratación pública, derogando tácitamente partes de la Ley 80 de 1993.

La Ley 80 de 1993 fue la norma que originalmente reguló la contratación estatal en Colombia. Sin embargo, con la entrada en vigencia de la Ley 1150 de 2007, aunque esta última no derogó expresamente toda la Ley 80, se considera que aquellas disposiciones de la Ley 80 que contradicen o son incompatibles con la Ley 1150 quedan derogadas de manera tácita.

Esto sucede porque la Ley 1150 introdujo cambios significativos, como en las modalidades de contratación, los principios de transparencia y eficiencia, y las reglas de adjudicación de contratos, que modificaron de forma considerable el marco anterior.

Por último, un ejemplo de derogación orgánica es la ocurrida con el artículo 45 de la Ley 181 que contiene una regulación integral de la misma materia de la que se ocupaba el artículo 148 de la Ley 100, esta es, los requisitos y características de la pensión que el Estado otorgaba a los deportistas destacados. Adicionalmente, el artículo 45 de la ley 181 (i) no solamente faculta al Gobierno para reconocer la pensión sino que la consagra directamente y obliga al Estado a garantizarla; (ii) contempla una cobertura mayor, pues incluye los medallistas de todos los juegos olímpicos; (iii) elimina la referencia a otros requisitos que definiera la ley, es decir, flexibiliza los requisitos; (iv) sugiere una ampliación de la pensión a cuatro salarios mínimos mensuales; y (v) precisa la fuente de los recursos para el pago de las pensiones.

11.2.2.4. La abrogación de la norma

La abrogación es el proceso mediante el cual se deja sin efecto una norma en su totalidad. Esta sería una forma de derogación, pero mientras que la derogación puede ser parcial o total, la abrogación implica la eliminación completa de la norma, de manera que deja de tener cualquier validez jurídica.

La abrogación de una ley puede realizarse a través de un acto legislativo o normativo. Esto significa que para que una ley sea abrogada, debe emitirse una nueva ley o norma de igual o mayor jerarquía que elimine por completo la ley anterior. A menudo, la abrogación ocurre cuando una ley nueva sustituye por completo una ley anterior o, cuando un legislador considera que una norma ha perdido su utilidad o es incompatible con el ordenamiento jurídico vigente.

Existen dos tipos de abrogación: la abrogación expresa que es cuando una nueva ley o norma establece explícitamente que la ley anterior queda abrogada. En estos casos, el texto de la nueva ley indica claramente que la norma anterior deja de tener validez. Y, de otra parte, estaría la abrogación tácita que se produce cuando una nueva norma contiene disposiciones incompatibles con las de la ley anterior. En este caso, la incompatibilidad entre ambas normas hace que la ley antigua quede sin efecto sin necesidad de mencionarlo expresamente.

Una vez abrogada, la norma jurídica deja de ser aplicable en cualquier contexto. No puede ser invocada en procesos judiciales ni utilizada como fundamento legal. Además, no tiene efectos retroactivos, lo que significa que los actos realizados bajo la vigencia de la ley abrogada siguen siendo válidos. Sin embargo, cualquier acción posterior a la abrogación se regirá por la nueva ley o por la normativa vigente.

Un ejemplo común de abrogación es cuando un país actualiza su código penal. La nueva ley puede abrogar por completo el antiguo código penal, sustituyéndolo por un conjunto de nuevas disposiciones que regirán todos los casos penales futuros.

En conclusión, la abrogación es un mecanismo mediante el cual una ley es eliminada de manera completa, lo que implica su total pérdida de validez en el ordenamiento jurídico.

Un ejemplo de abrogación en Colombia sería la derogación total del Código de Penal de 1980 (Decreto-Ley 100 de 1980), que fue reemplazado por el nuevo Código Penal (Ley 599 de 2000). En este caso, la nueva ley abrogó el Decreto-Ley 100 de 1980, quedando este Código eliminado y sin efecto legal.

11.2.2.5. La vacatio legis

La *vacatio legis* es el periodo de tiempo comprendido entre la promulgación de una norma jurídica y su entrada en vigor. Durante este lapso, la norma ha sido publicada oficialmente, pero aún no tiene efectos legales. El objetivo de la *vacatio legis* es permitir que los destinatarios de la norma (ciudadanos, autoridades, entidades públicas, etc.) se familiaricen con su contenido antes de que comience a ser obligatoria.

El artículo 52 del Código de Régimen Político y Municipal establece como plazo legal de vacancia (*vacatio legis*) dos meses después de la promulgación de la ley. El artículo 53 del mismo código consagra las siguientes excepciones al principio citado: cuando la ley fije el día en que deba principiar a regir la ley, o autorice al Gobierno para fijarlo, en cuyo caso principiará a regir la ley el día señalado, cuando por causa de guerra u otra situación inevitable estén interrumpidas las comunicaciones de algunos municipios en la capital y el servicio de correo se encuentre suspendido, en este caso, los dos meses se contarán desde que cese la incomunicación y se restablezcan los correos.

El artículo 54 del Código de Régimen Político y municipal dice que se procurará que las leyes se publiquen e inserten en el periódico oficial dentro de los diez días después de sancionadas. Cuando haya para el efecto un inconveniente insúperable, se insertarán en la mayor brevedad.

Es posible considerar que las anteriores previsiones normativas sean desuetas, pues lo allí previsto (incomunicación del servicio de correos) no ocurren en la actualidad en medio del mundo digital y la comunicación instantánea en el que vivimos.

La *vacatio legis* se produce después de la promulgación y publicación oficial de una norma jurídica. El plazo entre la publicación y la entrada en vigor depende de lo que se haya estipulado en la propia norma. Por ejemplo, si una ley establece que entrará en vigor 30 días después de su promulgación, ese será el plazo de la *vacatio legis.*

Un ejemplo común en Colombia es la promulgación de leyes en el Diario Oficial. Si una ley es publicada el 1° de enero y establece que entrará en vigor el 1° de marzo, entonces el periodo comprendido entre ambas fechas sería la *vacatio legis.*

Entre los efectos de la *vacatio legis* está:

- Durante la vacatio legis, la norma aún no produce efectos vinculantes ni obligatorios.
- No se pueden aplicar sanciones ni exigir su cumplimiento hasta que la norma entre en vigor.

En conclusión, *la vacatio legis* es un mecanismo de seguridad jurídica que busca garantizar que las personas y las autoridades tengan tiempo suficiente para adaptarse a nuevas normas antes de que entren en vigor.

11.3. INTERPRETACIÓN DE LA NORMA

La interpretación normativa es el proceso mediante el cual se busca determinar el significado y alcance de una norma jurídica con el fin de aplicarla correctamente a un caso concreto. Dado que los textos legales no siempre son claros o completos, la interpretación es fundamental para asegurar que las normas se apliquen de manera coherente, justa y conforme a los principios del sistema jurídico.

El objetivo principal de la interpretación es desentrañar la voluntad del legislador y aplicar correctamente la norma, ajustándola a los hechos específicos. Este proceso puede incluir la clarificación de términos ambiguos, la resolución de contradicciones entre normas o la actualización del significado de la norma frente a nuevas realidades sociales y tecnológicas.

Existen varios tipos de interpretación que guían el proceso para descifrar, deducir o desentrañar el alcance de una norma determinada y que son utilizados por los operadores jurídicos (jueces, abogados, funcionarios). La normatividad y la literatura jurídica han desarrollado los siguientes:

11.3.1. Interpretación doctrinal

Es el análisis y la explicación que realizan los juristas, investigadores, tratadista y académicos sobre el contenido, alcance y aplicación de las normas jurídicas y de la jurisprudencia. A diferencia de la interpretación judicial (que es vinculante en el caso concreto) o la interpretación auténtica (realizada por el propio legislador), la interpretación doctrinal no tiene carácter obligatorio, pero juega un papel fundamental en el desarrollo del derecho.

Este tipo de interpretación se caracteriza por ser realizada por expertos y estudiosos del derecho, como profesores universitarios, investigadores y autores de libros y artículos especializados.

Tiene como característica esencial que no es de carácter obligatorio o vinculante, lo que la diferencia de la interpretación legislativa o judicial que sí lo es. Sin embargo, a pesar de lo anterior, pueden influir significativamente en la interpretación judicial y legislativa, ya que los jueces y magistrados al igual que el legislador, acuden frecuentemente a los libros e investigaciones al momento de redactar una sentencia o un proyecto de ley.

Además, tienen una función orientadora, pues ayuda a guiar la interpretación de las normas por parte de jueces, abogados y otros operadores del derecho, contribuyendo con la evolución del derecho al ofrecer nuevas interpretaciones, proponer reformas legislativas y aclarar conceptos jurídicos ambiguos.

En el caso colombiano, la interpretación doctrinal no está expresamente consagrada como una fuente formal de derecho ni en el Código Civil ni en otras leyes. Sin embargo, aunque no tiene carácter vinculante, la doctrina jurídica (es decir, la interpretación y opiniones de juristas y académicos) sí juega un papel importante en la interpretación y aplicación del derecho, especialmente como fuente auxiliar.

En el Código Civil colombiano, el artículo 8 establece que la doctrina es una fuente auxiliar del derecho, lo que significa que, aunque no es obligatoria, puede ser utilizada por los jueces y otros operadores jurídicos para guiar la interpretación de las normas cuando no existen soluciones claras en la ley, la jurisprudencia o la costumbre.

El citado artículo expresa: "Los jueces, en sus providencias, sólo están sometidos al imperio de la ley. Sin embargo, la jurisprudencia, la costumbre y la doctrina son medios auxiliares de la actividad judicial".

Según el artículo antes transcrito, menciona que la doctrina al ser un medio auxiliar de la actividad judicial, implica que los jueces pueden recurrir a la interpretación doctrinal de juristas y académicos para fundamentar sus decisiones, pero no están obligados a seguirla. La doctrina puede ser citada para aclarar el sentido de una norma, especialmente cuando existen ambigüedades o vacíos normativos.

11.3.2. Interpretación judicial

La interpretación judicial es el ejercicio intelectual mediante el cual, los jueces y magistrados interpretan y aplican las normas jurídicas para resolver los conflictos normativos jurídicos contenidos en las demandas que deben tramitar en sus despachos. Mediante este tipo de interpretación, los jueces determinan el sentido y alcance de una norma para resolver un conflicto concreto, ajustándose a la Constitución, a los principios del derecho y a la legislación vigente.

La interpretación judicial cumple una serie de funciones esenciales dentro del sistema jurídico siendo la principal, servir de base para la resolución de conflictos, principalmente donde las normas sean ambiguas, poco claras o existan vacíos o zonas de penumbra.

Los jueces clarifican el alcance de las normas jurídicas, especialmente cuando existen interpretaciones divergentes o cuando la norma es ambigua. También para los casos en los que el contexto social es muy cambiante y la norma jurídica queda desadaptada a las nuevas dinámicas sociales.

En Colombia, la interpretación judicial no está explícitamente regulada como un concepto autónomo en el Código Civil o en otras leyes. Sin embargo, su importancia está implícita en varias disposiciones legales que regulan el sistema judicial y las decisiones de los jueces, siendo la jurisprudencia una fuente auxiliar.

En el artículo 8 del Código Civil se menciona la jurisprudencia como un medio auxiliar para la interpretación de las normas. La citada norma expresa: "Los jueces, en sus providencias, sólo están sometidos al imperio de la ley. Sin embargo, la jurisprudencia, la costumbre y la doctrina son medios auxiliares de la actividad judicial."

Este artículo establece que la jurisprudencia (interpretación judicial) es un medio auxiliar del derecho, lo que significa que los jueces pueden apoyarse en las decisiones anteriores de los tribunales para fundamentar sus decisiones, pero no es una fuente obligatoria en todos los casos, salvo en determinadas circunstancias.

La Corte Constitucional tiene un papel destacado en la interpretación judicial, ya que sus decisiones, especialmente en materia de derechos fundamentales (solo en la *ratio decidendi)* y control de constitucionalidad, tienen efectos *erga omnes*. En este contexto, la interpretación judicial de la Corte Constitucional es vinculante para todos los jueces y autoridades públicas cuando se trate de la protección de derechos fundamentales, a través del precedente constitucional.

El Código General del Proceso también reconoce la importancia de la jurisprudencia y los precedentes judiciales. En su artículo 11, este Código establece la obligatoriedad de los precedentes judiciales emitidos por las altas cortes, especialmente por la Corte Constitucional, Corte Suprema de Justicia y Consejo de Estado, en sus respectivas competencias. Esta norma dice:

> Artículo 11. Precedente judicial: Las decisiones de la Corte Suprema de Justicia, el Consejo de Estado y la Corte Constitucional constituyen precedente obligatorio en sus respectivas jurisdicciones. Los jueces y demás operadores jurídicos deberán aplicar la jurisprudencia en casos análogos.

Este artículo del Código General del Proceso consagra la importancia del precedente judicial, reconociendo que las decisiones de las altas cortes en Colombia (Corte Suprema, Consejo de Estado y Corte Constitucional) tienen un carácter vinculante para los jueces y demás operadores jurídicos en casos similares.

En el ámbito del derecho administrativo colombiano, el Código de Procedimiento Administrativo y de lo Contencioso Administrativo (CPACA) también reconoce la importancia de la jurisprudencia y el precedente judicial. En sus disposiciones, establece la obligatoriedad del precedente del Consejo de Estado en sus sentencias de unificación.

11.3.3. Interpretación legislativa o auténtica

La interpretación legislativa o auténtica es el proceso intelectual mediante el cual el propio legislador como órgano encargado de crear la norma aclara, precisa o explica el sentido y alcance de una ley previamente dictada. Este tipo de interpretación tiene carácter oficial y vinculante, ya que proviene de la misma autoridad que creó la normativa, y su objetivo es aclarar cualquier ambigüedad o duda interpretativa sobre el contenido de la norma original.

La interpretación legislativa tiene un alcance amplio y significativo dentro del sistema jurídico, ya que es vinculante pues tiene carácter obligatorio, proporciona una explicación oficial del sentido de la norma eliminando ambigüedades o resolviendo controversias sobre su interpretación, en principio no tendría carácter retroactivo y en algunos casos, puede tener el mismo efecto que la modificación de la ley

No obstante, técnicamente no se trata de una modificación legislativa, sino de una aclaración del sentido de la ley.

Este tipo de interpretación se caracteriza por ser obligatoria por ser emitida por la autoridad que creó la norma. Este tipo de normas genera unificación de la interpretación, en principio no puede modificar situaciones jurídicas ya consolidadas bajo una interpretación previa de la norma, salvo que la propia ley de interpretación disponga expresamente lo contrario.

11.4. CLASES DE INTERPRETACIÓN

La interpretación judicial sigue una serie de pasos y técnicas que los jueces utilizan para dar sentido a las normas. Algunos de los métodos más comunes son:

11.4.1. Interpretación gramatical o literal

Consiste en examinar el texto literal de la norma, buscando el significado de las palabras según su uso habitual en el lenguaje y en el contexto normativo.

Se apoya en las reglas gramaticales y semánticas para intentar aplicar la norma tal como está redactada.

En el caso colombiano, la norma que prevé la interpretación gramatical es artículo 27 del Código Civil, el cual establece lo siguiente:

> Artículo 27. Interpretación gramatical: Cuando el sentido de la ley es claro, no se desatenderá su tenor literal a pretexto de consultar su espíritu. Pero bien se puede interpretar para ilustrar su verdadero sentido cuando aparece obscuro.

Este artículo señala que, en principio, debe prevalecer el tenor literal de la norma, es decir, la interpretación gramatical. Sin embargo, en los casos en que el texto sea oscuro o ambiguo, se permite una interpretación más amplia que consulte el espíritu de la norma, para entender su verdadero sentido.

Este enfoque prioriza el sentido literal de las palabras cuando es claro, pero permite la interpretación en un sentido más amplio cuando existen dudas sobre el significado del texto.

11.4.2. Interpretación sistemática

El juez analiza la norma en el contexto del sistema jurídico en su conjunto, teniendo en cuenta otras normas del mismo cuerpo legal o relacionadas, buscando congruencia y consonancia en el sistema. Se trata de encontrar coherencia y armonía entre la norma interpretada y el resto del ordenamiento, asegurando que el sistema funcione de manera integrada.

En el caso colombiano, el Código Civil no establece de manera explícita una disposición que hable directamente sobre la interpretación sistemática. Sin embargo, este tipo de interpretación se puede inferir del artículo 30 del citado Código, que menciona la necesidad de interpretar la ley en conjunto con otras normas y considerando el contexto del ordenamiento jurídico. El texto de dicho artículo es el siguiente:

> Artículo 30. Interpretación de leyes que se refieren a otras leyes: Lo que es conforme a una disposición de una ley o de un código, lo es también a las otras disposiciones del mismo código o ley, en cuanto no aparezca lo contrario, o no se opongan a otras disposiciones especiales.

Este artículo implica que una norma debe interpretarse en armonía con las demás disposiciones del mismo cuerpo legal, sugiriendo la aplicación de la interpretación sistemática, que consiste en analizar una norma dentro del conjunto del sistema jurídico para mantener la coherencia entre las disposiciones.

Por lo tanto, aunque no se menciona directamente, este artículo refleja la idea de la interpretación sistemática al invitar a los intérpretes a considerar las demás disposiciones de un mismo código o ley.

11.4.3. Interpretación teleológica o finalista

El término "teleológica" proviene de la palabra griega "***telos***", que significa "*fin*" u "o*bjetivo*". Se enfoca en el propósito que persigue la norma, interpretando su alcance en función de las intenciones perseguidas por el legislador. Busca entender y aplicar una norma en función de su propósito, objetivo o finalidad. En lugar de centrarse exclusivamente en el texto literal de la norma, este enfoque pretende identificar el fin último que el legislador quiso alcanzar al promulgarla, asegurando que se cumpla el espíritu y propósito de la ley.

Este tipo de interpretación es fundamental cuando el texto de la norma es ambiguo o cuando su aplicación literal puede llevar a resultados que contrarían la intención del legislador.

La interpretación teleológica se caracteriza porque su enfoque está en la finalidad de la norma, pues su elemento central es la intención del legislador y el fin social o económico perseguido con la norma, más que su redacción literal. Este tipo de interpretación permite que las normas jurídicas se apliquen de manera más flexible, adaptándolas a situaciones nuevas o a cambios en las condiciones sociales, económicas o tecnológicas, sin modificar el texto legislativo.

Frecuentemente se utiliza en combinación con otros métodos de interpretación, como la gramatical, la sistemática o la histórica, para asegurar que la norma sea aplicada de manera coherente y en consonancia con su propósito.

A través de la interpretación teleológica, el derecho puede evolucionar y ajustarse a las nuevas realidades, ya que se enfoca en lo pretendido por la ley, que puede mantenerse vigente a pesar de los cambios en las circunstancias.

Entre las dificultades que origina su aplicación estaría el amplio margen de subjetividad en la interpretación, ya que diferentes jueces o intérpretes pueden tener distintas percepciones sobre cuál era la finalidad de la norma. También existiría falta de claridad en la finalidad, el riesgo de alejarse del texto legal y posibles contradicciones con otras normas.

Supongamos que una ley establece que los trabajadores tienen derecho a un descanso diario de una hora para almorzar. Sin embargo, debido a un cambio en las condiciones laborales (por ejemplo, teletrabajo o jornadas laborales más flexibles), un trabajador prefiere tomar descansos más cortos en varios momentos del día en lugar de un solo descanso de una hora.

En una interpretación literal, el juez podría concluir que el trabajador debe tomar una única pausa de una hora. Sin embargo, bajo una interpretación teleológica, el juez podría considerar que el propósito de la norma es garantizar que los trabajadores tengan suficiente tiempo para descansar y alimentarse, lo que permitiría aceptar descansos más cortos siempre que se cumpla con el objetivo de la ley: proteger la salud y bienestar del trabajador.

11.4.4. Interpretación histórica

El juez puede recurrir a los antecedentes históricos de la norma, incluidos los debates parlamentarios y la intención del legislador al aprobar la ley, para aclarar su sentido. La interpretación histórica busca entender una norma en el contexto de su creación y en función de las circunstancias históricas en las que fue promulgada. Este tipo de interpretación examina los antecedentes legislativos, los debates parlamentarios, las condiciones sociales, políticas y económicas que existían en el momento en que la norma fue creada, con el fin de determinar la intención original del legislador y aplicar la norma conforme a ese propósito.

El objetivo principal de la interpretación histórica es desentrañar el sentido y alcance que tenía la norma en el momento de su promulgación, lo que puede ayudar a aclarar su aplicación en situaciones contemporáneas.

La interpretación histórica se aplicaría revisando los antecedentes legislativos, donde entrarían los debates parlamentarios, exposiciones de motivos, documentos históricos entre otros. Enseguida se realizaría un análisis del contexto social, económico y político que motivaron la creación de la norma, como las necesidades sociales, las crisis políticas o las transformaciones económicas que existían en ese momento.

El juez o intérprete busca identificar la intención original del legislador, es decir, qué problema trataba de solucionar la norma y cómo estaba pensada para ser aplicada en su contexto original. A partir de la información recabada, el juez o intérprete aplica la norma, teniendo en cuenta las circunstancias históricas, pero ajustándola a las realidades actuales si es necesario.

La interpretación histórica se focaliza en el contexto original o momento histórico en que la norma fue creada, analizando los motivos y las necesidades que llevaron a su promulgación. Para aplicar este método, se utilizan fuentes externas a la norma, como documentos históricos, exposiciones de motivos y debates legislativos, que ayudan a reconstruir el pensamiento del legislador.

Si bien la interpretación histórica es importante y valiosa, no es suficiente por sí sola y suele combinarse con otros métodos interpretativos, como la interpretación teleológica o gramatical, para asegurar una aplicación coherente.

Entre las dificultades de la interpretación histórica se encuentra la falta de acceso a fuentes completas o claras, la obsolescencia del contexto histórico, la dificultad para interpretar la intención original, el riesgo de rigidez, la distorsión por cambios en el lenguaje y la cultura.

En el caso colombiano, la legislación interna no tiene expresamente señalado de manera autónoma ni en el Código Civil ni en otro cuerpo normativo, la interpretación histórica como una categoría de interpretativa formal. Sin embargo, ella se puede deducir de normas generales sobre la interpretación de las leyes que permiten el uso de diversos métodos para aclarar el sentido de una disposición, incluyendo el análisis de los antecedentes históricos y el contexto en que fue promulgada la norma.

Es así que, en el Código Civil Colombiano, el artículo 27 hace referencia a la interpretación de las leyes y aunque se enfoca más en la interpretación gramatical, deja espacio para otros métodos interpretativos cuando el texto de la norma no es claro:

> Artículo 27: Cuando el sentido de la ley es claro, no se desatenderá su tenor literal a pretexto de consultar su espíritu. Pero bien se puede interpretar para ilustrar su verdadero sentido cuando aparece oscuro.

Este artículo sugiere que, cuando la norma no tenga la claridad suficiente, se puede recurrirse a métodos de interpretación adicionales para aclarar su verdadero sentido, lo que abriría la puerta a la interpretación histórica como un mecanismo para entender el contexto original.

Asimismo, en la jurisprudencia colombiana se ha dado el uso implícito de la interpretación histórica en decisiones de la Corte Constitucional y la Corte Suprema de Justicia. Los magistrados de estas altas cortes, al revisar la constitucionalidad o la aplicación de una norma, recurren a los antecedentes legislativos, los debates y las exposiciones de motivos que dieron origen a la ley para interpretar correctamente su sentido y alcance en el momento de su creación.

Aunque no existe una norma que regule específicamente la interpretación histórica, en Colombia, este método es considerado una herramienta válida dentro de los recursos interpretativos, y se usa especialmente cuando el legislador no ha sido claro o cuando es necesario entender el contexto en que la norma fue promulgada.

11.5. PRINCIPIOS QUE RIGEN LA INTERPRETACIÓN Y APLICACIÓN DE LA NORMA

La aplicación de una norma jurídica está regida por varios principios fundamentales que aseguran su interpretación y aplicación de manera justa, coherente y conforme al sistema jurídico. Estos principios guían a los jueces y demás operadores del derecho para garantizar la correcta administración de justicia. Enseguida se describen algunos de los principios que rigen en la aplicación de una norma jurídica:

11.5.1. Principio de legalidad

Es uno de los principios más importantes en los Estados contemporáneos debido a la importancia que tiene la ley, al ser el medio que rige y enmarca las actuaciones de tanto del Estado, como de los particulares. El principio de legalidad es un principio esencial del Estado de derecho, que establece que todas las acciones del poder público deben estar basadas en la ley.

Este principio garantiza que ninguna persona ni autoridad puede actuar fuera de lo que está expresamente autorizado por una norma legal. El principio de legalidad es fundamental para asegurar el respeto de los derechos y libertades de las personas y para limitar el poder de las autoridades.

En el ámbito penal, se concreta en el aforismo *"nullum crimen, nulla poena sine lege"*, que significa que nadie puede ser sancionado por una conducta que no esté previamente tipificada como delito en una ley.

En el derecho administrativo, el principio de legalidad obliga a las autoridades públicas a actuar únicamente dentro de las facultades que les han sido conferidas por la ley. Los actos administrativos que se aparten de las leyes pueden ser anulados por la jurisdicción administrativa.

La Constitución establece los límites del poder público, y el principio de legalidad asegura que toda acción del Estado debe estar sujeta a lo que la ley y la Constitución dispongan.

En el derecho civil y tributario, el principio de legalidad garantiza que cualquier imposición fiscal o cualquier restricción de los derechos civiles, debe estar debidamente respaldada por una ley.

A pesar de su importancia y centralidad en el Estado de derecho, el principio de legalidad enfrenta varias problemáticas como la ambigüedad normativa, las lagunas legales o el exceso de reglamentación, lo que convierte al sistema colombiano en una maraña normativa.

11.5.2. Principio de jerarquía normativa (Lex superior derogat legi inferiori)

Se define este principio como aquel según el cual, la norma de rango superior en caso de conflicto normativo, prevalece sobre la de rango inferior. En el ordenamiento jurídico colombiano, si la norma es la Constitución y la norma inferior una ley, un decreto o acto administrativo, se deberá aplicar de preferencia la norma constitucional, según lo establece el artículo 4° de la Carta de 1991.

Asimismo, si un juez ordinario evidencia un conflicto normativo entre normas de distinta jerarquía, deberá inaplicar la norma generadora de la disfunción en el caso concreto, sin que le sea posible declarar su inconstitucionalidad, pues ello es de exclusiva competencia de la Corte Constitucional.

11.5.3. Principio de especialidad (lex specialis derogat legi generali)

Es una regla interpretativa que establece que, cuando existen dos normas aplicables a un mismo caso, una general y otra especial, prevalece la norma especial sobre la general. Este principio se utiliza para resolver conflictos normativos cuando dos disposiciones regulan la misma situación, pero una lo hace de manera más detallada o específica.

En términos sencillos, cuando una norma específica regula un asunto de manera particular, esta norma se aplicará en lugar de la norma general, que tiene un ámbito más amplio.

La ley especial regula una materia específica, mientras que la norma general se aplica en términos más amplios.

El principio de especialidad se aplica en situaciones donde existen conflictos o solapamientos normativos entre dos o más normas que podrían ser aplicables a un mismo caso. Para aplicar este principio se debe en primer lugar identificar las normas aplicables; en segundo lugar, determinar y aplicar la norma especial y por último interpretar de manera coherente con el conjunto del sistema normativo, buscando armonía entre la norma especial y la general, evitando contradicciones.

11.5.4. Principio de aplicación cronológica de la ley (lex posterior derogat legi priori)

La aplicación cronológica de la ley se refiere a la manera en que las leyes se aplican en función de su momento de promulgación y vigencia en el tiempo. Este principio tiene importantes efectos jurídicos, especialmente cuando existen conflictos entre leyes promulgadas en diferentes momentos.

La aplicación cronológica de la ley se basa principalmente en el aforismo romano de "*lex posterior derogat legi priori*", que significa que una ley posterior prevalece sobre una ley anterior en caso de contradicción, salvo que la ley anterior sea de mayor rango o que la nueva ley no haya derogado explícitamente la anterior.

Este criterio debe ser aplicado por los jueces en los casos en que se presenten importantes conflictos diacrónicos entre normas válidas y de igual jerarquía. Sin embargo, se deben tener en cuenta dos elementos para ser aplicado este principio. En primer lugar, se predica respecto de normas comunes. En segundo lugar, sólo puede aplicarse respecto de normas homogéneas, es decir, que pertenezcan al mismo ámbito de competencia. (Henríquez, 2009).

Este importante principio es clave para garantizar la coherencia y la seguridad jurídica en el sistema legal. A través de la inaplicación de leyes anteriores (*lex posterior*), se estaría aplicando un criterio que permitiría aplicar las leyes de manera ordenada y justa en el tiempo. Sin embargo, este proceso puede generar conflictos o interpretaciones complejas, especialmente cuando se trata de determinar si una nueva norma deroga una anterior o cómo aplicar normas transitorias a situaciones ya existentes.

En el caso colombiano, la aplicación de este principio se evidenciaría en los casos en que el legislador en las leyes aprobadas en la parte final, coloca el siguiente texto en el artículo final de la ley: "Artículo 23°. Vigencia. La presente Ley rige a partir de su promulgación y deroga todas las disposiciones que le sean contrarias". Es el caso por ejemplo del artículo 23 de la Ley 2364 de 2024.

11.5.5. Principio de irretroactividad de la ley

Este principio establece que una ley nueva no puede aplicarse a hechos ocurridos antes de su entrada en vigor. Es decir, una norma no puede tener efectos sobre situaciones jurídicas pasadas que ya estaban reguladas por una ley anterior.

Este principio es una garantía fundamental del Estado de Derecho y protege la seguridad jurídica, ya que permite a las personas actuar y tomar decisiones con base en las normas vigentes al momento de sus acciones, sin temor a que estas puedan ser modificadas retroactivamente.

En la mayoría de los ordenamientos jurídicos, este principio es esencial, aunque admite ciertas excepciones, especialmente cuando una norma nueva es más favorable en ámbitos como el derecho penal, disciplinario, fiscal, policivo o sancionatorio o, el derecho laboral.

A menudo, las leyes incluyen disposiciones transitorias que regulan cómo se deben tratar los casos que estaban en curso cuando la nueva ley entró en vigor. Esto asegura una transición ordenada y evita conflictos en la aplicación de las leyes.

Por ejemplo, si una reforma tributaria introduce nuevos requisitos fiscales, las disposiciones transitorias pueden especificar cómo deben adaptarse los contribuyentes que estaban en medio de sus declaraciones de impuestos de renta.

11.5.6. Principio de seguridad jurídica

Es un concepto fundamental del Estado de Derecho que garantiza a los ciudadanos, la certeza y previsibilidad en la aplicación de las leyes y en sus relaciones en la sociedad.

Este principio asegura que las normas jurídicas sean claras, estables y accesibles, permitiendo a las personas actuar con la confianza de que sus derechos y deberes no serán alterados arbitrariamente por cuenta del legislador y el gobernante.

En otras palabras, el principio de seguridad jurídica ofrece a los ciudadanos la garantía de que las normas legales serán aplicadas de manera coherente y que los cambios legislativos no afectarán negativamente los derechos adquiridos de forma inesperada o retrospectiva.

El principio de seguridad jurídica también protege a los ciudadanos de actos arbitrarios por parte del Estado o de los tribunales. Esto significa que las decisiones deben estar fundamentadas en normas claras y no deben ser resultado de la discrecionalidad caprichosa de las autoridades.

Para aplicar el principio de seguridad jurídica, las normas legales deben ser redactadas de manera clara y precisa, evitando ambigüedades. Además, deben ser aplicadas de forma coherente en el tiempo para que las personas puedan prever las consecuencias de sus actos.

11.5.7. Principio de ignorancia de la ley no es excusa (ignorantia iuris neminem excusat)

Este aforismo jurídico establece que el desconocimiento o ignorancia de la ley no exime a una persona de la responsabilidad de cumplirla o de las consecuencias legales de infringirla. En otras palabras, todas las personas están obligadas a conocer y cumplir las leyes vigentes en un país, y no pueden evitar las sanciones legales alegando que desconocían una norma.

Este principio es fundamental en los sistemas jurídicos modernos porque asegura que las leyes sean igualmente aplicables a todos, sin que el desconocimiento pueda utilizarse como excusa para incumplirlas. Aplica a todas las personas, sin importar su condición, nivel de educación, nacionalidad o situación particular. La idea subyacente es que todas las personas deben cumplir las leyes del lugar en el que se encuentren.

La seguridad jurídica sería en últimas el principio que se buscaría proteger, buscando también la coherencia y previsibilidad al sistema jurídico.

Aunque el principio se aplica generalmente de manera estricta, en algunos casos existen excepciones o circunstancias en las que el desconocimiento de la ley puede ser considerado para mitigar las consecuencias legales. Estas excepciones son raras y específicas, y dependen del contexto y la legislación particular de cada país.

En algunos casos, se puede admitir el error de derecho si la persona actuó de buena fe y bajo el convencimiento de que su conducta estaba permitida por la ley. En el derecho penal, este tipo de error puede tener relevancia en la culpabilidad o la intención del acusado.

También se tiene el error de hecho que ocurre cuando una persona desconoce o malinterpreta un hecho relevante que influye en la aplicación de la ley. En algunos casos, el error de hecho puede eximir de responsabilidad si la persona no tenía forma razonable de conocer la situación fáctica. Sería el caso de una persona que toma un objeto pensando que es suyo, pero en realidad pertenece a otra persona, podría invocar el error de hecho, ya que no actuó con la intención de cometer un delito.

En situaciones en las que una norma es especialmente técnica, compleja o de difícil acceso, algunos sistemas jurídicos pueden considerar esta circunstancia para reducir o eximir de responsabilidad a la persona.

También podría ocurrir en los casos de cambios repentinos de la normativa y no ha habido tiempo suficiente para que el público se informe adecuadamente. Se podría alegar el desconocimiento de la nueva ley para mitigar las sanciones.

11.6. CONFLICTOS NORMATIVOS

Los conflictos normativos en un sistema jurídico se refieren a las situaciones en las que dos o más normas legales parecen ser incompatibles entre sí, generando dificultades en su aplicación simultánea. Estos conflictos pueden surgir cuando las normas ordenan conductas contradictorias, se solapan en su ámbito de aplicación, tienen diferencias jerárquicas o generan incertidumbre temporal.

Para resolver estos conflictos normativos, los sistemas jurídicos prevén reglas para la interpretación normativa los cuales fueron desarrollados en el anterior ítem, como lo son la jerarquía normativa (la norma superior prevalece sobre la inferior), la cronología y temporalidad (*lex posterior derogat priori*) o la especialidad (*lex specialis derogat legi generali*).

Estos mecanismos buscan asegurar la coherencia y efectividad del sistema jurídico, permitiendo una resolución clara de los conflictos normativos.

En un ordenamiento jurídico es perfectamente posible y, además, de ocurrencia frecuente que las normas que lo conforman expresen contenidos contradictorios, dando lugar a los llamados conflictos normativos. Estos conflictos normativos pueden ser de dos tipos, según la ubicación de las normas en contienda: conflictos verticales y conflictos horizontales.

11.6.1. Conflictos verticales

Se dice que existe un conflicto normativo de tipo vertical, cuando dos normas ubicadas en distintos grados de un mismo ordenamiento jurídico, la una superior y la otra inferior, prescriben contenidos contrarios. (Martínez, 2020).

Los criterios de solución para resolver este tipo de conflictos estarán definidos a partir del principio de legalidad, entendido este como principio instrumental.

Cuando se aprecian este tipo de conflictos, se dice que existe una violación al principio de jerarquía normativa y por tanto se pone en entredicho la validez formal de la norma ubicada en el plano inferior. En esta dirección, se hace necesario acudir a la regla de exclusión llamada anulabilidad o inaplicación normativa.

11.6.2. Conflictos horizontales

Cuando las contradicciones se presentan entre disposiciones normativas situadas en el mismo plano jerárquico dentro del ordenamiento, se dice que el conflicto es de tipo horizontal y los criterios de solución son diferentes a los considerados para los conflictos verticales. (Martínez, 2020, p. 13).

Es significativo observar, cómo esta regla o principio se asienta sobre el supuesto de un conflicto normativo horizontal, donde lo determinante, como criterio de preferencia o de prevalencia no es el tiempo, sino el nivel jerárquico de las dos normas en conflicto.

Los conflictos horizontales pueden presentarse en dos casos. El primero se presenta cuando dos normas se contradicen y están situadas en un mismo nivel jerárquico, pero se caracterizan porque ellas han sido creadas en momentos y en circunstancias temporales diferentes. En este evento lo determinante como criterio de preferencia o de prevalencia es el tiempo. El criterio de solución para este evento, también corresponde a una fórmula ideada por los juristas romanos: *Lex posterior derogat lex priori.* (Herrera, Martínez y Restrepo, 1998).

El conflicto normativo horizontal es un supuesto donde lo determinante como criterio de preferencia es el tiempo. En virtud de ello, la norma desestimada no pierde su validez porque ella no contraria el principio de jerarquía normativa, lo que significa que la aplicación de aquella podría continuar para casos futuros.

11.7. CONFLICTOS DE LEYES EN EL TIEMPO

Los efectos de las normas en el tiempo se refieren a la forma como las leyes y en general todas las disposiciones jurídicas, impactan sobre hechos y situaciones desde el momento de su promulgación, y la manera como se aplican a hechos que ocurren antes, durante o después de su entrada en vigor.

El estudio de estos efectos es decisivo para garantizar la seguridad jurídica y la coherencia del sistema legal, ya que una norma puede afectar derechos, obligaciones y situaciones jurídicas de diferentes maneras, según el momento en que entra en vigencia.

11.7.1. Irretroactividad de la norma

La irretroactividad se erige como un principio en la aplicación de la ley, el cual expresa que las normas no deben tener efectos sobre hechos ocurridos antes de su entrada en vigor, a menos que expresamente se disponga lo contrario o la ley sea más favorable para los involucrados.

Sobre este principio, la Corte Constitucional colombiana expresó

> La regla general es la irretroactividad, entendida como el fenómeno según el cual la ley nueva rige todos los hechos y actos que se produzcan a partir de su vigencia. Obviamente, si una situación jurídica se ha consolidado completamente bajo la ley antigua, no existe propiamente un conflicto de leyes, como tampoco se da el mismo cuando los hechos o situaciones que deben ser regulados se generan durante la vigencia de la ley nueva. La necesidad de establecer cuál es la ley que debe regir un determinado asunto, se presenta cuando un hecho tiene nacimiento bajo la ley antigua pero sus efectos o consecuencias se producen bajo la nueva, o cuando se realiza un hecho jurídico bajo la ley antigua, pero la ley nueva señala nuevas condiciones para el reconocimiento de sus efectos. (Sentencia C-619 de 2001 M.P. Marco Gerardo Monroy Cabra).

El principio de irretroactividad de la ley en el sistema jurídico colombiano está consagrado en el artículo 58 de la Constitución Política de Colombia de 1991, en relación con la protección de los derechos adquiridos y la propiedad privada, así como en el artículo 29 que protege el debido proceso.

El artículo 58 de la Constitución Política de Colombia expresa a su tenor: "Se garantiza la propiedad privada y los demás derechos adquiridos con arreglo a las leyes civiles, los cuales no pueden ser desconocidos ni vulnerados por leyes posteriores." [...]

Este artículo establece que los derechos adquiridos conforme a las leyes vigentes, no pueden ser vulnerados por leyes posteriores, lo que implica la irretroactividad de las normas que afecten situaciones jurídicas ya consolidadas.

En cuanto al artículo 29 de la Constitución Política de Colombia establece: "El debido proceso se aplicará a toda clase de actuaciones judiciales y administrativas. Nadie podrá ser juzgado sino conforme a leyes preexistentes al acto que se le imputa, debidamente promulgadas.”

Este artículo constitucional consagra el principio de legalidad penal y establece que una persona no puede ser juzgada por hechos cometidos antes de la entrada en vigor de una ley que tipifique un nuevo delito o aumente las sanciones, lo que refuerza el principio de irretroactividad de las leyes en el ámbito penal.

La irretroactividad de la ley significa que una ley nueva no puede afectar derechos, obligaciones o situaciones jurídicas que ya han sido consolidadas conforme a la ley anterior. Este principio garantiza que los actos realizados conforme a la ley vigente en su momento, no pueden ser modificados o sancionados por leyes que no estaban en vigor en ese momento.

Es decir, las leyes no pueden aplicarse retroactivamente frente a hechos o actos ocurridos antes de su entrada en vigor. Este principio es una garantía fundamental del Estado de Derecho, ya que proporciona seguridad jurídica al asegurar que las personas y las instituciones puedan prever las consecuencias legales de sus acciones, conforme a las normas vigentes en el momento en que actúan.

Por ejemplo, una ley tributaria que aumenta los impuestos no puede aplicarse a transacciones que ocurrieron antes de su promulgación.

En general, las leyes no tienen efecto retroactivo, es decir, no se aplican a hechos ocurridos antes de su entrada en vigor. Esto asegura que las personas no se vean afectadas por normas que no estaban vigentes cuando tomaron decisiones o realizaron actos basados en la ley anterior.

Gráfico No. 22. Irretroactividad de la norma

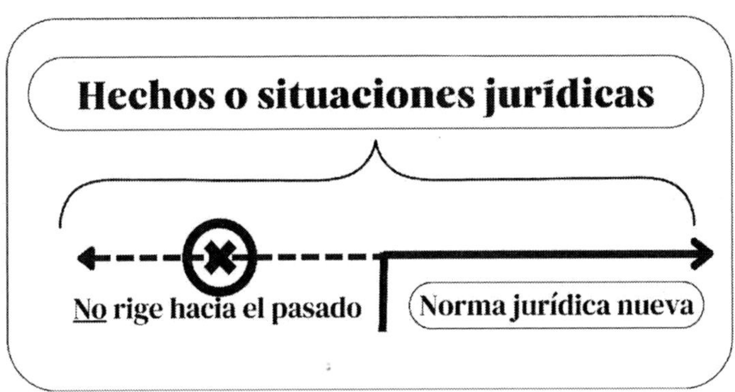

Fuente: Elaboración propia

11.7.2. La retroactividad de la norma

A pesar de la regla general de irretroactividad, la Constitución permite la aplicación retroactiva de las leyes en el derecho penal cuando estas sean más favorables para el procesado o condenado.

Según la Corte Constitucional, la retroactividad se configura cuando una norma se aplica a las situaciones que se consolidaron con anterioridad a su entrada en vigencia. (Corte Constitucional, Sentencia SU-309 de 2019 M.P. Alberto Rojas Ríos).

La retroactividad indica precisamente que una ley vuelve sobre el pasado para gobernar hechos o situaciones reguladas por la ley antigua. (Rocha, 2015, p. 352).

El reconocido tratadista Valencia Zea explica que las leyes retroactivas -de frecuente ocurrencia-, suprimen o modifican las consecuencias jurídicas de una norma, sin entrar a modificar los diversos hechos jurídicos.

Un ejemplo claro sería la incapacidad de la mujer que consagraba el Código Civil en las primeras décadas del siglo XX.

Sin embargo, en 1932 con la aprobación de la Ley 28 se eliminó esta consecuencia o efecto. Es decir, la ley no ha modificado la estructura del hecho jurídico que produce el efecto. Lo que hizo fue variar las consecuencias jurídicas. (Rocha, 2015).

En ciertos casos se permite que una ley tenga efecto retroactivo, especialmente cuando se trata de una norma más favorable para los ciudadanos. Esto es común en el derecho penal y en el derecho laboral, donde una ley más benigna puede aplicarse retroactivamente para beneficiar al acusado o al trabajador.

Por ejemplo, si una nueva ley penal reduce la pena para un delito, esta nueva ley puede aplicarse retroactivamente a personas que fueron condenadas bajo la ley anterior, reduciendo sus penas. En consecuencia, si una ley penal introduce un nuevo delito en 2024, no puede sancionar actos cometidos en 2023, ya que esa conducta no era punible en ese momento.

Este principio se aplica en general a las normas punitivas y sancionadoras, como lo son las penales, disciplinarias, fiscales, policivas entre otras.

Gráfico No. 23. Retroactividad de la norma

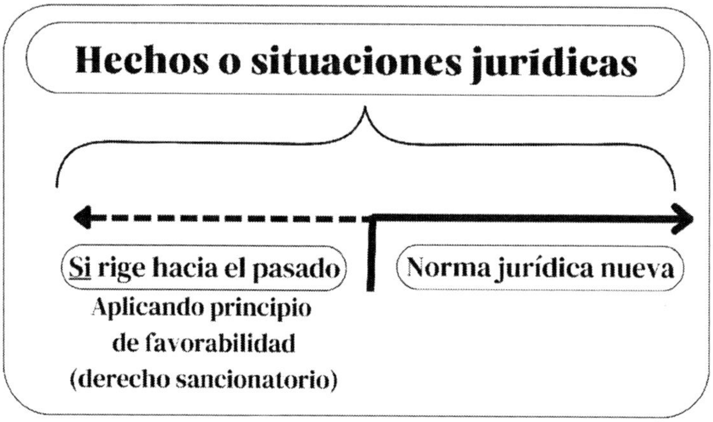

Hechos o situaciones jurídicas

Si rige hacia el pasado

Aplicando principio de favorabilidad (derecho sancionatorio)

Norma jurídica nueva

Fuente: Elaboración propia

11.7.3. Los derechos adquiridos

Las leyes suelen tener efectos inmediatos sobre las situaciones jurídicas en curso. Esto significa que las situaciones que comenzaron bajo una ley anterior pero que aún no han concluido se adaptan a la nueva legislación. Sin embargo, este principio no debe afectar los derechos adquiridos bajo la ley anterior.

Un efecto importante de las normas en el tiempo es que no pueden modificar los derechos adquiridos bajo una ley anterior. Esto significa que cualquier derecho que haya sido adquirido legítimamente bajo una normativa anterior debe ser respetado, incluso si la nueva ley cambia las condiciones bajo las cuales se podrían adquirir esos derechos en el futuro.

Bajo el anterior contexto se deben definir los derechos adquiridos como aquellos que una persona ha obtenido o consolidado de forma legítima bajo una norma legal vigente en el momento de su adquisición.

Una vez que un derecho se haya adquirido conforme a la ley, se entiende que está protegido y no puede ser desconocido o modificado arbitrariamente por leyes posteriores. Este concepto es clave para garantizar la seguridad jurídica, ya que permite a las personas confiar en la estabilidad de sus derechos, incluso cuando cambia el marco normativo.

Los derechos adquiridos se consolidarían una vez que se cumplan todas las condiciones y requisitos legales establecidos para su obtención en un momento dado.

Por ejemplo, si una persona cumple con los requisitos legales para obtener una pensión de jubilación y comienza a recibirla, ha adquirido tal derecho, el cual no puede ser alterado por una ley posterior que cambie los requisitos de jubilación.

Para que un derecho sea considerado como adquirido se deben tener en cuenta los siguientes elementos:

- Debe estar respaldado por una ley vigente, quiere decir que el derecho debe haber sido otorgado o reconocido conforme a la legislación en vigor en el momento de su adquisición.
- Estar plenamente consolidado, es decir, no basta con una expectativa o posibilidad de obtener el derecho en el futuro, sino que el derecho debe haber sido reconocido o ejercido plenamente.
- Cumplimiento de las condiciones: La persona debe haber cumplido todas las condiciones legales necesarias para obtener el derecho.

Los derechos adquiridos están protegidos por el principio de irretroactividad de la ley, lo que implica que una nueva norma no puede afectar derechos consolidados bajo una ley anterior.

Por ejemplo, si una persona adquirió la nacionalidad conforme a una ley anterior, no puede perderla porque una ley nueva cambie los requisitos para obtener la nacionalidad.

Los derechos adquiridos no deben confundirse con las expectativas de derecho, que son meras posibilidades de obtener un derecho en el futuro si se cumplen ciertas condiciones. Las expectativas pueden ser modificadas por la ley, pero los derechos adquiridos no.

Por ejemplo, si una persona aún no ha cumplido con los requisitos para obtener una pensión, tiene una expectativa de derecho, pero no un derecho adquirido, por lo que una ley nueva podría modificar esos requisitos.

En general, los derechos adquiridos no pueden ser modificados por leyes posteriores. Sin embargo, existen algunas excepciones o circunstancias especiales en las que estos derechos pueden ser alterados, siempre bajo condiciones estrictas. Por ejemplo, por motivos de interés público o social.

En estos casos, el Estado puede limitar ciertos derechos, pero generalmente debe hacerlo bajo el principio de proporcionalidad y con una compensación justa al afectado.

Un caso para ejemplificar sería en los procesos de expropiación, donde un derecho de propiedad puede verse afectado si es necesario para un proyecto de interés público, como la construcción de una carretera, siempre que se pague una compensación adecuada al propietario.

Un derecho adquirido puede ser modificado si el titular del derecho y las autoridades llegan a un mutuo acuerdo sobre el cambio o alteración del derecho. Serían los casos en los que un trabajador que ha adquirido el derecho a ciertos beneficios bajo un contrato, acepta modificar esos derechos mediante un nuevo acuerdo con su empleador.

En situaciones extremas, como el estado de emergencia o por motivos de seguridad nacional, los derechos adquiridos pueden ser limitados temporalmente para salvaguardar el bienestar general, siempre que se respete el marco constitucional y las garantías mínimas.

Es el caso de un estado de conmoción interior, de emergencia o de guerra, algunos derechos adquiridos relacionados con la propiedad o la movilidad pueden ser restringidos temporalmente para enfrentar una crisis

10.7.4. La ultractividad

La ultractividad es un principio jurídico que permite que una norma legal siga produciendo efectos jurídicos sobre hechos o situaciones posteriores a su derogación; es decir, que se aplique a casos o situaciones que surgieron bajo su vigencia, incluso después de que la norma haya dejado de estar en vigor. Este principio garantiza que, aunque una norma ya no esté vigente, las situaciones jurídicas que se generaron durante su vigencia continúen regulándose por esa misma norma, sin que se vean afectadas por nuevas leyes que hayan entrado en vigor posteriormente.

Este mecanismo que asegura la estabilidad jurídica y protege los derechos adquiridos antes de la derogación de una norma. Dicho principio es especialmente importante en áreas como el derecho civil, el derecho laboral y el derecho penal, donde una ley derogada puede seguir aplicándose a hechos o situaciones consolidadas bajo su vigencia.

Por su parte, la Corte Constitucional colombiana ha definido este mecanismo de la siguiente manera:

> Consiste en la aplicación de una norma que ha sido expresa o tácitamente derogada a situaciones de hecho que, si bien tuvieron lugar durante su vigencia, por el efecto general e inmediato de las leyes, en la actualidad sus efectos se encuentran cobijados por una nueva disposición jurídica. De este modo, aunque la nueva ley es de aplicación inmediata, en virtud del fenómeno de la ultractividad se admite la pervivencia de la normatividad anterior con el objetivo de preservar las pretéritas condiciones de adquisición y extinción de una determinada relación jurídica, en beneficio de los derechos adquiridos y las legítimas expectativas de quienes se rigieron por la norma derogada. (Sentencia SU-309 de 2019 M.P. Alberto Rojas Ríos).

La ultractividad implica que una norma legal se sigue aplicando a situaciones que se consolidaron bajo su vigencia, incluso después de haber sido derogada o sustituida por una norma nueva. Este principio permite que hechos que ocurrieron durante la vigencia de la ley antigua sigan regulándose conforme a esa ley, aunque haya sido sustituida y los derechos adquiridos bajo una norma anterior, continúen siendo protegidos conforme a esa norma.

La ultractividad se justifica en la necesidad de proteger la seguridad jurídica y evitar que los cambios legislativos afecten negativamente los derechos consolidados bajo la ley anterior.

La ultractividad de una norma se aplica cuando una ley ha sido derogada, pero existen situaciones jurídicas que surgieron o se consolidaron bajo esa ley y que continúan vigentes. De esta forma, la nueva ley no tiene un efecto retroactivo sobre esas situaciones, por lo que las mismas siguen reguladas por la ley anterior, a pesar de su derogación. El legislador establece explícitamente en las disposiciones transitorias de una nueva ley, que ciertas situaciones seguirán siendo reguladas por la norma anterior. A veces, la ultractividad puede estar implícita en la interpretación de las leyes.

Gráfico No. 24. Ultractividad de la norma

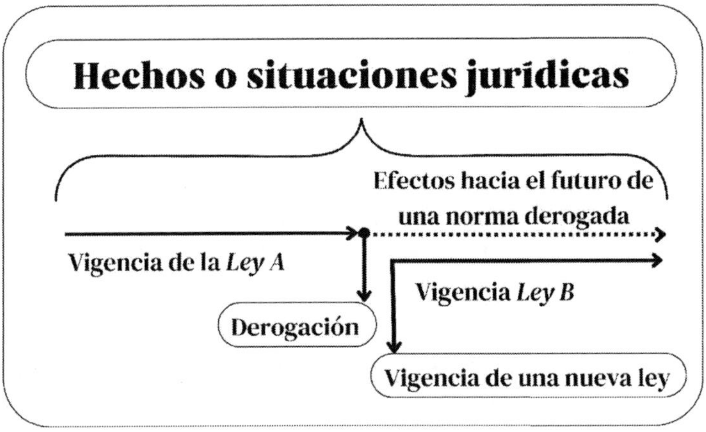

Hechos o situaciones jurídicas
Efectos hacia el futuro de una norma derogada
Vigencia de la *Ley A*
Derogación
Vigencia *Ley B*
Vigencia de una nueva ley

Fuente: Elaboración propia

La ultractividad se evidencia claramente en el derecho laboral, por ejemplo, en los casos en donde un trabajador adquiere ciertos derechos conforme a una ley laboral que fue posteriormente modificada. Los derechos adquiridos siguen regulándose por la ley anterior, a pesar de que la norma ya no esté vigente.

En el derecho penal también es aplicable. Sería el caso cuando se trata de proteger derechos adquiridos, aunque generalmente prevalece el principio de retroactividad benigna (aplicación de la ley penal más favorable).

La ultractividad puede generar confusión sobre su alcance, especialmente cuando no se establecen claramente en la ley, las disposiciones transitorias o cuándo cesa dicha ultractividad para dar paso completo a la nueva normativa. Serían los casos de las reformas laborales al sistema pensional, si no se establecen claramente los regímenes de transición para los eventos en que se aumente la edad de pensión o el número de semanas exigidas.

11.7.5. Retrospectividad normativa

La retrospectividad de la norma es el principio según el cual, una ley nueva se aplica a hechos o situaciones jurídicas que, aunque comenzaron antes de la promulgación de dicha norma, siguen produciendo efectos en el presente. Esto significa que, aunque la ley nueva no se aplica directamente a hechos ocurridos en el pasado (lo que sería retroactividad), regula las consecuencias actuales de situaciones que comenzaron bajo una normativa anterior y que continúan en el tiempo.

En otras palabras, la retrospectividad de la norma permite que una nueva ley se aplique a hechos o relaciones jurídicas en curso, siempre y cuando los efectos de esos hechos aún estén vigentes, sin violar el principio de irretroactividad.

En Colombia, esta figura no encuentra desarrollo ni consagración normativa expresa, pero ha sido desarrollada y empleada especialmente por la jurisprudencia del Consejo de Estado, la Corte Suprema de Justicia y la Corte Constitucional.

La jurisprudencia la ha fijado como un límite a la retroactividad, asociando su propósito a la satisfacción de los principios de equidad e igualdad en las relaciones jurídicas de los asociados, y a la superación de aquellas situaciones marcadamente discriminatorias y lesivas del valor justicia que consagra el ordenamiento jurídico colombiano, de conformidad con los cambios sociales, políticos y culturales que se suscitan en nuestra sociedad.

En cuanto a su conceptualización en la jurisprudencia, la Corte Constitucional colombiana ha expresado:

> El fenómeno de la *retrospectividad*, por su parte, es consecuencia normal del efecto general e inmediato de la ley, y se presenta cuando las normas se aplican a situaciones que, si bien surgieron con anterioridad a su entrada en vigencia, sus efectos jurídicos no se han consolidado al momento en que cobra vigor la nueva ley. En efecto, la jurisprudencia constitucional ha puntualizado que *"el efecto en el tiempo de las normas jurídicas es por regla general, su aplicación inmediata y hacia el futuro, 'pero con retrospectividad, [...] siempre que la misma norma no disponga otro efecto temporal...'. De este modo, 'aquello que dispone una norma jurídica debe cumplirse de inmediato, hacia el futuro y con la posibilidad de afectar situaciones que se han originado en el pasado (retrospectividad), es decir, situaciones jurídicas en curso al momento de entrada en vigencia de la norma'.* (Sentencia SU-309 de 2019 M.P. Alberto Rojas Ríos).

Gráfico No. 25. Retrospectividad de la norma

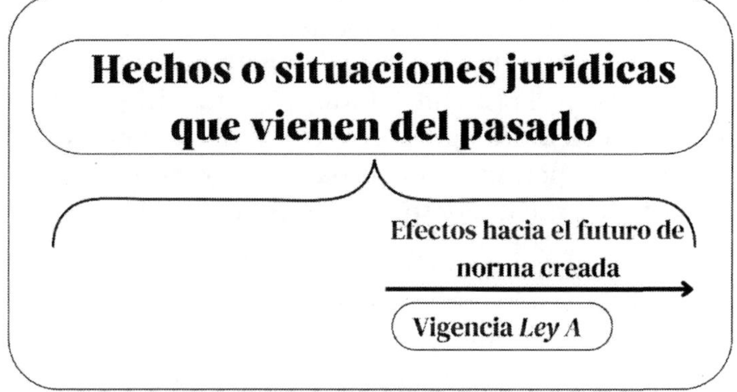

Fuente: Elaboración propia

La retrospectividad se aplica cuando una ley nueva regula aspectos futuros de situaciones que comenzaron antes de su promulgación, pero que aún no han concluido, situaciones que se dan especialmente en temas de contratos, relaciones jurídicas duraderas o situaciones jurídicas continuas, donde la nueva ley no modifica lo que ya ocurrió, pero sí puede cambiar las condiciones para el futuro.

Por ejemplo, un contrato laboral firmado bajo una ley anterior puede seguir regulado por las disposiciones de esa ley, pero las condiciones laborales que se actualizan periódicamente, como aumentos salariales o beneficios, estarán sujetas a la nueva normatividad.

La retrospectividad se aplica solo a las consecuencias futuras de una situación jurídica en curso. No afecta el pasado ni retrocede para invalidar los actos realizados o los derechos adquiridos bajo una ley anterior. A diferencia de la retroactividad, la retrospectividad no viola ni altera los derechos adquiridos conforme a una ley anterior. Solo regula los efectos que siguen vigentes en el presente o que surgen en el futuro.

Aunque la retrospectividad y la ultractividad son mecanismos que regulan la forma como las leyes afectan situaciones en el tiempo, tienen diferencias claras en cuanto a su función y aplicación. Mientras la retrospectividad se aplica a hechos anteriores a la promulgación de la ley, pero que siguen produciendo efectos en el presente o futuro, la ultractividad se aplica a hechos o situaciones que ocurrieron y se consolidaron bajo una ley anterior, permitiendo que la ley derogada siga rigiendo esas situaciones, incluso después de su derogación.

En materia constitucional, la aplicación de la retrospectividad ha sido explicada por la Corte Constitucional. En la T-110 de 2011, en subreglas jurisprudenciales, expresó:

> La jurisprudencia de la Corte Constitucional ha señalado que las disposiciones de la Constitución Política de 1991 se aplican retrospectivamente a aquellas situaciones jurídicas que

> estaban en curso al momento de entrada en vigencia de la nueva Carta. En estos casos se debe tener en cuenta que (i) la norma fundamental de 1991 tiene efecto general e inmediato; (ii) se presume la subsistencia de la legislación preexistente, con excepción de aquellas disposiciones que no armonizan con las nuevas reglas constitucionales ya que; (iii) el contenido normativo de la Constitución de 1991 se proyecta a las normas jurídicas de inferior jerarquía que nacieron a la vida jurídica bajo el imperio de la Carta de 1886. Finalmente, (iv) en sede de tutela el factor relevante para establecer la aplicación retrospectiva de la norma fundamental del 91 es la actualidad de la afectación iusfundamental. (Sentencia T-110 de 2011 M.P. Luis Ernesto Vargas Silva).

De acuerdo a la anterior decisión, la Carta Política de 1991 tiene aplicación directa a los hechos y situaciones jurídicas que se encontraban en aplicación, tanto en materia de constitucionalidad como de protección de derechos fundamentales.

Capítulo 12

Frases y palabras latinas de uso común

A

A contrario sensu: "En sentido contrario", es una expresión que se refiere a deducir algo de manera opuesta a lo expresado, en función de una situación contraria.

A fortiori: "Con mayor razón" o "Con más motivo", se usa para indicar que si algo es cierto en un caso, con mayor razón lo es en otro.

A posteriori: "Después de" o "Con posterioridad", se refiere a algo que se conoce o deduce después de la experiencia o los hechos.

A priori: "Antes de" o "De antemano", significa algo que se deduce o conoce sin necesidad de recurrir a la experiencia.

Ab initio: "Desde el inicio" o "Desde el principio", se refiere a algo que es válido o que ocurre desde el principio de un evento o acción.

Ab intestato: "Sin testamento", se refiere a la sucesión hereditaria que se realiza cuando una persona fallece sin haber dejado testamento.

Accesorium ceda principali: "Lo accesorio sigue a lo principal", es un principio legal que indica que los elementos accesorios deben seguir la suerte de los elementos principales.

Ad corpus : "Al cuerpo" o "Por el total", se refiere a una venta o transacción que involucra la totalidad de un bien, en lugar de una porción.

Ad excludendum : "Para excluir", se refiere a algo que se hace con el propósito de excluir o limitar algo.

Ad hoc: "Para esto" o "Con este propósito", se refiere a algo que se hace o establece para un propósito específico o particular.

Ad honorem: "Por honor" o "Honorífico", se refiere a un trabajo o cargo sin recibir remuneración.

Ad litem: "Para el litigio" o "para el juicio", se utiliza en referencia a algo que se hace para un caso específico o litigio.

Ad litteram: "A la letra" o "literalmente", se refiere a seguir algo literalmente.

Ad pedem littera: "Al pie de la letra", es una forma de decir que se sigue algo de manera exacta.

Ad probationem: "Para la prueba", se refiere a algo que se realiza o se presenta como prueba.

Ad referendum: "Sujeto a confirmación" o "para ser consultado", usado en decisiones que requieren la ratificación de otra autoridad.

Ad rem: "Al asunto" o "al tema", significa que algo es pertinente o relevante al tema en cuestión.

Ad solemnitatem: "Para la solemnidad", se refiere a un acto o formalidad que es esencial para la validez de un contrato o documento.

Ad valorem: "Según el valor", un término utilizado en derecho fiscal para referirse a impuestos basados en el valor de un bien.

Advocatus: "Abogado" o "defensor", persona que intercede o defiende en juicio.

Amicus curiae: "Amigo de la corte", refiere a una persona o entidad que no es parte de un litigio, pero ofrece información o consejo sobre el caso.

Animus: "Intención" o "voluntad", hace referencia a la intención que tiene una persona respecto a un acto.

Animus contrahendi: "Intención de contratar", la voluntad o propósito de una persona de establecer una relación contractual.

Animus domini: "Intención de dueño", se refiere a la intención de actuar como propietario de algo.

Animus donandi: "Intención de donar", es el propósito o la voluntad de hacer un regalo o donación.

Animus iniuriandi: "Intención de dañar", hace referencia al propósito de causar un daño o lesión.

Animus lucrandi: "Intención de lucrar", significa el propósito de obtener una ganancia o beneficio.

Animus possidendi: "Intención de poseer", es la voluntad de adquirir o mantener posesión de algo.

Animus rem sibi habendi: "Intención de tener la cosa para sí", implica la voluntad de poseer algo como propio, en contraposición a poseerlo en nombre de otro.

Auctoritas: "Autoridad", significa el poder o derecho de mandar y ser obedecido, o el prestigio y reconocimiento que alguien tiene.

B

Bona fides: "Buena fe", se refiere a la honestidad o sinceridad de intención en el cumplimiento de una obligación o acuerdo.

C

Causa adquirendi: "Causa de adquirir", es el motivo o razón jurídica por la cual una persona adquiere un derecho.

Causa contrahendi: "Causa de contratar", es la razón o propósito por el cual se celebra un contrato.

Causa criminalis non praeiudicat civile: "La causa penal no prejuzga lo civil", significa que una causa penal no afecta las decisiones que puedan tomarse en un proceso civil.

Causa petendi: "Causa de pedir", es la razón o fundamento jurídico que justifica una demanda.

Causa petendi o causa petitio: "Causa de pedir", es lo mismo que "causa petendi", el fundamento legal que justifica la acción judicial.

Causam dicere: "Defender una causa", se refiere a la acción de hablar o argumentar en defensa de una causa en un tribunal.

Codex: "Código", se refiere a un conjunto sistematizado de normas o leyes.

Condicio iuris: "Condición de derecho", es una situación o estado determinado por la ley.

Contra legem: "Contra la ley", significa algo que va en contra de lo establecido por la ley.

Corpus delicti: "Cuerpo del delito", es la prueba material de que se ha cometido un delito.

D

De facto: "De hecho", algo que ocurre en la práctica, aunque no necesariamente conforme a la ley.

De iure: "De derecho", algo que está en conformidad con la ley, aunque no necesariamente ocurre en la práctica.

De motu proprio: "Por iniciativa propia", es una acción tomada voluntariamente y sin ser solicitado.

Donatio inter vivos: "Donación entre vivos", se refiere a una donación realizada entre personas vivas, que tiene efectos legales inmediatos.

Dura lex, sed lex: "La ley es dura, pero es la ley", implica que aunque la ley pueda parecer severa, debe ser obedecida.

E

Erga omnes: "Hacia todos", se refiere a una obligación o derecho que es válido frente a todas las personas, no solo entre las partes de un contrato.

Error in iudicando: "Error al juzgar", significa que hubo un error en la valoración o interpretación de los hechos o del derecho en un juicio.

Ex nunc: "Desde ahora", se refiere a los efectos de una decisión o acción que tiene vigencia a partir de este momento, sin afectar el pasado.

Ex post facto: "Después del hecho", hace referencia a una ley o norma que tiene efectos retroactivos, es decir, sobre hechos ocurridos antes de su promulgación.

Ex tunc: "Desde entonces", significa que los efectos de una norma o decisión tienen carácter retroactivo, es decir, se aplican desde el momento en que ocurrieron los hechos.

Exequatur: "Ejecutar", es la autorización que otorga un Estado para que una sentencia o acto de otro Estado sea ejecutado en su territorio.

Extra petita: "Más allá de lo pedido", es una decisión judicial que otorga algo no solicitado o que va más allá de las pretensiones de las partes en el proceso.

G

Grosso modo: "A grandes rasgos", se utiliza para referirse a una descripción o explicación que se hace de manera aproximada, sin entrar en detalles.

H

Habeas corpus: "Que tengas el cuerpo", se refiere al derecho de un detenido a comparecer ante un juez para que se determine la legalidad de su arresto.

Habeas Data: "Que tengas los datos", es un recurso que protege el derecho de las personas a acceder a información que les concierne y a solicitar su rectificación o eliminación si es incorrecta.

Honoris causa: "Por causa de honor", se refiere a un título o reconocimiento otorgado a una persona como honor, generalmente sin que haya cumplido con los requisitos formales.

I

Ignorantia legis neminem excusat: "La ignorancia de la ley no excusa a nadie", significa que no conocer la ley no exime a una persona de su cumplimiento.

Impossibilium nulla obligatio est: "Ninguna obligación puede existir para lo imposible", indica que no puede haber responsabilidad u obligación sobre algo imposible de cumplir.

In dubio pro operario: "En caso de duda, a favor del trabajador", es un principio que indica que, en situaciones de duda en una disputa laboral, se debe favorecer al trabajador.

In dubio pro reo: "En caso de duda, a favor del acusado", es un principio del derecho penal que establece que si hay duda sobre la culpabilidad del acusado, se debe fallar a su favor.

In fine: "Al final", se refiere a la parte final de un documento o texto.

In fraganti: "En flagrante delito", significa ser sorprendido en el momento de cometer un delito.

In utroque iure: "En ambos derechos", se refiere a la competencia en derecho civil y derecho canónico.

In voce: "En la voz", hace referencia a algo dicho de manera oral o hablado.

Inter vivus: "Entre vivos", se refiere a las relaciones o actos jurídicos que tienen lugar entre personas vivas, a diferencia de los realizados en testamento.

Interdictum: "Interdicto", es un mandato judicial que prohíbe realizar un acto o conducta.

Interpretatio largo sensu: "Interpretación en sentido amplio", se refiere a una interpretación que considera todas las posibles acepciones o significados.

Interpretatio stricto sensu: "Interpretación en sentido estricto", se refiere a una interpretación limitada al significado más literal y específico.

Intuitu personae: "En atención a la persona", se refiere a actos o contratos que se realizan considerando las características personales del individuo.

Ipso facto: "Por el mismo hecho", se refiere a algo que sucede automáticamente como consecuencia de un hecho determinado.

Ipso iure: "Por el propio derecho", significa que algo ocurre en virtud del derecho mismo, sin necesidad de una intervención judicial o administrativa.

Ipso iure, vi est potestate legis: "Por el propio derecho, o por el poder de la ley", significa que algo tiene efecto o es válido por mandato de la ley en sí.

Iter criminis: "El camino del crimen", se refiere a las fases que atraviesa un delito, desde la intención criminal hasta su consumación.

Iudicem dare: "Nombrar un juez", es la acción de designar a una persona para que actúe como juez en un caso.

Iudicium: "Juicio", se refiere al proceso judicial en general o a la sentencia que de él resulta.

Iudicium privatum: "Juicio privado", un juicio que tiene lugar entre particulares, sin intervención del Estado.

Iudicium publicum: "Juicio público", se refiere a un proceso judicial donde interviene el Estado, generalmente en casos penales.

Iura novit curia: "El tribunal conoce el derecho", principio según el cual el juez no necesita que las partes le indiquen las normas legales aplicables, pues él ya las conoce.

Iure sanguinis: "Por derecho de sangre", principio por el cual la nacionalidad se transmite por descendencia.

Iure soli: "Por derecho de suelo", principio por el cual la nacionalidad se adquiere por haber nacido en el territorio de un país.

Iuris et de iure: "De derecho y por derecho", presunción legal que no admite prueba en contrario.

Iuris peritus: "Experto en derecho", se refiere a una persona con conocimiento experto en el derecho.

Iuris possessio: "Posesión de derecho", hace referencia a la titularidad de un derecho que se ejerce de forma efectiva.

Iuris tantum: "Solamente de derecho", presunción que admite prueba en contrario.

Iuris tantum: "Solamente de derecho", una presunción que admite prueba en contrario.

Iurisdictio: "Jurisdicción", la autoridad de aplicar la ley o tomar decisiones judiciales.

Ius ad rem: "Derecho a la cosa", derecho personal que concede a su titular la posibilidad de exigir un derecho real sobre algo.

Ius civile: "Derecho civil", el conjunto de leyes aplicables a los ciudadanos de una nación.

Ius cogens: "Derecho imperativo", normas de derecho internacional que no admiten derogación.

Ius gentium: "Derecho de gentes", el conjunto de normas que rigen las relaciones entre las naciones.

Ius persequendi: "Derecho de persecución", el derecho de perseguir una reclamación legal.

Ius sanguinis: "Derecho de sangre", principio según el cual la nacionalidad se transmite por descendencia.

Ius soli: "Derecho de suelo", principio según el cual la nacionalidad se adquiere por nacimiento en el territorio de un país.

Ius suffragii: "Derecho de sufragio", el derecho al voto.

Ius utendi, fruendi et abutendi: "Derecho de usar, disfrutar y disponer", hace referencia a los derechos completos de propiedad.

Ius variandi: "Derecho de variar", la facultad que tiene una de las partes para modificar aspectos de un contrato dentro de los límites legales.

L

Lato sensu: "En sentido amplio", interpretación amplia de una palabra o frase.

Legitimatio ad causam: "Legitimación procesal", la capacidad legal de una persona para participar en un juicio.

Lex domicilii: "Ley del domicilio", la ley aplicable basada en el domicilio de una persona.

Lex dura est, sed certa est: "La ley es dura, pero es cierta", refiere a la firmeza y claridad de la ley, aunque a veces sea severa.

Lex dura est, sed scripta est: "La ley es dura, pero está escrita."

Lex fori: "Ley del foro", la ley del lugar donde se presenta un juicio.

Lex generalis: "Ley general", una norma de carácter general.

Lex loci: "Ley del lugar", la ley del lugar donde se realiza un acto.

Lex loci contractus: "Ley del lugar del contrato", la ley del lugar donde se firmó un contrato.

Lex loci executionis: "Ley del lugar de ejecución", la ley aplicable en el lugar donde se ejecuta un contrato o se cumple una obligación.

Lex non obligat nisi promulgata: "La ley no obliga si no ha sido promulgada."

Lex posterior derogat priori: "La ley posterior deroga la anterior."

Lex posterior generalis non derogat priori speciali: "La ley posterior general no deroga la ley especial anterior."

Lex posterioris derogat prioris: "La ley posterior deroga la anterior."

Lex retro non agit: "La ley no tiene efecto retroactivo."

M

Modus vivendi: "Modo de vida", una manera de vivir o arreglar temporalmente un conflicto.

Mortis causa: "Por causa de muerte", una disposición legal que entra en efecto tras la muerte.

Motu proprio: "Por propia iniciativa", acto realizado por propia voluntad sin que sea solicitado.

N

Nemo censetur ignorare legem: "Nadie se considera ignorante de la ley."

Nemo condemnatus nisi auditus vel vocatus: "Nadie es condenado sin ser escuchado o citado."

Numerus Apertus: "Número abierto", sin una limitación establecida en cuanto a la cantidad.

Numerus Clausus: "Número cerrado", límite fijo en el número de admitidos o casos permitidos.

P

Presumptio iuris et de iure: "Presunción de derecho y por el derecho", una presunción que no admite prueba en contrario.

Presumptio iuris tantum: "Presunción solo de derecho", una presunción que admite prueba en contrario.

Prima facie: "A primera vista", algo que es evidente por sí mismo en su primera consideración.

Pro indiviso: "Indiviso", una propiedad o derecho compartido por varias personas sin estar dividido.

Pro rata: "Proporcionalmente", en la medida de la parte correspondiente.

Pro solutio: "Por el pago", relacionado con el cumplimiento de una obligación.

Pro solvendo: "Para pagar", en referencia a una garantía o a una obligación destinada a ser cumplida.

Propter rem: "Por la cosa", utilizado para describir derechos que siguen a la cosa, como en el caso de las servidumbres.

Q

Quorum: "Número mínimo", el número de miembros necesario para que una reunión o asamblea sea válida.

Quota litis: "Parte del litigio", refiere a un acuerdo en el cual un abogado recibe como pago una parte del resultado favorable del litigio.

R

Ratio: "Razón", en el sentido de la base o justificación de algo.

Ratio decidendi: "Razón de la decisión", el principio o fundamento en el que se basa una decisión judicial.

Ratio legis: "Razón de la ley", el propósito o el espíritu detrás de una ley.

Ratio naturalis: "Razón natural", el principio basado en la naturaleza o la lógica humana.

Ratio stricta: "Razón estricta", interpretación estricta o rigurosa de un principio o norma.

Ratio summa: "Razón suprema", el principio o razón más importante.

Reformatio in melius: "Reforma en lo mejor", una modificación en beneficio del apelante o parte interesada.

Res judicata: "Cosa juzgada", un caso o asunto que ya ha sido decidido por un tribunal y no puede ser litigado nuevamente.

Res publica: "Cosa pública", el estado o el gobierno, de donde deriva la palabra "república".

S

Secundum legem: "Conforme a la ley"

Sic: "Así", generalmente se usa para indicar que un error o anomalía en una cita es intencional.

Spiritus legis: "El espíritu de la ley", la intención o propósito subyacente de la ley.

Sponsio: "Promesa", en el contexto legal, se refiere a una garantía o fianza.

Sponsor: "Patrocinador", persona que garantiza o respalda algo.

Stare decisis: "Mantenerse en la decisión", principio legal que significa respetar precedentes judiciales.

Statu quo: "Estado actual", el estado de las cosas en un momento dado.

Status: "Estado", la situación o condición legal de una persona o cosa.

Status quo: "Estado actual", la situación existente en un momento determinado.

Stricti iuris: "De derecho estricto", aplicado estrictamente según la ley.

Strictu sensu: "En sentido estricto", en el sentido más literal y restringido.

Sub iudicium: "Bajo juicio", algo que está pendiente de decisión judicial.

Sub judice: "Bajo el juez", un asunto que está siendo considerado por un tribunal.

Sui generis: "De su propio tipo", algo único o especial en su clase.

T

Testamenti factio: "Capacidad de hacer un testamento".

Testamentum: "Testamento", documento legal por el que una persona expresa su voluntad sobre el reparto de sus bienes.

Tradens: "El que entrega", referido a la persona que transfiere la propiedad.

Traditio: "Entrega", transferencia de posesión.

Traditio brevi manu: "Entrega por mano corta", transferencia de posesión sin desplazamiento físico de la cosa.

Traditio est datio possessionis: "La entrega es la concesión de la posesión".

U

Ultra petita o ultrapetitum: "Más allá de lo pedido", cuando una sentencia concede más de lo solicitado por las partes.

Unicuique suum: "A cada uno lo suyo", principio de justicia distributiva.

Universitas: "Universidad", corporación o comunidad jurídica.

Universitas iuris: "Conjunto de derechos", unidad de bienes o derechos.

Usucapio: "Usucapión", adquisición de la propiedad por el uso prolongado.

Ut supra: "Como arriba", referencia a algo mencionado anteriormente.

V

Vacatio legis: "Vacancia de la ley", periodo entre la promulgación de una ley y su entrada en vigor.

Vide retro: "Ver atrás", referencia a algo previamente mencionado.

Vide supra: "Ver arriba", referencia a algo mencionado anteriormente.

Vindex: "Vengador" o "protector".

Vis: "Fuerza" o "poder".

Vox populi, vox Dei: "La voz del pueblo, la voz de Dios", idea de que la opinión popular refleja la voluntad divina.

Referencias bibliográficas

Aftalión, E. R., Vilanova. J. y Raffo, J. (1999). Introducción al Derecho. Buenos Aires: Abeledo-Perrot.

Alchourrón, C.E. y Bulygin, E. (1971). Normative Systems, Springer, Nueva York.

Alchourrón, C.E. y Bulygin, E. (1997). Sobre la existencia de las normas jurídicas. Biblioteca de Ética, Filosofía del Derecho y Política. Ciudad de México, Distribuciones Fontamara.

Alexy, R. (1989). On necessary relations between law and morality. Rev. Ratio Juris. Vol. 2 No. 2 July 1989 (167-83).

Alexy, R. (1997) "Teoría de la argumentación jurídica". La teoría del discurso racional como teoría de la fundamentación jurídica. Centro de estudios constitucionales, traducción de Manuel Atienza e Isabel Espejo.

Alexy, R. (1997). El concepto y la validez del derecho. Barcelona, editorial Gedisa.

Alexy, R. (2008). El concepto y la naturaleza del derecho. Madrid, editorial Marcial Pons.

Arellano, C. (2004). *Las Grandes Divisiones del Derecho,* Revista de la Facultad de Derecho de México, pág. 11-32.

Arroyo, J.I. (2017). *La influencia del derecho y sus ramas en el mundo de los negocios de empresas latinoamericanas Contabilidad y Negocios,* vol. 12, núm. 24, pp. 135-159, Pontificia Universidad Católica del Perú.

Ataria, Bulygin, Moreso, Navarro, Rodríguez y Ruiz. (2005). Lagunas en el derecho. Barcelona, editorial Marcial Pons.

Atienza Rodríguez, M. (2013). Curso de Argumentación Jurídica (1ra ed.). Madrid, editorial Trota, S.A.

Barrera, C.H. (2011). Introducción al derecho comparado: las familias jurídicas, los sistemas jurídicos y los pluralismos jurídicos. (2da ed.). Bogotá, Grupo editorial Ibáñez.

Barría Paredes, M. (2011). *El elemento de interpretación gramatical. Su origen en Savigny, algunos autores modernos y la doctrina nacional.* Ars Boni et Aequi, 7(2), 257–282.

Barros Cantillo, Nelson. (1996) La lógica del silogismo jurídico. Bogotá, Editorial Librería del Profesional.

Benítez, R., Escudero G., Kanaan, S. y Masip, D. (2013) Inteligencia artificial avanzada. Barcelona, Editorial UOC.

Bernal Cano, N. (2002). La excepción de inconstitucionalidad y su aplicación en Colombia. Bogotá, Ediciones Jurídicas Ibañez.

Bobbio, N. (1997). Teoría General del Derecho. Bogotá, editorial Temis.

Bobbio, N. (2015). *Iusnaturalismo y positivismo jurídico.* Madrid, editorial Trota S.A.

Boden, M. (2016). Inteligencia artificial. Madrid, Turner publicaciones.

Bodenheimer, E. (1971). Teoría del Derecho. Ciudad de México, Fondo de cultura económica.

Cabrillac, R. (20159. Introduction générale au droit. 11e édition. Paris, Dalloz.

Carnelutti, F. (2017). Arte del derecho. Seis meditaciones sobre el derecho. Bogotá, Editorial Ibañez.

Carrillo de la Rosa, Y. (2014). El pensamiento iusnaturalista y la interpretación jurídica. Revista Jurídica Mario Alario D´Filippo, 6(12), 88–97.

Carrillo De La Rosa, Y., & Carrillo, A. (2011). *La validez jurídica en el iusnaturalismo y el positivismo.* Saber, Ciencia Y Libertad, 6(2), 89–103.

Casanovas, P. (2010). Inteligencia artificial y derecho: a vuelapluma. Valencia, Teoría & Derecho, Revista de Pensamiento Jurídico.

Chiassoni, P. (2011). Técnicas de interpretación jurídica. Madrid, ediciones Marcial Pons, Madrid.

Ciuro Caldani, M.A. (1999). La doctrina jurídica en la posmodernidad Revista J.A.

Consejo de Estado.

Correa, S. (1990). Sobre el significado de "Ius"–"Derecho" https://acortar.link/EwTlCP.

Departamento Administrativo de la Función Pública -DAFP- (2021). Concepto 100921 de 2021 sobre Decretos únicos reglamentarios. https://n9.cl/vd9uz.

Deumier, P. (2015). Introduction générale au droit. 3e édition. Paris, LGDJ.

Du Pasquier, C. (1988). Introduction à la théorie générale et à la philosophie du droit. Paris, Delachaux et Niestlé.

Ducci, C. (2018). La interpretación de la Ley. Santiago de Chile, Editorial Jurídica de Chile.

Escolano, F., y otros. (2003). Inteligencia artificial. Modelos, técnicas y áreas de aplicación. Madrid, editorial Thomson Reuter.

García Amado, J. A. (2012). *Sobre formalismos y antiformalismos en la Teoría del Derecho.*Eunomía: Revista en Cultura de la Legalidad, 0(3), 13–43.

García Máynez, E. (2000). Introducción al Estudio del Derecho. México, Editorial Porrúa.

García, J.E. (2024). Estrategia Tributaria–elemento en el impuesto de renta de las sociedades. Ecoe Ediciones S.A.S.

García, S.M. (2011). *El derecho como ciencia.* Revista Invenio, vol. 14, núm. 26, junio, 2011, pp. 13-38 Universidad del Centro Educativo Latinoamericano Rosario, Argentina. https://n9.cl/85ob2q.

Gaviria Díaz, C. (2014). Temas de introducción al Derecho. Señal Editorial.

Gény, F. (2018). Método de interpretación y fuentes en derecho privado positivo. Santiago de Chile, Ediciones Jurídicas Olejnik.

Giraldo, J. (1994). Manual de texto jurídico. La lógica el discurso jurídico. Imprenta Nacional de Colombia.

Gluck, F. (2018). Comentario alle Pandette, Editorial Forgotten Books

Guastini, R. (1989). Disposizione vs. norma, en Giurisprudenza costituzionale, 34, 1989, pp. 3-14.

Guastini, R. (2012). *El escepticismo en la interpretación de las normas, Alicante,* EdiUNS.

Guastini, R. (2018). "Un ejercicio de realismo jurídico", *Revista Derecho y Sociedad.* N° 51 / pp. 223-232.

Guastini, R. (2018). Interpretar y argumentar. Madrid, Centro de Estudios Políticos y Constitucionales.

Guastini. R. (2015). Interpretación y construcción jurídica. Revista Isonomía no.43 México oct. 2015. https://n9.cl/y648q.

Hart, H. (1990). El concepto de derecho. G. Carrió (trad.). Buenos Aires: Abeledo-Perrot.

Henríquez Viñas, M. (2009). Las Fuentes formales del Derecho. Santiago, Legal Publishing.

Hernández Díaz, C.A. (2010). La costumbre como fuente del Derecho. Revista Criterio jurídico garantista. Año 2–No. 2–enero-junio de 2010.

Hernández Velasco, H.E. (2013). Los principios generales del derecho en el ordenamiento jurídico colombiano: criterios para la configuración del abuso del derecho. Revista Humanidades Universidad Industrial de Santander. Vol. 41, No. 2. Julio–diciembre de 2013.

Hernández, et al. (2021). *Lecciones de introducción al derecho. Segunda edición,* Ediciones Unibague.

Herrera Gómez, A.L., Martínez Marulanda, D. y Restrepo Morales, J. (1998). *La nulidad jurídica y la jurisdicción constitucional en el sistema legislado.* Universidad de Antioquia, Revista Estudios de Derecho, Vo.1. LVII. 71:111.

Hervada, J. (2011). Introducción crítica al derecho natural. Pamplona, EUNSA.

Kant, I. (1989). Metafísica de las costumbres, Madrid, Tecnos.

Kelsen, H. (1988). Teoría general del derecho y del Estado. Ciudad de México, Universidad Nacional Autónoma de México.

Kelsen, H. (2003). Contribuciones a la teoría pura del derecho. Fontamara, 4a. ed. (Col. biblioteca de Ética y Filosofía del derecho, 8).

Kelsen, H. (2009). La Teoría pura del derecho. Eudeba.

León Robayo, E.I. (2016). Derecho mercantil consuetudinario. Bogotá Editorial Légis.

López Hernández, J. (2001). El formalismo en la teoría jurídica estadounidense. Anuario de filosofía del derecho, 18, 267–299.

López de Mántaras Badia, R., y Meseguer González, P. (2017). Qué sabemos de inteligencia artificial. Madrid, Los libros de La Catarata.

López Medina, D.E. (2006). El derecho de los jueces: obligatoriedad del precedente constitucional, análisis de sentencias y líneas jurisprudenciales y teoría del derecho judicial. Bogotá: Legis Editores.

Martínez, D. (2020). *Dinámica del ordenamiento jurídico. La Nomodinamica consideraciones preliminares.* Universidad de Antioquia.

Massini C.I. (2019), Sobre iusnaturalismo y validez del derecho, en Dikaion, 28, 1. 7-34.

Massini, C. (2010). Iusnaturalismo e interpretación jurídica. *Dikaion, 19* (2), 399-425.

Máynez, E. (1979). *Introducción al Estudio del Derecho,* 30ª edición revisada, Editorial Porrúa, S. A., pag 127-128.

Meissel Laner, R. (2006). el silogismo jurídico y la jurisprudencia constitucional. Universidad Simón Bolívar, Revista Justicia No.11, 2006.

Ministerio del Trabajo. (2022). Concepto unificador 35861 reviviscencia normativa. 02 de agosto de 2022. https://n9.cl/wbti9.

Monroy, M.G. (2003). *Introducción al Derecho.* Editorial. Bogotá, Temis, S.A.

Morineau, M. (2004). *Una introducción al Common Law.* Ciudad de México, Instituto de Investigaciones Jurídicas de la UNAM.

Muñoz, E. (2018). Un Gran Viaje Manual de Derecho Comparado. México, Tirant lo Blanch.

Mutualidad. (julio 20, 2022). Del sistema Prometea al juez-robot: la inteligencia artificial aplicada en la resolución judicial. https://lc.cx/8cFvID.

Neosmart. (junio 3, 2024). Sesgo en el algoritmo COMPAS: una amenaza a la justicia en Estados Unidos. https://lc.cx/waP8_1.

Nino, C.S. (1985). La validez del derecho. Buenos Aires, editorial Astrea.

Nino, C.S. (2013). Introducción al análisis del Derecho. Barcelona, Ariel Derecho.

Pastor y Alvira, J. (2022). Manual de derecho romano según el orden de las instituciones de Justiniano. Javier García de Tiedra González (Editor).

Peña, R.G. (2011). Teoría General del Derecho, Ecoe Ediciones.

Péreznieto y Castro, L. y Ledesma Mondragón, A. (1992). Introducción al estudio del derecho, 2a. ed. Harla México.

Petrazycki, L. (2017). Law and Morality .1st Edición, Edición Kindle Routledge.

Pintore, Anna. (2017). El formalismo jurídico: un cotejo entre Jori y Schauer. *Derecho PUCP,* (79), 47-75.

Radbruch, G. (2019). Arbitrariedad legal y Derecho supralegal. Santiago de Chile, Ediciones Jurídicas Olejnik.

Raz, J. (1982) La autoridad del Derecho (ensayos sobre derecho y moral). Ciudad de México, Universidad Nacional Autónoma de México.

Riddall, J. G. (2000). *Teoría del derecho.* Barcelona, editorial Gedisa.

Roca Fernández, M.J. (2011). ¿la sharía» como ley aplicable en virtud de la libertad religiosa?

Centro de Estudios Políticos y Constitucionales Revista Española de Derecho Constitucional, *No. 92 (mayo/agosto 2011), pp. 65-101 (37 págs.).*

Rocha, C. (2015). *Introducción a la teoría del derecho Manual de clase,* (4 Edición) Bogotá, editorial Universidad de Rosario.

Ródenas, A. (2012). Los intersticios del derecho: Indeterminación, validez y positivismo jurídico. Madrid, editorial Marcial Pons.

Rodríguez, J.L. (2005). La imagen actual de las lagunas en el derecho. Lagunas en el derecho. Una controversia sobre el derecho y la función judicial. Madrid-Barcelona, editorial Marcial Pons.

Ross, Alf. (1969). El concepto de validez y el conflicto entre el positivismo jurídico y el derecho natural". En: "El concepto de validez y otros ensayos". Centro Editor de América Latina.

Santos, B. (1998). La globalización del Derecho, los nuevos caminos de la regulación y la emancipación. Traducción de Cesar Rodríguez, Facultad de Derecho, Ciencias Políticas y Sociales, Universidad Nacional de Colombia.

Savigny F. C. (2005). Las Fuentes Jurídicas y la Interpretación de la Ley. Los fundamentos de la ciencia jurídica. Bogotá, Editorial Leyer 2005.

Savigny, M. F. C. de. (1978). *Sistema del Derecho Romano Actual.* Tomo I. F. Gongora y Compañia, Editores.

Sendín Mateos, J.A. (2015). La filosofía moral de Hans Kelsen. Tesis doctoral, Universidad de Salamanca. https://n9.cl/ved17.

Shauer, F. (2016). Positivismo constitucional. Lima, editorial Palestra.

Solano Vélez, H.R. (2018). Introducción al estudio del derecho. Medellín, editorial Universidad Pontificia Bolivariana.

Stanford University (2016). Artificial Intelligence and Life in 2020, One Hundred Years Study on Artificial Intelligence. Report of the 2015. Study Panel. September 2016.

Stone, M. (2004). Formalismo [Formalism]. En The Oxford Handbook of Jurisprudence and Philosophy of Law. Oxford University Press.

Thetechnolawgist. (diciembre 13 de 2019). China, el monstruo mundial en inteligencia artificial que utiliza cientos de jueces robot. https://lc.cx/AX4_0f.

Tolnay, I. C. (2022). Jerarquía de Métodos de Interpretación (1ra ed.). Tirant lo Blanch.

Torré, A. (1965). Introducción al derecho. Buenos Aires, editorial Abeledo-Perrot.

Twining, W. (1998). Thinking about law schools: Rutland Reviewed. journal law and society.

Twining, W. (2003). Derecho y globalización. Bogotá, Siglo de hombres editores, Instituto Pensar.

Vélez Rodríguez, A. (2003). Supuestos y hechos jurídicos. Medellín, Revista Opinión Jurídica, vol. 2, No. 4 pp. 11-20.

Vergara, A. (2014). La summa divisio iuris público-privado y la integración normativa en materias administrativas y civiles. *Revista de derecho Privado.* 26 (jun. 2014), 43–69.

Vescovi, E. (1984). Teoría General del Proceso. Bogotá, editorial Temis.

Vigo, R. (2012). *Interpretación Jurídica.* [Resumen].

von Wright, G.H. (1968). An essay in deontic logic and the General Theory of Action of Deontic and Imperative Logic. North-Holland Pub. Co. https://philpapers.org/archive/VONAEI.pdf

Jurisprudencia de la Corte Constitucional

C-284 de 2015

C-373 de 1993

C-372 de 1994

C-059 de 1994

C-224 de 1994

C-133 de 1994

C-083 de 1995

C-404 de 1998

C-404 de 1998

T-439 de 2000

T-292 de 2006

C-1194 de 2008

C-355 de 2006

C-539 de 2011

C-816 de 2011

C-284 de 2015

C-284 de 2015

SU-631 de 2017